中國學術思想 研究輯刊

六 編
林慶彰 主編

第 10 冊

《韓非子》的規範思想
—— 以倫理、法律、邏輯爲論

黃裕宜 著

花木蘭文化出版社

國家圖書館出版品預行編目資料

《韓非子》的規範思想——以倫理、法律、邏輯為論／黃裕宜
著—初版—台北縣永和市：花木蘭文化出版社，2009〔民
98〕
目 2+192 面；19×26 公分
（中國學術思想研究輯刊 六編：第 10 冊）
ISBN：978-986-254-061-9（精裝）
1.（周）韓非 2.韓非子 3.學術思想 4.研究考訂
121.67   98015112

ISBN - 978-986-2540-61-9

中國學術思想研究輯刊
六 編 第 十 冊
ISBN：978-986-254-061-9

《韓非子》的規範思想——以倫理、法律、邏輯爲論

作　　者　黃裕宜
主　　編　林慶彰
總 編 輯　杜潔祥
出　　版　花木蘭文化出版社
發 行 所　花木蘭文化出版社
發 行 人　高小娟
聯絡地址　台北縣永和市中正路五九五號七樓之三
　　　　　電話：02-2923-1455／傳眞：02-2923-1452
網　　址　http://www.huamulan.tw 信箱 sut81518@ms59.hinet.net
印　　刷　普羅文化出版廣告事業
封面設計　劉開工作室
初　　版　2009 年 9 月
定　　價　六編 30 冊（精裝）新台幣 50,000 元

《韓非子》的規範思想
——以倫理、法律、邏輯爲論

黃裕宜　著

作者簡介

黃裕宜，1976 年出生於臺灣桃園縣，2008 年取得臺灣大學哲學博士學位。主要研究領域為先秦法家哲學，研究興趣除中國哲學外，關於西方哲學中的倫理學、認識論與美學亦有涉獵。曾任臺灣大學哲學系助教、臺灣大學共同教育委員會助理、行政院國家科學委員會研究助理以及世新大學通識教育中心兼任講師。

提　　要

　　本論文以「《韓非子》的規範思想」作為研究主題，試圖以《韓非子》文本佐以黃老之學的其他相關文本作為本論題相關研究的材料。全文以倫理、法律、邏輯三大面向加以探討《韓非子》的規範思想。其中析論《韓非子》為學界所廣泛注意的法、術、勢三大政治哲學的核心主張，其實都可以涵括在倫理、法律與邏輯三大規範的研究領域中。筆者試圖透過中西哲學比較的方法，即藉由相應於倫理、法律與邏輯三大規範思想而形成的三門西方學科，如倫理學、法理學與邏輯學之思想、主張，與《韓非子》文本相互比較、激盪，突顯《韓非子》與西方倫理學、法理學與邏輯學這三門規範學科在思想上的同、異之處。

　　《韓非子》的君術思想含藏豐富的倫理思想，經由本文的研究與開發可以充分澄清、修正所謂韓非「否定道德」或「反道德」的「非道德主義」主張。在道德起源的問題方面，筆者認為其人性的主張並非「性惡論」，而應屬於一種本能傾向的「自然人性論」。《韓非子》的法律規範思想，則呈顯出其法理學思想竟結合西方自然法與法實證主義兩種表面上似乎格格不入的學說，此為《韓非子》法學的一大特色。另外，本文嘗試解決《韓非子》關於君王面臨法律的公平性、普遍性時，如何統合公利和私利此類道德抉擇的問題。在邏輯規範方面，韓非提出「參驗必知之術」並要求形、名必須符合彼此對應、一致的關係，是一種結合西方哲學中對應論與實用論的真理觀。如此要求實用的目的同樣表現在論辯原則上「以法禁辯」之主張。正因為過於偏重以功用作為政治操作的最高指導原則，如此便導致純粹抽象的科學知識、形式邏輯知識難以充分地發展。本論文以倫理、法律與邏輯三大規範的面向來研究《韓非子》，也正符合太史公對韓非「喜刑名法術之學，而其歸本於黃老」的評判。

目次

第一章　緒　論

第一節　研究動機與目的

　　歷代學者關於《韓非子》的研究可分為「其人其書之評介及考訂」、「注釋」、以及「思想研究」三部分。〔註1〕在思想研究方面，可分為「思想史」與「思想」兩部分。思想史研究的方式專注於韓非子其人其書與先秦各家和其他經典的關係，而專就思想層面則有各種不同的研究領域，如政治、法律、哲學、經濟、教育、人口、軍事、國防、文學、歷史、心理、社會、語言、藝術等等專門領域的研究。〔註2〕在哲學思想方面則有形上學、邏輯、政治哲學、認識論、道德哲學、無神論、美學等等，大部分的著作比較傾向於「政治的」〔註3〕，即以其法、術、勢相關的治術或國家治理方面的研究。另外，由於韓非的好利自為人性論，在學界普遍判為「性惡論」，因而似乎與儒家之「仁義道德」絕緣，再加上《韓非子》書中「不務德而務法」（〈顯學〉）的言論，易於產生《韓非子》思想確屬「非道德主義」，更進一步斷定《韓非子》無倫理思想。筆者初步的研究動機在於，《韓非子》之現世，應該切合太史公所言：「夫陰陽、儒、墨、名、法、道德，此務為治者也，直所從言之異路，有省不省耳。」（《史記·太史公

〔註1〕　可參閱鄭良樹，《韓非子知見目錄》（香港：商務印書館，1993年），頁5～16。
〔註2〕　關於思想層面的研究領域概況，可參閱上書。
〔註3〕　鄭良樹先生認為：「就大陸和臺灣兩個地域來說，大陸這數十年來的韓學比較傾向於『政治的』，即使著名學者如郭沫若、馮友蘭、任繼愈……也無法免除這個『習俗』。」而臺灣著作最大的特色是「為學術而學術」。以上引文同註1，頁14、15。

自序》）既然「務爲治者也」，必然有一經世治國最理想的藍圖，對於其他各家的思想，也可能有所融攝與批判，既有批判，必有其依據的價值判斷，而這些「應然」的價值判斷即可作爲引發筆者研究其規範思想的根據。再者，筆者指導教授王曉波先生提示，《韓非子》的倫理與法律思想的確融攝司馬談「論六家之要指」中黃老道家的「采儒墨之善、撮名法之要」。〔註4〕儒墨之「善」則爲《韓非子》融攝、批判，甚至改造之後產生的道德規範；而名法之「要」則發展出《韓非子》的法律規範與邏輯規範（名辯思想）。

　　因此本論文撰寫之目的，在於突顯《韓非子》的「政治哲學」與「法理學」具有豐富的「規範」思想。欲顯明學界關注的政治哲學部分，其實無法獨立於倫理學思想研究的範圍；而「法」的思想應不僅止於政治操作之工具，尚包含一些法理學上的問題可供思考，關於「法」的相關研究亦涉及倫理學上的規範討論。簡而言之，《韓非子》的倫理思想，應在其理論體系中佔有最重要及根本的地位，而並非「非道德主義」這種意識型態的見解。此外，關於《韓非子》名辯思想的部分，這類邏輯規範的研究目前較少有其他相關的著作，而《韓非子》名辯思想的研究也應該納入本論文探討的「規範」思想之範圍。所以，本論文的內容實際上已涵蓋倫理、法律、邏輯三大規範研究的領域，希望能夠在當前中國哲學中的法家研究領域略盡一己綿薄之力；更期望本論文的誕生，能提供中、西哲學比較上的一些線索，並提升中國哲學研究在世界舞台上的能見度。

第二節　研究方法與範圍

一、語意分析法

　　關於「方法」的較全面且概括的定義是指「關於認識世界和改造世界的目的方向、途徑、策略手段、工具及其操作程序的選擇系統」。〔註5〕相應於本論文所謂的「研究方法」應指爲求達到認識《韓非子》規範思想所依循的

〔註4〕黃老學的特點有三：「即一是"道"論（"氣化"論或規律論），二是"虛無爲本、因循爲用"的"無爲"論，三是在對待百家之學上"采儒墨之善、撮名法之要"。」引文可見丁原明，《黃老學論綱》（濟南：山東大學出版社，1997年），頁3～4。

〔註5〕引文可見李志才主編，《方法論全書（Ⅲ）》（南京：南京大學出版社，1995年），頁5。

途徑、使用的手段或思維的進路。本論文各章、節普遍使用「語意分析法」作為理解與接近《韓非子》文本的研究方法，因為解讀文本是認識《韓非子》規範思想的第一步，而語意分析便是形成規範思想的基本概念，經由文本語句的細部把握，再加上綜合這些基本概念之後予以組織、比較，從而構成對於《韓非子》文本的理解，進而進行本論文最重要的判斷與評價。

在方法論的討論中，「語意分析」作為一種哲學方法，主要來自於西方哲學從始基（archē）或本原問題的探討，過渡到反省主、客觀認識的範圍與界限，最終認為語言為認識世界的最基本媒介，所有的哲學問題都應劃歸為語言的問題，而語義分析就在這樣的氛圍下產生。上述介紹的西方哲學發展歷程，即是從「本體論研究」到「認識論轉向」，再由「認識論轉向」到「語言學轉向」的歷程。而語意分析的方法由邏輯實證論者所提出，邏輯實證論認為對語句進行意義的分析就可以證明傳統哲學的形上學中充滿了「偽問題」。他們認為只有「經驗陳述語句」與「邏輯分析語句」才有意義。〔註6〕而傳統形上學所探討的物質與精神的存在問題，時間與空間的定義問題等根本不是經驗語句。所謂邏輯實證論者的語意分析，「是指人們對語言的所指（語言所實際指稱的對象）、能指（語言能夠指稱的對象）、含義（語言所包含的內容）、意義（語言所表達出來的思想、認識、信息特別是人們接受語言時在大腦中形成的印象等等）進行的分析。」〔註7〕本文所使用的「語意分析法」所著重的「語意」分析，並非僅僅限定在上述邏輯實證論者所說的「經驗陳述語句」與「邏輯分析語句」這類型的語句上。邏輯實證論者的語意分析法因其「拒斥形上學」的主張，所以並不適用於分析形上學的各種存在命題的意義。而筆者採用的語意分析法比起邏輯實證論者而言，語意分析的適用範圍較為寬廣，兼涉一切具體、抽象的概念之能指、所指、含義與意義，特別包含《韓

〔註6〕　分析哲學家艾耶爾（A. J. Ayer）界定所謂「有意義的命題」是指：「命題如果不是在實踐上（in practice）可以證實的（verifiable），便是在原則上（in principle）可以證實的，因而命題才是有意義的（significant）。」而「實踐上」可以證實的命題即「經驗陳述語句」，「原則上」可以證實的命題，則為「邏輯分析語句」。而所謂「原則上」的意思，艾耶爾以「正如在理論上可以設想的（conceivable）」來解釋。引文可見 Ayer, A. J., *Language, Truth and Logic*, New York: Penguin Books, 1983., p.49.

〔註7〕　引文可見謝維營、劉曉雪，〈語義分析何以成為哲學方法〉，收錄在《山西師大學報》社會科學版第32卷第6期（臨汾：山西師範大學學報編輯部，2005年），頁6。

非子》的形上學概念都在語意分析的對象之中。所以，本文使用的語意分析法比起西方邏輯實證論的語意分析法較不嚴格，語意分析的範圍也較爲廣泛多了。換言之，《韓非子》的「道」與「理」雖然是一種形上學的產物非經驗對象，但在概念的形成上可以具有意義，不一定嚴格要求在經驗中必有所指。另外，筆者特別留意語意學（semantics）中強調的意義分析原則，即：「要決定某一個字的意義，我們必須參照該字實際出現的脈絡，而不能孤立抽離地觀看它。也就是說，我們常常需要注意一個字的脈絡意義（contextual meaning）而不是或不只是注意它的字典意義（dictionary meaning）。」〔註8〕在進行字或語句的意義分析時，所需注意的原則爲文本所示的「脈絡意義」而非「字典意義」。從《韓非子》各篇章脈絡意義的分析與對照方能更接近其整體、融貫的主張，也可盡量避免發生望文生義的錯誤詮釋。

二、中西哲學比較方法

再者，筆者於論文中還使用了中西哲學比較方法。本文中所使用的「規範」一詞雖然是中國固有的用語，但本論文所謂的「規範」則是結合西方哲學的「norm」與中國固有的「規範」之意。在第二章關於「規範」的界定是借鑒於中國固有的「規範」之意、西方哲學的定義與學科的劃分之啓發，從而引導出本論文倫理、法律與邏輯三大規範思想的研究成果。從中國固有「規範」一詞之意涵與西方哲學之啓發以及其與《韓非子》哲學思想相互對照，必然會對於中西思想的差異與特殊性有一概略性的掌握。藉由這樣的中西哲學比較方法，可以挖掘出《韓非子》較爲精粹的哲學思想，也能預期在中西哲學彼此的激盪、對照之下，使得對於《韓非子》哲學的優劣作出具體的評價，並思考是否中西哲學有其相通之處甚至是否有互補的可能。但在進行中西哲學的比較時，必須如實地闡述中西的觀點，關於這點相信將是十分艱難的任務，尤忌「畫虎不成反類犬」的窘境。畢竟本論文的主體與文本的討論必須集中在《韓非子》一書上，不宜有過度或過多的西方哲學之闡發爲宜，更不應該喪失《韓非子》哲學之主體性才是。

三、研究範圍

由於本論文以「《韓非子》的規範思想」爲題，自然研究範圍應該專注在《韓

〔註8〕 引文可見何秀煌，《記號學導論》（臺北：水牛出版社，1991 年），頁 103。

非子》的文本研究。至於韓非其學之淵源，以及其與各家、派的關係礙於學養有限則不列入本論文之研究範圍內。但因太史公所言：「韓非者，韓之諸公子也。喜刑名法術之學，而其歸本於黃老。」（《史記・老子韓非列傳》）再佐以一九七三年湖南長沙馬王堆三號漢墓的出土帛書，其中包含《老子》與〈經法〉、〈十大經〉、〈稱〉、〈道原〉等四篇（今簡稱《黃帝四經》），我們對於漢人所說的黃老之學已能有一詳實的認知。所以，本論文雖以《韓非子》文本為主要研究題材，亦將儘可能兼涉其他黃老學著作，希望能藉此豐富本論題的詮釋視域，卻也不遺漏了近年來黃老研究的寶貴成果。另外在中國古代規範思想的界定上，本論文則不僅止於黃老本身的文本，本文則希望從先秦其他典籍中挖掘規範思想的起源及其發展過程中產生的種種字詞定義的意義。

　　另外，由於本論文專注在《韓非子》的文本研究，必然必須正視《韓非子》各篇章真偽問題的衝擊。因為若判定為偽著，自然無法作為研究的對象，因而研究的進路便需修正。筆者以《韓非子》五十五篇文本作為研究的對象，雖然可以直接避免這些篇章文本是否為韓非所親著的問題，亦即明確區分研究《韓非子》其書與研究韓非其人並不相同。本論文的研究對象專注在研究《韓非子》其書而非研究韓非其人，所以並不涉及韓非其人的身世、背景，而是以《韓非子》此書的篇章文字內容為研究的對象。但是文本在思想的解釋上，必須符合思想的一致性，我們無法允許這五十五篇思想矛盾的狀況出現。可以肯定的一點，《韓非子》絕非出於同一人之手，依照胡適先生的觀點：「依我看來，《韓非子》十分之中，僅有一二分可靠，其餘都是加入的。那可靠的諸篇如下：〈顯學〉、〈五蠹〉、〈定法〉、〈難勢〉、〈詭使〉、〈六反〉、〈問辯〉。」〔註9〕另外在《韓非子》的考據方面，用力最深、影響最大的容肇祖先生認定「確為韓非所作者」為〈五蠹〉、〈顯學〉兩篇，又「思想與韓非合而又有旁證足證為韓非所作者」為〈難四〉、〈孤憤〉兩篇，且「從學說上推證為韓非所作者」有〈難勢〉、〈問辯〉、〈詭使〉、〈六反〉、〈八說〉、〈忠孝〉、〈人主〉、〈心度〉、〈定法〉九篇。〔註10〕統合上述兩位專家之意見來看，直接為韓非所著者，不過數篇而已。我們是否應該據此懷疑觀點而否定其他篇章與韓非思想的關係？再者，關於《韓非子》各篇章，是否在思想上存有矛盾之處？

〔註9〕引文參見胡適，《中國哲學史大綱》（北京：團結出版社，2005年），頁321。
〔註10〕引文參見容肇祖，《韓非子考證》收錄在《無求備齋韓非子集成（三九）》（臺北：成文出版社，1980年），頁11～58。

我們因其形式上的矛盾，篇章的取捨又如何選擇？若《韓非子》我們可以肯定絕非出於一人之手，換言之，《韓非子》並非只是韓非一人之思想與言論，而是羼入他者之說，所以極有可能因思想的不同而引發外在的矛盾或不一致，若是如此則這樣的矛盾是否可以允許存在？筆者希望能排除關於《韓非子》篇章的所有疑點，尋求思想上的內在一致、融貫的解釋。若能對於諸多疑點提出合理的解釋，進一步解消諸多的疑點與所謂的「矛盾」之處，這樣今本的《韓非子》五十五篇就能成爲本論文直接研究的材料，使其各篇思想都能互爲貫通不至於產生矛盾或不一致的情形才是。筆者將於下一節的文獻回顧中藉由其他學者的研究成果，對於上述所言的矛盾問題提出充分的說明。

第三節　文獻回顧與本論題的價值

一、外延問題之論述

　　關於《韓非子》一書相關的文獻回顧，猶當推崇嚴靈峰先生之《韓非子集成》。它收錄了唐、宋、元、明、清及日本學者漢文著述之《韓非子》各種版本，分爲白文、注解、節本、札記、雜著五類，共計六十九家、五百九十六卷、精裝五十二冊。嚴先生自述：「備此一部，足供研究韓非學術思想之充分參考資料，毋用外求。」〔註11〕本論文專注在《韓非子》的規範思想的義理研究範圍，所以對於韓非其人之生年考據、其書產生的時代背景、編集與流傳、各篇形成的年代，礙於學養有限本文採取存而不論的作法。但各篇的眞僞判定問題涉及上一節的研究方法或研究進路的使用，對於《韓非子》的研究者而言，確屬不能迴避而且必須嚴正以對。對於上述的外延問題討論，在諸多的著作中筆者認爲以陳奇猷與張覺先生所著的《韓非子導讀》最爲詳實。書中提到考訂各篇章的眞僞問題時，學界具體審查的標準有七種：「（一）看是否符合韓非的思想體系。（二）看是否符合歷史事實。（三）看文體。（四）看風格。（五）看用詞造句。（六）看是否與其他典籍相重。（七）看是否與本書的其他篇章相重。」〔註12〕其中（二）與（六）屬於外證，而其餘證明的標準都爲內證。關於審定史料的標準或方法，胡適先生的《中國

〔註11〕引文見嚴靈峰編輯，《無求備齋韓非子集成（一）》（臺北：成文出版社，1980年），頁1。

〔註12〕參見陳奇猷、張覺，《韓非子導讀》（成都：巴蜀書社，1990年），頁65。

哲學史大綱》也提出「史事」、「文字」、「文體」與「思想」四種相似的方法。
〔註13〕〈主道〉、〈揚權〉、〈飾邪〉、〈解老〉、〈觀行〉、〈用人〉、〈功名〉、〈大
體〉八篇反映出來的道家思想，使人懷疑這些道家的篇章與韓非的關係。《韓
非子導讀》認爲司馬遷說「其歸本於黃老」，韓非引證老子文本或闡發老子
的思想也很合理，不能因爲這些篇章出現老子的思想就判定這些所謂道家的
篇章並非韓非所著。〔註14〕筆者認爲先秦六家之分源自漢代，以韓非所處的
戰國時代，並無家派之分，思想的形成除了天才可以憑空創造以外，韓非其
學吸收諸子百家之說並無不可。僅以純粹的家派思想來判定文本之眞僞，似
乎過於簡化與不周延。再者，〈忠孝〉篇論述「臣以爲恬淡，無用之教也；
恍惚，無法之言也」以及「恍惚之言，恬淡之學，天下之惑術也」，容肇祖
先生指出：「這狠可以明白〈五蠹〉所說的『微妙之言』，即〈忠孝〉所說的
『恍惚之言』，這大概是指《老子》的學說而言的。……合〈五蠹〉和〈忠
孝〉看，狠可以知道韓非是反對《老子》的學說。」〔註15〕《韓非子導讀》
則認爲「〈五蠹〉篇並未將道家列爲一蠹」，「恍惚之言」、「恬淡之學」應解
釋爲「指斥"不避蹈水火"，"雖眾獨行，取異於人"，……"爲人臣常譽
先王之德厚而願之"的"烈士"，而並非是指老子而言。」〔註16〕筆者以爲
從「世之所爲烈士者，雖眾獨行，取異於人，爲恬淡之學而理恍惚之言」（〈忠
孝〉）這一段話確可證明所謂的「恍惚之言」、「恬淡之學」是指稱「烈士」
而非《老子》之說。因此，對於〈忠孝〉篇同一段文本的解釋，竟有兩種完
全不同的意義出現，以思想內容作爲標準的考證方法，處處可見如上所述立
場衝突的情形。再舉另一思想方面證據似乎最爲顯著的例子，如表示韓非對
於亡韓與存韓的立場上的矛盾之例。《韓非子》首篇的〈初見秦〉提到：「臣
昧死願望見大王言所以破天下之從，舉趙、亡韓，臣荊、魏，親齊、燕，以
成霸王之名，朝四鄰諸侯之道。」隨後的第二篇〈存韓〉：「今伐韓，未可一
年而滅，拔一城而退，則權輕於天下，天下催我兵矣！韓叛則魏應之，趙據
齊以爲原，如此，則以韓、魏資趙假齊以固其從，而以與爭強，趙之福而秦
之禍也。」一篇向秦王主張「亡韓」，另一篇則試圖論述伐韓產生一連串的

〔註13〕參見同註9，頁17。
〔註14〕參見同註12，頁68～69。
〔註15〕引文參見同註10，頁48。
〔註16〕引文參見同註12，頁69。

連鎖反應最終導致「趙之福而秦之禍也」，此則力倡「存韓」。面臨文本這樣前後兩篇不一致的結果，容易使人判定這兩篇絕非出自韓非一人之手。而《韓非子導論》認爲：「〈存韓〉是韓非奉韓王安之命使秦時的上書，當然言存韓。〈初見秦〉是韓非被秦王下於獄中後爲了保全自己的性命而向秦王的上書，他爲了改變秦王對他的看法，當然言亡韓。」〔註17〕由此可見亡韓與存韓造成形式上的不一致是韓非面臨不同情勢所致，兩者非一時之作，不能就此論斷兩篇自相矛盾。容肇祖先生則以爲〈初見秦〉所言是秦昭王時事，又文中屢稱「大王」乃指對秦昭王的稱謂而言非指秦始皇，足見此篇絕非韓非所作。〔註18〕又有學者認爲：「韓非在秦始皇十四年入秦，他上書應該著重議論當前天下大事，而本篇所言都爲秦昭王時事，爲什麼詳論過去的事，而略談當前的事呢？而且書中七次稱述大王，亦當指秦昭王而言，韓非不應對始皇稱昭王爲大王。因此近代多數學者認爲這篇（〈初見秦〉）不是韓非所作的。」〔註19〕筆者以爲「天下又比周而軍華下，大王以詔破之，兵至梁郭下」（〈初見秦〉）一段，即《史記‧秦本紀第五》「擊芒卯華陽，破之，斬首十五萬」，亦即《史記‧六國年表第三》所記秦昭（襄）王三十四年「白起擊魏華陽軍，芒卯走，得三晉將，斬首十五萬」。此處的「大王」的確不可能是秦始皇而是秦昭王，所以，〈初見秦〉所述史事盡爲秦昭王時事，作者極有可能是秦昭王時之人。以思想內容而言，爲何韓非不能借事明義徵引秦昭襄王時事，非得議論當前時事？又爲何韓非不能直稱秦昭襄王爲「大王」？如此可合理推論，韓非也有可能親作〈初見秦〉。是以〈初見秦〉與〈存韓〉可能並非同一人一時之作，或同爲韓非所著但非於同時所著，就算出現不一致甚至矛盾的情形也頗爲合理。從上述學者的對同一問題確有不同的學術立場可見，呈現「以是其所非而非其所是，欲是其所非而非其所是」（《莊子‧齊物論》），筆者面對這樣繁雜的情形則採取「莫若以明」（《莊子‧齊物論》）的方式。即以《韓非子》各篇爲題材，兼採各篇之說而不偏廢，即使在思想內容上出現學界所謂某些篇章的思想可能存有不一致甚或衝突的情形，筆者面對這樣的情形也採取予以包容的研究態度。《韓非子導讀》中所述的「（二）看是否

〔註17〕引文參見同註12，頁70。
〔註18〕參見同註10，頁114。
〔註19〕引文參見傅武光、賴炎元注譯，《新譯韓非子》（臺北：三民書局，2000年），頁1。

符合歷史事實」與「（六）看是否與其他典籍相重」，這兩種判定真僞的方法屬於外證，筆者以爲證據的效力最強，較易使人信服；而如上所述諸位學者的觀點以韓非的思想體系或內容提出種種的主張，可能性太多，各種的論證僅能是一種可能的假說，誰也不能據此而斷定其真僞。其他的方式如文體、風格、用字譴詞，我們似乎無法在《韓非子》各篇中直接就認定哪種文體、風格或用字譴詞就是屬於韓非個人的專屬用法。我們只能從《韓非子》此書各個篇章梳理是否形成一致、清楚、且有系統的文體、風格或用字譴詞，但無法確知是否就是韓非此人專有的特色。除了韓非在世可以獲得解答外，所有的內證也僅僅是一種內在合理性的說明，即符合思想內在的一致性、融貫性保證，但也只能是一種基於個人合理性的論述或主張，而無所謂「絕對真理」的存在。篇章真僞的問題，筆者針對整理諸位先進的見解大膽提出一己之見，目的僅在於強調各種見解僅能滿足自身思想內容中的融貫，由於各種合理的可能性太多，筆者皆採取存而不論的態度。又論及〈初見秦〉與〈存韓〉之不一致問題，僅在於提出乍看之下不一致的問題，似乎也可以有一合理的解釋。目的在於包容不一致的論點，並尋求可能且合理的解釋，欲表明各篇思想確實都值得我們重視與開發，不應在疑古之風下，稍有可疑便全篇棄而不用。筆者只能冀求從《韓非子》可能之字義分析，不斷提供讀者關於《韓非子》此書的思想內容，至於究竟是否兼涉韓非其人就不得而知了！誠如熊十力先生所言：「此篇（〈初見秦〉）以外，都無可疑。今之後生好疑古書，輒曰文字不類。其實，審核文字，談何容易！非天資高，學養深者，不得有眼力，今人何可談此事！」〔註20〕

二、思想內容之論述

在法家的專論著作方面，李增先生自 1980 年始即著手撰寫關於先秦法家哲學思想的相關論文，至 2001 年前後歷經二十年總算付梓成書，書名爲《先秦法家哲學思想──先秦法家法理、政治、哲學》。全書總計約略五、六十萬字、七百五十二頁，是一部「以研究先秦法家所論核心之問題，即是以法爲主要，以道爲本根，以歷史觀、人性論、功利論、道德爲翼輔，以政治哲學之國家論爲框架，以治術爲實行，以權勢爲推力，以刑名爲參驗，以賞罰以施效。以專題專論爲主，列舉諸子之論以評比論衡，分析其優劣短長，以供

〔註20〕引文見熊十力，《韓非子評論》（臺北：臺灣學生書局，1978 年），頁 107。

有意者參考。」〔註21〕筆者取其《韓非子》之部分，深覺研究視野之遼闊、論點之清晰，且頗富批判之精神。尤其涉及法家「法」之字義與定義，李增先生蒐羅《說文》、《論衡》、《詩經》、《尚書》、《易經》《荀子》、《商君書》、《慎子》、《管子》、《呂氏春秋》、《淮南子》、《鹽鐵論》等文獻的論述，詮釋意義可謂通古博今。其中「法」與「刑」或「形」義通，皆有「模範」之意義，符合筆者論題所示「法律、邏輯（刑名）具有規範意義」，則多有啓發。其中另闢專章闡述「道理論」與「道德論」兩個乍看之下相似的議題，因爲《韓非子》對於道、德、理有過一番精闢的解釋，當我們使用道理論與道德論這樣的術語時，猶須格外注意其間的差異，否則易使人心生誤解。當我們分別看待道、德、理三個概念時，則涉及外在（道、理）與內在（德）存有的形上學描述，而李增先生書中的「道理論」即爲形上學領域的用語，「道德論」則是倫理學意義上的用語，專就《韓非子》的道德判準、個人的德行修養（包含君主、臣子、人民），以及儒道的道德德目來討論。書中提到：「韓非子的道德之意義則是由老子之道德觀念轉化而來，認爲人的倫理道德本根於萬物之所從來的最高之道。」〔註22〕這個觀點啓發筆者將倫理學討論的道德論，歸結爲形上學的道理論，使得倫理規範之來源獲得了形上學之基礎，於是促使筆者增加「規範的形上基礎」一章的討論。如此一來，《韓非子》的規範思想此一論題之研究，獲得了根源性的形上架構，使得本文的架構涵蓋兼與別或者說整體與部分的理論架構更加豐富了。其次，書中點明「韓非子之道德論主要是以法爲內涵」，〔註23〕將人的道德行爲之準則歸於君王根據道所制訂之法，所以「韓非子的『法』，在意義上並不純然是法律上的法……尚且含有道德規範性的意義在裡頭。」〔註24〕足見法的概念不只是包含法律規範在內，尚包含道德規範在內，因此，《韓非子》的倫理學思想確有重新挖掘的必要。筆者嘗試在前輩著墨甚多的《韓非子》道德判準、個人的德行修養，以及道德德目之外，開發是否還有倫理學中還未受到注意的其他思想存在。

筆者於論述「規範的形上基礎」一章時，對於道、德、理的哲學闡述，則參考指導教授王曉波先生於 2007 年剛出版的《道與法：法家思想和黃老哲學解

〔註21〕引文參見李增，《先秦法家哲學思想——先秦法家法理、政治、哲學》（臺北：國立編譯館，2001 年），頁 8。

〔註22〕引文參見同註 21，頁 210、頁 211。

〔註23〕引文參見同註 21，頁 210。

〔註24〕引文參見同註 21，頁 212。

析》一書，由於王老師在《韓非子》道、德、理的哲學闡述方面已經詳細整理各家之言，並提出各種清楚的分析，筆者只是予以濃縮，受之啟發，從中提出與規範思想相關的要義。依照「規範」字典的定義，規範含有「優先性」、「規則」、「標準」或「尺度」的意涵。王老師闡述：『『道』是『萬物之始』的『始基』，也是萬物成敗的『第一因』、『最高原則』或普遍規律。因為是普遍規律，『故不得不化，不得不化，故無常操。無常操，是以死生氣稟焉，萬智斟酌焉，萬事廢興焉。』（《韓非子・解老》）。」〔註25〕王老師將道解釋為「第一因」、「最高原則」、「普遍規律」即符合規範的「優先性」、「規則」的定義。若道為第一因或最高原則，道則為本文所謂的「規範的形上基礎」，而且是最優先的形上基礎。另外，王老師還指出同屬「一般的普遍規律」〔註26〕，《韓非子》還有一個「理」的概念。王老師進一步指出「韓非還把老子的『不敢為天下先』解釋成『聖人盡隨於萬物之規矩』，而『規矩』就是合乎萬物的『理』。」〔註27〕如此說明，「聖人盡隨於萬物之規矩」的「規矩」即「理」的同義詞，作為另一種普遍規律的規範原理的「理」概念，形成了對聖人行為或思想的規約性原則。此外，〈揚權〉中的一段：「道不同於萬物，德不同於陰陽，衡不同於輕重，繩不同於出入，和不同於燥溼，君不同於群臣。」王老師直接指出：「『輕重』、『出入』、『燥溼』的規範標準是『衡』、『繩』、『和』。」〔註28〕此喻可類比引導出道、德也是一種規範標準。《韓非子》中的確具有豐富的「規矩」記載（請參見第二章第三節），可見規範思想在其思想體系中之重要性。

　　關於韓非政治哲學的理論根基，王邦雄先生於《韓非子的哲學》中，提出了人性論、價值觀以及歷史觀三大根基。〔註29〕他認為：「政治的主持者與其治理之對象均為人，且中國之政治與倫理，早已結合不分，故人之本質之性的探討與設定，成為中國哲學的中心所在。」〔註30〕誠如王先生如上所言，政治與倫理不分的觀點，引發筆者試圖將其倫理與道德思想，從學界素以《韓非子》的政治思想體系中獨立而出，另闢「倫理規範」一章，專章討論關於《韓非子》

〔註25〕引文可見王曉波，《道與法：法家思想和黃老哲學解析》（臺北：國立臺灣大學出版中心，2007年），頁437。
〔註26〕引文可見同註25，頁444。
〔註27〕引文可見同註25，頁440。
〔註28〕引文可見同註25，頁18。
〔註29〕參見王邦雄，《韓非子的哲學》（臺北：東大圖書股份有限公司，1993年），頁102～103。
〔註30〕引文可見同上註，頁103。

的倫理思想。由此呈現筆者與王先生的學術主張有所不同。因爲王先生認爲:「韓非心性俱惡,道德規範與教育師法兩路皆斷,已無以扭轉這一心性的沉落。惟有訴之於賞罰之法,與君勢之威權了。這就是韓非師承荀子,而背乎荀子的轉關所在,也是韓非否定道德,又否定學術之可能的根本原因。」〔註31〕筆者贊同李增先生「韓非子以法爲教的道德論之特徵」,〔註32〕亦即「以法爲教」、「以吏爲師」(〈五蠹〉),也是一種道德規範,只是形式上「不道仁義」(〈顯學〉),否定儒者所謂的「仁義」概念。《韓非子》並非全然否定道德,只是否定以倫理治國的必然性,其實《韓非子》包含黃老學的思想成份,已然包含君德修養的道德意涵在內,更絕非因爲文本的「不道仁義」而與倫理思想斷然無涉。再者,王先生所言的「韓非心性俱惡,道德規範與教育師法兩路皆斷,已無以扭轉這一心性的沉落」。筆者在人性本質的解釋上,提出「自然人性論」的說法,將人性實然狀態之描述與人性之評價觀點予以區分,而王先生所謂的「心性俱惡」、「心性的沉落」則屬於他個人的學術評價觀點,並非文本所呈現的實際描述狀態。在「自然人性論」的解釋觀點下,筆者嘗試提供另一種不同於「性惡論」的觀點,因而是否因韓非師承荀子,而其人性本質之立場也必然繼承其師「人之性惡,其善者僞也」(《荀子·性惡》)的主張?《韓非子》眞的主張性惡論?關於這些學界普遍認可的議題,或許值得再三商榷!

關於君王德性的修養以及法律與道德的重要性之論述,筆者借鑒蔣重躍先生的《韓非子的政治思想》一書對於柏拉圖《理想國》、《政治家篇》與《法律篇》深入的研究。其中關於哲學王所具備的美德與《韓非子》中君王德性的看法作一對比,探討《韓非子》君德論的主張是否眞如作者所言:「反對君主擁有知識和美德,只要求他們自私自利,以力爲德,是君主主義的極端型態。」〔註33〕另外,蔣先生認爲柏拉圖的理想國「是以公民的善爲目標,又由無私的哲學王來管理,它的政治是合乎理性的,是完美的,因此,除了保衛城邦的法律和習慣,不必強調法律的統治。」〔註34〕若是如此,顯然倫理上的善要比法律的統治更加完美了,這點與《韓非子》「不務德而務法」(〈顯學〉)顯然形成強烈的對比。格外引人注意的一點,《韓非子》「無限地加強君

〔註31〕引文可見同註29,頁107。
〔註32〕引文可見同註21,頁210。
〔註33〕引文參見蔣重躍,《韓非子的政治思想》(北京:北京師範大學出版社,2000年),頁126。
〔註34〕引文同註33,頁113。

主的權力，因而在主張用成文法代替習慣法的同時，又建議君主實行權術和
高壓手段，從而違背了法治精神，回歸人治主義。」〔註35〕我們似乎在過度
關注《韓非子》的同時，極易忽略了「法律的規範是否及於君王」的問題，
亦即「法律規範的對象為何」的問題。君主權力高漲的結果，似乎無法可規
範，我們如何防範一個暴君在政治上造成的危害？《韓非子》關於這些問題
有無相應的線索可供我們研究令人深思！

　　在法理學思想方面，不知何故，熊十力先生竟認定「今觀韓非之書，於
法理全不涉及，只謂法為人主獨持之大物」。〔註36〕其實，《韓非子》的法理
學思想十分獨特。耿雲卿先生於《先秦法律思想與自然法》中認定：「法家思
想，大體上言，相當於西洋的『法律實證主義』（Positive Law）的主張，尤其
與奧斯丁（John Austin, 1790～1859）的分析法學派（Analytical jurisprudence）
思想相近似，而與自然法思想正相衝突，完全立於反對之地位。」〔註37〕換
言之，耿先生顯然將先秦法家的法理學主張判為法實證主義而非自然法，筆
者不能同意這樣的觀點。於本論文中將以《韓非子》「因道全法」（〈大體〉）、
「凡治天下，必因人情」（〈八經〉）這樣的自然法觀點闡述其法理學思想兼涉
法實證主義與自然法這兩派的思想。

　　《韓非子》的邏輯思想方面，可能受限於研究中國古代邏輯思想的學者不
多，又受到先秦諸子的時代著書以「務為治者也」之目的的影響，純粹的形式
思維並不受重視，所以少有這方面的相關著作出現。但就周鍾靈先生《韓非子
的邏輯》一書之出現，「我們的意圖在於如實地闡明韓非子的思維規律和思維形
式。有就是有，沒有就是沒有。譬如說，由於《韓非子》不是邏輯學的著作，
因此它的邏輯學說就非常少。我們在《韓非子》中找不到『下定義的方法』、『概
念的種類』、『周延問題』，以及『三段論式的規則』，當然就不能向壁虛造；但
是，這並不等於說《韓非子》中沒有定義，沒有三段論式。我們仍舊可以把《韓
非子》中所見到的定義和三段論式加以分類和敘述。」〔註38〕基於周先生如上
的說明，筆者可以肯定《韓非子》的邏輯思想之存在，但對於周先生「把《韓

〔註35〕引文同註33，頁126。
〔註36〕引文參見同註20，頁6。
〔註37〕引文可見耿雲卿，《先秦法律思想與自然法》（臺北：臺灣商務印書館，2003
　　　　年），頁127。
〔註38〕引文可見周鍾靈，《韓非子的邏輯》，收錄在嚴靈峰編輯《無求備齋韓非子集
　　　　成（三九）》（臺北：成文出版社，1980年），頁393～394。

非子》中所見到的定義和三段論式加以分類和敍述」這個部分，我們似乎只能確定《韓非子》使用的語句論式符合現今形式邏輯所謂的概念、判斷與推理所組成的論證型式，而不能說《韓非子》中出現的定義和三段論式的語句或命題就是《韓非子》的邏輯學思想。簡言之，韓非「使用」邏輯的概念，但對純粹邏輯的概念之討論實在不多！換言之，本論文討論規範思想的要義，而邏輯學作爲一門後設性「規範的學科」，〔註39〕《韓非子》相應於此規範的思想，必須有意識地對於其使用的語句作出後設性的反省與界定，即對於使用的邏輯原則必須清楚的闡述與規定，如此方能納入本文的規範思想之討論。因此，《韓非子的邏輯》所列舉的「直接推理」、「類比推理」、「演繹推理」、「歸納推理」，以及「議論文的類型」，都是周先生所整理出來認爲《韓非子》涉及的邏輯思想，而非《韓非子》本身有意識反省出的邏輯規範，正如周先生明確的定義：「我們所謂《韓非子的邏輯》，是指韓非子這個人寫作《韓非子》這部書所具體運用的思維規律和思維形式。」〔註40〕既然只是《韓非子》「具體運用的思維規律和思維形式」，只是使用邏輯學中的語句或命題，而非眞正地對於這些所使用的語句或命題，提出後設性的反省，甚至有所規定，於是「直接推理」、「類比推理」、「演繹推理」、「歸納推理」，以及「議論文的類型」這些周先生整理的對象不列入本論文規範思想討論的範圍內。

　　目前學界關於《韓非子》研究的諸多思想領域中，以規範思想的相關研究領域而言，且以著作的數量觀之，法律規範的研究著作實在汗牛充棟，而道德規範的著作則寥寥可數，至於邏輯規範的部分則如鳳毛麟角。雖然《韓非子》並未觸及量限邏輯或摹態邏輯這樣純粹以符號等値於世界的概念，但邏輯基本概念中的矛盾律思想在《韓非子》中竟以故事性的對話方式呈現而非以符號的方式呈現，以自然語言的寓言方式表達抽象的矛盾律確屬難能可貴了。不過《韓非子》提出矛盾律的主張，目的並不在於純粹的學術研究而顯然是爲了論證「今堯、舜之不可兩譽」（〈難一〉）這樣的政治主張。邏輯學思想的出現表示具備抽象思維的反省能力，更標示一個國家或民族的文明，在兩千多年前的戰國時代所出現的名辯思潮，亦足以說明中國古代也曾經存

〔註39〕胡賽爾將邏輯學視爲「規範的學科」，詳細內容可參閱埃德蒙德・胡賽爾（Edmund Husserl）著、倪梁康譯，《邏輯研究》第一卷（上海：上海譯文出版社，1999 年），頁 6～40。
〔註40〕引文同註38，頁 391。

在與古希臘時期一樣的智者，在對話與討論的方式中形成邏輯的知識。

三、本論題之價值

　　《韓非子》的規範思想代表法家吸收黃老道學客觀意義的內涵。道的概念在自然界表示客觀的規律與萬物賴以維生的原理，於此本文第三章「規範的形上基礎」以形上學的觀點討論普遍概念的問題；在人類的行為上，則作為行為的準則，而行為的準則可分為道德與法律兩種規準，於是才有第四章「倫理規範」與第五章「法律規範」的產生，即以倫理學與法理學或法律哲學的觀點來進行研究；而在哲學原理的討論中，除了存在原理、行為原理外尚有思維原理可供研究，於是第六章「邏輯規範」專就《韓非子》闡述的思維規律與語言規則討論。在這樣的架構下，希望能夠提供一篇純粹關於《韓非子》哲學研究的論文。筆者甚至認為目前政治哲學、法學的研究著作在《韓非子》相關研究中佔有最重的份量，但實在皆忽略了其共同的本質──規範概念。以最為人所知的政治哲學法、術、勢三大重點而言，根本是《韓非子》提供君王為政之道，簡言之，皆為一些政治指導原則，亦即一些規範的原則。因此，本論文以「《韓非子》的規範思想──以倫理、法律、邏輯為論」為題，主旨在於揭露《韓非子》的政治哲學實在不可脫離倫理、法律、與邏輯這三方面的規範思想或研究面向。法律的面向已經受到學界普遍的關注，但就其根源性的法理學反省面向，卻少有深入的研究。而政治指導原則其實與倫理原則同樣隱含「應然」的判斷不可截然二分，更何況大都忽略了字面上的「不道仁義」（〈顯學〉）不代表毫無倫理判斷的意義在內。相反地，《韓非子》也重視廉、德、忠、禮等道德概念，其倫理學思想的相關研究應該重新受到應有的重視與開發。而邏輯規範所討論的「辯說規範」與「矛盾概念」更是少有述及。筆者深信此規範論題十分適合作為哲學學門的研究主題，而且自當有別於其他學科的研究進路。再者，透過一些西方哲學的概念之省思，相信能增加《韓非子》研究的哲學含量，也進而能夠提供中西交流或跨文化領域整合的可能性。

第四節　本文內容概要

　　本文的內容共分為七章、二十四節，各章節的概要分述如下：

　　第一章為「緒論」。專就本文撰寫的研究動機與目的、研究方法與範圍，

以及近三十年來關於《韓非子》研究的文獻回顧，並從文獻回顧的過程中，發掘本論題的價值與特色。此章主要的論述內容在於提出關於本論題實際指涉的外延問題。

第二章為本論的開端，其主要的內容在於先分析本論題所使用的「規範」一詞，雖非外來語而是中國固有的詞彙，但本文所使用的規範概念則依循英文「norm」一字的意義分析，進而解釋本文的倫理、法律與邏輯三大規範所共通的規範意涵。再就其他學科諸如政治哲學、倫理學、法理學、邏輯學所隱含的規範概念指陳各種學科之間互相滲透的關係。最後一節則析論中國古代各家經典的規範思想之類型、分判，目的在於進一步分析各家經典在政治規範此一較廣義的規範概念下，應當包含哪些本文細部探討的倫理、法律、邏輯規範的思想內容。

第三章講述本文三大規範背後的形上基礎，即分析《韓非子》文本中三大規範與道之間的一致性關係。另一部份則探討作為內在形上基礎的德性概念同樣與此三大規範有密不可分的關係。

第四章開始則分別就此三大規範依序析論《韓非子》內含的規範思想。而此章倫理規範的討論，先就筆者認為常識中以為韓非不主張倫理思想的「非道德主義」概念加以反省，藉此反省澄清哲學概念的歧義並就文本內容的線索加以考察的過程，駁斥「非道德主義」這種極易造成誤解的說法，再從歷史事實的視域與人性的實然傾向來探討道德的起源問題。接著研究倫理規範的核心價值，並廣泛地闡述《韓非子》內含的各種核心主張所使用的倫理原則。本章最後則藉由其道德德目的概念分析，進一步比較《韓非子》對於儒家道德德目的理解和特有的詮釋意義。

第五章則就法律規範的本質問題開始探討，包含法的定義與性質的討論。接著從君王為立法權的依據所代表的主權宣示意義來呈顯其可能涉及到的法之本質。再者，從立法原則的角度，得知其結合自然法與法實證主義的法學屬性呈現有別於西方法理學的獨到之處。再從《韓非子》賞、罰的主張或態度加以論述，我們可以發現韓非關於賞、罰的理論所採取的態度，實在並未一路走來始終如一。

第六章首先以中國古代邏輯思想的發展史談起，即有一名學、辯學到名辯學發展的歷程，並由此歷程突顯中國古代邏輯思想的實指內容可以界定為與名、辯思想相關的論述。順著名、辯思想的範圍提示，可以得知《韓非子》

關於名學的形名關係之闡述，以及其辯學以法禁辯卻不得不辯說、陳言的規範原則。章末則析論其可媲美於西方傳統邏輯學中的矛盾律思想，並指出其猶有不足之所在。

第七章爲「結論」，提出對於本論各章的重點之檢討與反省。

第二章　規範的意涵與本質

　　本論文以「韓非子的規範思想」爲題，因而論文之展開應以「規範」概念的哲學界說爲首要之務。本文使用的「規範」一詞取自中國古代的「規範」一詞，並結合西方的「norm」之意涵，目的在於透過中、西對於「規範」的意涵分析，與《韓非子》相互對照之下，應可掘取《韓非子》相應於中、西方哲學的規範概念之精華。正如「哲學」一詞，也是透過英文 philosophy 或古希臘字「Φιλοσοφία」（philo-sophia）的字義分析、翻譯而來。〔註1〕因此，筆者必須承認本文之規範論題是取自中國古代之「規範」一詞，並結合西方哲學思想的規範定義作爲省察《韓非子》文本之背景。但是必須澄清一點，中文「規範」一詞與「哲學」一詞使用或形成之背景不盡相同，雖然先秦典籍並未留下任何有關「規範」一詞之痕跡。但從其後歷代古典文獻或史書之細查，我們首先可以發現西漢孔安國〈尙書序〉提到孔子編定《尙書》之旨趣：「典謨訓誥誓命之文，凡百篇，所以恢弘至道，示人主以軌範也。帝王之制，坦然明白，可舉而行。三千之徒，並受其義。」文中的「示人主以軌範也」表明《尙書》可作爲人主行帝王之制的「軌範」。「軌範」與「規範」應屬同義，同具「模範」的意義。再者，西晉文學家陸雲說：「今我頑鄙，規範靡遵。」（《陸雲集・答兄平原詩》）此處的「規範」，指陸雲先人所遺留下來的德行規範。而《宋書》在明堂的建制方面使用「規範」一詞，如：「其墙宇規範，宜擬則太廟，唯十有二間，以應賮數。」（《宋書・志・卷十六・志

〔註1〕　日人西周首先使用「哲學」一詞曰：「論明天道人道，兼立教法者稱 philosophy，譯之爲哲學，西洋自古亦有此論。」引文可見西周，《百一新論》，收錄在大久保利謙編，《明治啓蒙思想集》（東京：筑摩書房，1967 年），頁 23。

第六‧禮三》）此「規範」意涵爲構建明堂時所應遵循的種種建築法規、法儀。另外，如《舊唐書》有建請設立五經博士而曰：「所擇博士，兼通孝經、論語，依憑章疏，講解分明，注引旁通，問十得九，兼德行純潔，文詞雅正，儀形規範，可爲師表者，令四品以上各舉所知。」（《舊唐書‧列傳‧卷一百四十九‧列傳第九十九‧歸崇敬》）上述「儀形規範」則爲五經博士作爲「師表」的「表率」之意。《舊五代史》則記載一段關於梁太祖伺奉太后的孝行足可作爲士人之典範，曰：「文惠皇太后王氏，開平初追謚。太祖性孝願，奉太后未嘗小失色，朝夕視膳，爲士君子之規範。」（《舊五代史‧卷十一‧梁書十一‧后妃列傳第一》）因有上列諸例爲證，可見「規範」一詞包含行爲的「模範」、「表率」，以及宮廷建築所應遵循的「法規」、「法儀」之意。在字詞的歷史演變過程方面，「軌範」一詞的使用早於「規範」一詞，兩者皆屬同義詞。由此可見，「規範」一詞並非外來的翻譯名詞而是中國古代已有的字彙，所以與「哲學」一詞之形成背景並不相同。

第一節　規範的定義

本文所使用的「規範」一詞，取自西方哲學的「norm」與上述中國固有的「規範」之意。而上述中國固有的「規範」一詞，包含「模範」、「表率」、「法規」、「法儀」之意，筆者認爲同樣通於西方的 norm 概念。西方的規範（normative）概念就意涵而言具有「行爲的規準（regulative）」之意，也表示一種價值或主觀意念的優先性（preferential）以及命令或義務的規約性（prescriptive）。即指涉語句上的應當（should, ought）概念，或人類行爲中的履行義務、責任概念。〔註2〕此外，「規範（norm）這一術語源出於拉丁文 norma 一詞，它意指規則、標準或尺度。規範的特徵——從這個概念同法律過程相關的意義上講——乃在於它含有一種允許、命令、禁止或調整人的行爲與行動的概括性聲明或指令。」〔註3〕綜合上述兩種關於規範的解釋，我們可以得到「規範」的定義：「規範是一種應然的命題，關於人類的行爲或活動的命令、允許和禁止。這種意義的規範包括了遊戲規則、語法規則、法律、道德規範、

〔註2〕 參看 Angeles, P. A., *Dictionary of Philosophy*, New York: Harper Collins Publishers, 1981., p.190～191.

〔註3〕 引文見博登海默（Edgar Bodenheimer）著、鄧正來譯，《法理學：法律哲學與法律方法》（北京：中國政法大學出版社，1998.12 年），頁 234。

宗教規範、習慣、紀律等。」〔註4〕從這個規範的定義，我們大略得知規範的命題都是「應然」的命題，相對於應然的命題而言，顯然規範命題不屬於「實然」的命題，這使人聯想到大衛·休謨（David Hume）在其巨著《人性論》（A Treatise of Human Nature）提到的「是」與「應該」的區分。〔註5〕此區分後來則發展出休謨對於「事實」與「價值」以及「自然」與「人爲」之區分。「是」與「不是」涉及上述實然的命題，而「應該」與「不應該」則屬應然的命題。但關於實然命題是否可以邏輯必然地推衍出應然的命題？一般學者大都認爲休謨主張實然命題無法導出應然命題。筆者將於本文第四章對於《韓非子》的人性論和倫理原則提出相應於此區分的見解。再者，關於規範概念的考察，也有學者以「規約性」和「描述性」（prescriptive/descriptive）兩對比概念來區分規範與非規範的事物。〔註6〕可見規範蘊含應當的概念，還是一種人爲的價值概念，上述羅列的道德與法律規範皆涉及人類行爲的規準，同屬社會規範的一部分。依照胡賽爾之定義：「每一個規範定律都以某種價值認定（認可、估量）爲前提。」〔註7〕所以，所有的規範思想都隱含「價值」的概念在內。換言之，本論文不討論事實之描述，只關注在價值規範（命題或判斷）之意義。

第二節　規範思想與其他學科的關係

應當概念雖然是倫理學的最基本概念，但是同樣在其他科學領域也隱含

〔註 4〕 引文參見舒國瀅主編，《法理學導論》（北京：北京大學出版社，2006 年 6 月），頁 101。

〔註 5〕 休謨在其《人性論》第三卷（BOOK Ⅲ）道德學（OF MORALS）的第一部份（PART Ⅰ）提到「是」與「應當」的區分：「我忍不住要對這些推理進一步地考察，而這項考察也許我們會發現某些重要之處。到目前爲止，在我所遇到的每一個道德體系中，我一直注意到，作者有時依照平常推理的方式開展其理論，並建立了上帝的存在，或提出一些關於人類事務的考察；突然間我驚訝地發現，我所遭遇到的命題並非以通常的『是』（is）與『不是』（is not）的繫詞來連結，而是沒有一個命題不是用『應該』（an ought）或『不應該』（an ought not）來連結。」引文譯自休謨著、西學基本經典工作委員會編，《人性論》英文影印本（北京：中國社會科學出版社，1999 年 12 月），頁 469。

〔註 6〕 參閱 Georg Henrik von Wright, *Norm and Action*, London: Routledge and Kegan Paul Ltd, 1963., p.3.

〔註 7〕 引文可參閱埃德蒙德·胡賽爾（Edmund Husserl）著、倪梁康譯，《邏輯研究》第一卷（上海：上海譯文出版社，1999 年），頁 36。

著這個概念。即本論文的法律規範與倫理規範所屬的法理學與倫理學領域，同樣隱含應當或正當的概念。而韓非的法理學與倫理學思想則因「務爲治」之旨趣（司馬談〈論六家要旨〉）統括在政治思想中。就政治學與倫理學的研究目標而言，「倫理學的研究和政治學的研究都不同於實證科學的研究，因爲它們的特殊而基本的目標都是確定應當如何行爲，而不是確定目前如何、已經如何或將來如何行爲。」〔註8〕在這層意義上「倫理學就直接成爲政治學的分支，或者像亞里士多德宣稱的那樣，是政治學的另一個名稱」。〔註9〕中西呈現出一項強烈的對比，「希臘哲人柏拉圖和亞里士多德就是把倫理學看作是政治的一部分的。」但「在我國，倫理學與政治的關係更爲密切，差不多所謂倫理學也就是政治哲學。」〔註10〕在中國古代的思想中，甚至「不但整個政治構造，納於倫理關係中；抑且其政治上之理想與途術，亦無不出於倫理歸於倫理者。」〔註11〕以規範概念而言，倫理學與政治學可視爲等同的名稱。因此，本文即以《韓非子》的倫理原則視爲其政治原則而進行討論。而「政治學」這個詞在最普通的意義上，「表示關於正當的或好的立法和政府的研究或科學」，〔註12〕在這個意義下，欲研究政治學又必須研究法理學。於是在正當或應當的概念下，政治學領域必須囊括「應當如何行爲」的倫理學與「正當立法」的法理學研究。基於此，研究韓非的政治思想便不可將其法律與倫理研究獨立於政治思想之外，在此，政治、法律與倫理三者具有一種「部分與整體」的結構性關係。另外，關於倫理規範與法律規範的區分問題，兩者雖同爲社會規範，但法律規範與外在制裁的強制力概念有關，倫理規範則與外在的制裁概念無關，而僅訴諸一種內在的良知或道德感。法律規範的強制力概念表現出法律規則具備的「強制性」，這點在《韓非子》中十分顯而易見。例如：「人主使人臣雖有智能，不得背法而專制。」（〈南面〉）〔註13〕

〔註8〕 引文可見西季威克（Henry Sidgnick）著、廖申白譯，《倫理學方法》（北京：中國社會出版社，1997 年 6 月），頁 25。

〔註9〕 引文見梯利（Frank Thilly）著、何意譯，《倫理學導論》（桂林：廣西師範大學出版社，2001 年 12 月），頁 11。

〔註10〕 這兩段關於中西倫理學與政治的對比關係之引文可參見謝幼偉，《倫理學大綱》（臺北：正中書局，1959 年），頁 16、17。

〔註11〕 引文可見梁漱溟，《中國文化要義》（上海：上海人民出版社，2003 年），頁 99。

〔註12〕 引文同註8，頁 25。

〔註13〕 法律與倫理的區別在於懲罰行爲所具有的「強制性」或「強要性」，欲使人絕

　　從第一節規範的定義，我們似乎將規範思想的範圍集中在人類行為的應然命題所代表的意義上，至於思維形式方面，也能納入規範思想研究的一部分？換言之，邏輯思想有無任何規範的特徵？我們可以在與人類行為有關的道德與法律規範之外，接受有所謂的「思維的規準」即「邏輯規範」的存在？胡賽爾從邏輯學的規範特徵入手，區分心理學與邏輯學這兩門學科的不同。他認為邏輯學的任務在於：「它（邏輯學）不詢問智力活動的因果性起源和結果；而是詢問它們的真理內涵；他詢問：這樣一些活動應當具有什麼樣的性質並且應當如何進行，這樣才能使因果性的判斷為真。……他（邏輯學家）的目的不在於思維的物理學，而在於思維的倫理學。」〔註 14〕可見邏輯學在於研究「這樣一些活動應當具有什麼樣的性質並且應當如何進行」，「應當」的概念構成了胡賽爾認定邏輯學家的目的在於探討應然問題的「思維的倫理學」而非實然問題的「思維的物理學」。〔註 15〕此外，胡賽爾直指「規範化的思想」即所謂的「應當的」概念。〔註 16〕可見邏輯學與倫理學也同樣具有「應當」的規範意義。〔註 17〕因此，本文所論述的「邏輯規範」是基於胡賽爾將邏輯學視為規範、實踐的學科或作為一門科學工藝論這樣的意義下展開，而並非採取將邏輯學思想視為描述內在世界儘管是智力活動的思維物理學。亦即邏輯思想應屬於規範思想的價值範圍，並非關於事實如何的描述。

第三節　中國古代規範思想的類型

　　中國古代的經典含有十分豐富的規範思想。舉凡六經與先秦諸子皆可謂

　　　對服從。這個區分標準詳見同註8，頁53。或可見美濃部達吉著、林紀東譯，《法之本質》（臺北：臺灣商務，民國81年），頁54～55。

〔註 14〕引文參見同註7，頁47。

〔註 15〕另外還有其他學者也認為：「邏輯就整體而言就是思維的倫理學。」引文譯自 Kitche, Patricia, *Kant's Transcendental Psychology*, New York: Oxford university Press, c1990, p8.

〔註 16〕引文參見同註7，頁33。譯者倪梁康先生註解德文「應當」（Sollen）這一詞說道：「"應當"〈Sollen〉一詞的德文是情態動詞"sollen"（應該、應當）的名詞化，含有義務、責任的意思。」引文可參見同註7，頁227。

〔註 17〕謝幼偉先生也定義「倫理學」與「理則學」：「普通認倫理學為規範科學（Normative science）或實踐科學（Practical science）。所謂規範科學，就是科學之定下規則或定律的。……理則學（邏輯學）是討論正確思想所當遵守的規則的，然從事思索的人不一定遵守它。這些都算是規範科學。」引文同註10，頁5。

政治規範之經典，而政治規範的概念應該隱含道德、法律與邏輯規範在內。本節試圖考察並羅列、分析中國古代的經典所呈現出的規範思想之類型。

《尚書》的〈洪範〉即爲典型的政治規範著作，堪稱爲中國最古老的政治哲學著作。「洪範」意爲「大法」，此篇乃「武王滅殷後，箕子向其所陳述之治國安民之大法」。〔註18〕但此篇所謂的大法，並非指法律規範而言，而是中國古代經典中，常常提到的君王所應遵守的治國原則或規範，這些原則或規範，通常指道德規範，因爲對於君王之處事、治國並未具有任何的強制力，只以規勸的性質呈現。〈洪範〉即以「天乃賜禹洪範九疇，彝倫攸敘」來展開，而「洪範九疇」實際的內容爲五行、五事、八政、五紀、皇極、三德、稽疑、庶徵、五福與六極，即施政的九種操作、指導原則。「彝倫攸敘」則有條理、標準之意，故符合本文的規範思想之定義。值得一提的一點，皇極依照〈洪範〉作者的解釋，爲「皇建其有極」，意爲「君權建立有其法則」。〔註19〕皇極這樣的典範或法則還要求：「惟時厥庶民于汝極，錫汝保極。凡厥庶民，無有淫朋，人無有比德，惟皇作極。」（〈洪範〉）顯然君與民都要共同遵守君王所訂立的規範，在《尚書》中，君王似乎已是最高的規範標準，例如：「惟辟作福，惟辟作威，惟辟玉食。臣無有作福作威玉食，臣之有作福作威玉食，其害于而家，凶于而國。」（〈洪範〉）

在《春秋》的解釋傳統中，孔子之志以《公羊傳》的禮制呈顯而出，《公羊傳》可謂中國古代對於當時貴族階層社會與政治規範最爲鉅細靡遺的經典。《公羊傳》哀公十四年云：「君子曷爲爲《春秋》？撥亂世，反諸正。」此段話反應出，孔子晚年，當時的天下，已失去了「道義禮信」，呈現出一片紛亂的局面，因而孔子不得不作春秋，欲撥亂反正、力挽頹勢。而撥亂反正必有一相應的判斷標準，這個標準便是孔子所重視的禮制，亦是《春秋》大義所在。而禮的一個重要作用則是「正名」。〔註20〕針對當時君不君，父不父，子不子的亂象，政治上的作爲應以「正名」爲要，所以孔子說：「名不正，則言不順；言不順，則事不成；事不成，則禮樂不興；禮樂不興，則刑罰不中；刑罰不中，則民無所

〔註18〕引文見吳璵注譯，《新譯尚書讀本》（臺北：三民書局股份有限公司，1997年），頁78。

〔註19〕引文見同上註，頁82。

〔註20〕馮友蘭先生認定「孔丘認爲"禮"的一個重要作用是"正名"」。引文參見馮友蘭，《中國哲學史新編》第一冊（臺北：藍燈文化事業股份有限公司，1991年），頁151。

措手足。」(《論語・子路》) 又《禮記・樂記》曰:「故禮以道其志,樂以和其聲,政以一其行,刑以防其姦。禮、樂、刑、政,其極一也,所以同民心而出治道。」可見,正名的內容直接與「禮樂刑政」發生關係,而「禮樂刑政」都涵括在《春秋》的範圍內,「禮樂刑政」同時也是行為規範之標準,而行為規範包含倫理、音樂、法律與政治四種面向的規範標準。例如歷來研究公羊學者,將《春秋》視為禮書、刑書、王法書之類。〔註21〕總而言之,孔子的確是以「禮」來道《春秋》之志,而具體的政治主張是以「正名」為當務之要。故《莊子・天下》曰:「《春秋》以道名分。」所以正名所依據的標準或判斷即為《春秋》理想的禮樂刑政之範型,而所謂的「禮樂刑政之範型」,筆者以為都包含在禮制之中。〔註22〕又如解釋儒家之禮樂素有「禮樂合論」之稱,因為禮、樂皆有道德規範之義,如:「是故先王之制禮樂也,非以極口腹耳目之欲也,將以教民平好惡而反人道之正也。」(《禮記・樂記》) 所謂的「反人道之正」正是先王制訂禮樂的目的。〈樂記〉又提到「樂者,通倫理者也」、「知樂則幾於禮矣」、「審樂以知政,而治道備矣」。可見,樂與禮不但同具倫理的規範意義,而且樂還可與政通,因為「是故治世之音,安以樂,其政和;亂世之音,怨以怒,其政乖;亡國之音,哀以思,其民困。聲音之道,與政通矣。」(〈樂記〉) 顯然〈樂記〉的作者相信「宮為君,商為臣,角為民,徵為事,羽為物」,五音與施政的五類對象有一符應的類別關係,彼此必須「和而不亂」,否則「聲音之道,與政通矣」,聽聲音就可辨別政治之清明與否。這樣看來,禮、樂、政根本是一組相通的倫

〔註21〕研究《春秋》的學者強調《春秋》義例、筆法皆是因「禮制」而立。強調《春秋》為「禮書」的觀點如清代徐廷垣曰:「是以韓宣子適魯見易象與魯春秋歎曰:『周禮盡在魯矣。』……故左氏發凡曰謂之禮經,言春秋凡例皆周公所制禮經。」再者,視為「刑書」的觀點曰:「《春秋》孔子之刑書,誅死者於前,懼生者於後。」引文見清・徐廷垣,《春秋管窺》,收錄於《欽定四庫全書・經部五》(臺北:藝文),頁1、2。另外,《春秋》所提及的「樂」,也屬禮制的內容。例如昭公十五年文:「十有五年,春,王正月,吳子夷昧卒。二月,癸酉,有事于武宮。籥入,叔弓卒,去樂卒事。」傳文解釋:「其言去樂卒事何?禮也。君有事于廟,聞大夫之喪,去樂卒事。大夫聞君之喪,攝主而往。大夫聞大夫之喪,尸事畢而往。」所以對於樂之正確使用的時機亦屬禮制的規定。

〔註22〕筆者以為「禮樂刑政之範型」都包含在禮制之中。又如林義正老師認為:「在孔子的思想裡,從修身、齊家、治國乃至平天下,無一不涵蓋在禮的範圍當中。在傳文中,一再地以「禮也」、「非禮也」為行為判斷之辭,就足以證明《春秋》其實也是一本禮書。」引文請參見林義正,《春秋公羊傳倫理思維與特質》(臺北:臺大出版中心,2003年),頁176。

理概念。而禮作爲一種規範的制度而言，呈現出倫理規範與政治規範互攝的情形，換言之，「禮屬倫理，亦屬政治。在孔子的思想裡是通而爲一的。」〔註23〕在此引申出一個令人值得思索的問題——倫理規範與政治規範在中國古代可以清楚區分嗎？它們之間的關係爲何？關於倫理與政治之界定與關係之說明，我們將留待至第四章探討。

《春秋》的「義例」在《公羊傳》的解釋下，呈現出一種有系統、有意識、有組織的筆法，在此意義下即可稱爲一人文的科學。《春秋》筆法的一大特色，即是文本的字面意義，乍看之下只具有「描述性」（descriptive）的意義，但藉由背景故事的瞭解，或經文的交互比對，可發現描述性的語言背後尚有「規約性」（prescriptive）的意義。此大義爲經文所隱含的規約性意義，即《春秋》的表達技巧所賦予的深意。例如其書法大略有「同文見義」、「異文見義」、「去文見義」、「闕文見義」、「詳文見義」、「略文見義」、「重文見義」、「錯文見義」、「諱文見義」、「微文見義」與「託文見義」等等書例。〔註24〕因此《春秋》並非是一部僅僅以「陳述事實」爲旨的史書，況且描述性意義的部分也並非全然合乎史實，而只是「借事明義」，不必合於史實。〔註25〕但將它視爲「史書」也並無不可，因爲古來的史官寫史總帶有價值評判，就連《左傳》也不例外。只是筆者強調從《公羊傳》的道德判斷與倫理思維分析可發現，《春秋》筆法一字褒貶，絕非只是單一呈現出某種狀態而已，應該還包含價值評判在內，所以應該說《春秋》不只是陳述故事的史書，而是一部規範的巨著。董仲舒道出「春秋之道」在於「規矩」、「六律」所代表的禮樂之道而曰：

> 春秋之道，奉天而法古。是故雖有巧手，弗修規矩，不能正方圓；雖
> 有察耳，不吹六律，不能定五音；雖有知心，不覽先王，不能平天下；
> 然則先王之遺道，亦天下之規矩六律已！（《春秋繁露・楚莊王》）

墨家關於規範思想的後設性省思，可謂先秦典籍中最深刻的家派，尤其以倫理與邏輯兩方面的闡述最爲出色。例如《墨子・法儀》：

> 天下從事者不可以無法儀，無法儀而其事能成者無有也。雖至士之

〔註23〕引文可參閱同上註，頁176。
〔註24〕引文可參閱同註22，頁24～29。
〔註25〕關於《春秋》「借事明義，不必合於史實」此觀點，皮錫瑞先生指出：「祭仲非真能知權也，而春秋借祭仲之事，以明知權之義。齊襄非真能復讎也，而春秋借齊襄之事，以明復讎之義。」引文可見皮錫瑞，《經學通論》第四篇（臺北：臺灣商務印書館，1989年），頁21～22。

爲將相者，皆有法，雖至百工從事者，亦皆有法，百工爲方以矩，
爲圓以規，直以繩，正以縣。無巧工不巧工，皆以此五者爲法。巧
者能中之，不巧者雖不能中，放依以從事，猶逾己。故百工從事，
皆有法所度，今大者治天下，其次治大國，而無法所度，此不若百
工，辯也。

上述提到的「法儀」概念，孫詒讓引用《管子・形勢解》：「法度者，萬民之
儀表。」認爲法儀即爲「法度」之義。〔註26〕墨子顯然認爲各種社會階層、
各行各業之從事，必須有法度可循，即必須有客觀的標準，就如矩、規、繩、
縣這些度量衡的測量器具一樣具有行爲操作上的普遍性與優先性。所以此處
的法儀應指百工從事時，行爲所依循的標準可以更有效地達到理想，而這種
倫理規範的標準，不能來自主觀的私意與好惡，必來自於一最客觀的典範概
念，於是只有「天」這樣客觀的典範概念可以充任法儀，「故曰莫若法天。」
（〈法儀〉）因爲「天之行廣而無私，其施厚而不德，其明久而不衰」（〈法儀〉），
只有天方具有無私的客觀性、普遍性，此爲法儀必要的條件。所以墨子以「天
志」作爲墨家一切行爲的「法儀」，如：「故子墨子置立天之，以爲儀法，若
輪人之有規，匠人之有矩也。」（〈天志下〉）《墨子》書中並未直言「天」的
內涵意義，而外延意義似乎指涉一個規範人倫的外在對象。例如：「天爲貴，
天爲知而已矣，然則義果自天出矣。」（〈天志中〉）此處的天爲「貴」且「知」，
直接被視爲價值上與智性能力上的最高表率，因爲天具有「貴」且「知」這
兩種善於治天下的條件。因而所有的治天下之良方（義）「必自貴且智者出」
（〈天志中〉），故曰：「然則義果自天出矣。」於此，墨子直接肯定「天」是
人類一切政治規範或行爲規準的形上根源。所謂的政治規範或行爲規準即統
稱爲「義」，政治規範的「義」如〈天志中〉曰：「義者，善政也。……天下
有義則治，無義則亂，是以知義之爲善政也。」可見墨子認爲此處的「義」
是爲政之首要衡量標準。行爲規準的「義」包含在墨家所提倡的「萬事莫貴
於義」（〈貴義〉），以此作爲一切價值衡量的最終依據或最高標準，所以義也
是一種人類行爲最高的規範標準。另一方面，天似乎是墨者解釋生死、富貴、
福禍等等現象的最高形上依據。天能宰制人的生死、富貴、福禍，例如〈天
志上〉：「故使不得終其壽……。」〈尚賢中〉：「然則富貴爲賢，以得其賞者，
誰也？」〈天志中〉：「今若處大國則攻小國，處大都則攻小都，欲以此求福祿

〔註26〕可參閱清・孫詒讓，《墨子閒詁》（臺北：華正書局，1995 年），頁 18。

於天，福祿終不得，而禍祟必至矣。」藉由上述由天宰制人的各種現象可知，墨者絲毫不加論證地直接將這些現象歸結爲「得罪於天，將無所以避逃之者矣！」（〈天志下〉）於是「生死、富貴、福禍」等等現象只是墨者假託天意「賞罰」的結果，目的在於利用天概念的至高、圓滿作用作爲施行墨學十事無可懷疑的信念基礎。

《墨子》中的「天之所欲」、「天意」、「天志」這些相似概念，其實只是墨學理論所設計的最高規範原則。因爲〈天志上〉提到「天欲義而惡不義」，或曰：「我有天志，譬若輪人之有規，匠人之有矩；輪匠執其規矩，以度天下之方員。」以及：「順天意者，義政也。」其中天欲、意、志的內容便是「義」，簡言之，即是如輪匠所執的規、矩本身具有的規範功用，目的在於形成爲政者倫理行爲的指導原則（儀法）。所以「天之所欲」、「天意」、「天志」等概念以天作爲規範爲政者行爲的思維對象，並藉以「行義」故曰：「故子墨子置天之，以爲儀法。吾以此知天下之士君子之去義遠也。」（〈天志下〉）因而天是墨者所「賦值」的對象而成爲價值根源。又〈天志上〉說：「然則何以知天之欲義而惡不義？曰天下有義則生，無義則死；有義則富，無義則貧；有義則治，無義則亂。」此段表明「天之欲義而惡不義」因而有生死、富貧、治亂之賞罰。《墨子》書直接提出天之好惡、意欲的具體對象「義」，以及「法天」可得利的說法，故曰：「我爲天之所欲（欲義），天亦爲我所欲。」（〈天志上〉）因爲天若爲人所欲，人即可得利。意即〈經說上〉的定義：「義，利也。」於此參照，《墨者》又爲爲政者的義行產生的效益找到形上的根源。

平心而論，墨子「貴義」是一種人倫價值的理念，可是何謂「義」？〈天志下〉曰：「義者，正也。」表示一種人際間最合適、恰當的行爲方式，特別專指政治上管理階層間從屬的倫理關係，如：「曰義者，正也。……然而正者，無自下正上者，必自上正下。」（〈天志下〉）「義」以具體的墨學事跡而言，應指兼愛、非攻、節用……等墨學十事爲「義行」。墨子爲了宣揚義行，並且爲了防止不義的國君（攻戰者）達到表面上的多利現象，於是提出「天」具有的賞罰作用以合理解釋人間的禍福現象，進而抑制好攻戰者認爲興兵可得大利的膚淺意見。〔註27〕以「事實與價值」的區分而言，天的事實呈現僅能

〔註27〕〈非攻中〉從人員、財貨損失「不可勝數」、「棄所不足，而重所有餘也」的土地有餘而人口不足觀點，以及善戰者（闔閭、智伯之事）最終難免致敗的歷史教訓，深層地探討、反駁「興兵可得大利」的淺見，藉以論證戰爭百害

指外在實然的自然界。而此處的天似乎對於實然的天缺乏描述，而偏重於主觀賦值意義的「價值之天」，又因此天所能理解的內容，只是具有與人同樣有的好惡、意欲而加以理解。既然天具有如人類的好惡、意欲之情感表現，便不應將天視爲西方超越於人之外的「宗教實體」理解，而只能是墨學理論的形上價值根源，或可謂爲「理論實體」。所謂的「宗教實體」特指將天視爲一種偶像崇拜的信仰對象或實體，而「理論實體」則指墨者所說的天並不是一種基於信仰的實體，而僅僅只是充當其哲學理論指涉到的研究對象。「天志」在墨學的理論體系中已經成爲法儀的「規矩」概念，而規矩概念代表客觀性、普遍性的規準，似乎已經脫離天純粹作爲信仰對象的「宗教實體」概念。相反地，「規矩」的客觀性、普遍性開展出《墨辯》中晚期墨家關於「法」與「效」的科學典範之規定，甚至《墨辯》的文本論述已經很明顯地將天的概念完全避而不談了。

　　《墨子》的法儀蘊含的規範意義，尚有一部份涉及語言規範或知識命題的判準問題之規範，即所謂的「三表法」之規定。

> 子墨子言曰：「必立儀。言而毋儀，譬猶運鈞之上而立朝夕者也，是非利害之辨，不可得而明知也，故言必有三表。」何謂三表？子墨子言曰：「有本之者，有原之者，有用之者，於何本之？上本之於古者聖王之事；於何原之？下原察百姓耳目之實；於何用之？廢（發）以爲刑政，觀其中國家百姓人民之利，此所謂言有三表也。」（〈非命上〉）

墨子認爲所有的主張都必須有立論的依據或標準（儀），而這些立論的依據或標準有三種，故曰：「言必有三表。」墨家則依據此三表來建立知識的客觀判準。例如以三表法論證「非命」的主張，論證的方式計有「訴諸感官知覺」、「古籍記載」，以及「分析政治與社會現象」三種方式，這三種方式即所謂的「三表法」。〔註28〕前兩種論證方式，觸犯了「訴諸感官」與「訴諸權威典籍」

而無一利。
〔註28〕訴諸感官知覺的方式如：「自古以及今，生民以來者，亦嘗見命之物，聞命之聲者乎？則未嘗有也。」（〈非命中〉）古籍記載如：「有於三代不（百）國有之曰：『女毋崇天之有命也，命三不國，亦言命之無也。』」（〈非命中〉）政治與社會現象的分析如：「是故昔者三代之暴王，……不肯曰：『我罷不肖，我爲刑政不善。』必曰：『我命故（固）且亡。』雖昔也三代之窮民亦由此也。……必不能曰：『我罷不肖，我從事不疾。』必曰：『我命固且窮。』」（〈非命中〉）以上三種方式即三表法所指的「下原察百姓耳目之實」、「上本之於古者聖王之事」、「觀其中國家百姓人民之利」。墨子依此語言的工具來「立言」，成爲

的謬誤，因而立論不足；而後者引發了「人的主觀能動力與客觀限制程度」的問題，顯然暴王與窮民未能發揮其「力」改善惡劣的政治現狀或生活，可見此一論證比較有說服力。墨者提出「力」的概念藉以「非命」，而「力」即人之力，指人可發揮意志的主觀能動力改造世界，免於百姓「飢寒凍餒之憂」（〈非命下〉）或天子「失其宗廟」（〈非命下〉）的情形發生。

《墨子》揭露的規範性法儀除了作爲政治規範與語言規範的意義外，還須特別注意墨家在邏輯規範方面的闡述，尤以涉及思維的客觀標準之討論最爲突出，不過令人十分惋惜的也在於這方面的研究實在乏人問津。〈小取〉提到或、假、效、辟、侔、援、推七種論辯時使用的邏輯論式顯示出墨家對於思維型式的反省已經十分縝密，並作出這樣的結論：

> 是故辟、侔、援、推之辭，行而異，轉而危，遠而失，流而離本，則不可不審也，不可常用也。故言多方，殊類，異故，則不可偏觀也。（〈小取〉）

我們在此並不會全面性討論這七種論辯的型式，而只是強調墨家一貫主張「夫辭以類行者也，立辭而不明於其類，則必困矣」（〈大取〉），亦即對於所使用的論辯語言必須命題化（立辭），並且要「明於其類」，必須符合一些使用上的規範，不可隨意使用與解釋。而所謂的語言使用上的規範，我們可以從「效」與「法」來窺知墨家的邏輯規範。〈小取〉提到：「效者，爲之法也；所效者，所以爲之法也。故中效則是也；不中效則非也，此效也。」此處的「效」似乎只是墨者與人論辯時約定雙方必須信守的論辯規則或標準。而是、非的判定則依據是否符合這個論辯標準，符合「效」的標準、規範即可謂「中效」，中效則肯定爲「是」；反之則稱爲「不中效」，不中效則否定爲「非」。「效者」便是論辯的規範可以成爲論辯的「法式」，「所效者」則爲論辯的雙方必須清楚地知道訂定這樣的「效者」之理由（所以爲之法也）。以「效者」構成的「法式」作爲判別誰是誰非的客觀依據或標準。因此，「效」字確具形式、模範與仿效等義，現與「法」字連用，而爲所謂的「軌範思維」，類似於當代科學的模型（models）的邏輯討論。〔註29〕另外《墨經》關於「法」的闡述有〈經上70〉：「法，所若而然也。」〈經說上 70〉則釋曰：「法○意、規、員。三也俱

檢驗眞理的標準，在文本的脈絡上特別用於〈非命〉篇。

〔註29〕「效」字的解釋請參閱李約瑟（Joseph Needham）原著、陳立夫主譯，《中國之科學與文明》第二冊（臺北：臺灣商務印書館，1985 年），頁 301、302。

可以爲法。」〔註30〕此「法」與上述的「效」都指一種思維上客觀可遵循的規範型式。「所若而然」，《說文》將「若」釋爲「順」，《墨經》意爲有法可依循。〈經說〉則進一步解釋形成一個完整的「法」必須包含概念（意）、規範標準（規），以及實現的結果（員）三種可操作的步驟，即「規之立也，必先有圓之意而後能制之。迨規既制，乃寫交而成圓。正《易·繫辭傳》所謂『聖人立象以盡意』是也。」〔註31〕在此，規充當意與員（圓）之法儀，聯繫與維護觀念與外在世界的一致性，並藉以形成彼此信守的論辯規範，這樣的規範除了使溝通者彼此信服，不致於陷入情緒上的爭辯，更能有效區別、比較彼此觀點與立場之同異，歸納出彼此都能接受的共識或知識。所以〈經上94〉才說：「法同則觀其同，巧轉則求其故。」〈經上95〉：「法異則觀其宜止，因以別道。」《墨經》在論辯上，採取開放的態度，尊重個人因立場的不同而允許存在個人的價值選擇（觀其宜止）。

　　《孟子》也十分重視所謂的「規矩」、「六律」、「仁政」這些客觀的規範標準。

> 孟子曰：「離婁之明，公輸子之巧，不以規矩，不能成方員；師曠之聰，不以六律，不能正五音；堯舜之道，不以仁政，不能平治天下。今有仁心仁聞而民不被其澤，不可法於後世者，不行先王之道也，故曰：『徒善不足以爲政，徒法不能以自行。』詩云：『不愆不忘，率由舊章。』遵先王之法而過者，未之有也。聖人既竭目力焉，繼之以規矩準繩，以爲方員平直，不可勝用也；既竭耳力焉，繼之以六律，正五音，不可勝用也；既竭心思焉，繼之以不忍人之政，而仁覆天下矣！」（《孟子·離婁上》）

只不過他的「規矩」不只是度量衡意義的規範概念，而直指堯舜施行的「仁政」，也就是「遵先王之法」。可見孟子的規範標準廣義上來說指「遵先王之法」，也就是既有的舊式道德規範或政治規範，而實際的內容便指「仁政」而言。所謂的「仁政」並不是具有強制力的外在規範要求，而是「既竭心思焉，繼之以不忍人之政，而仁覆天下矣」（〈離婁上〉）。換言之，仁政必須有內在的心理基礎，即必須自然真情流露出「不忍人之心」。有「不忍人之心」才能行「不忍人之政」，所以孟子曰：「人皆有不忍人之心，先王有不忍人之心，

〔註30〕以上引用墨經的條目編號，依據譚戒甫，《墨辯發微》（北京：中華書局，1996）。
〔註31〕引文同上註，頁153。

斯有不忍人之政矣！以不忍人之心，行不忍人之政，治天下可運之掌上，所以謂人皆有不忍人之心者。」（〈公孫丑上〉）因此，孟子的政治規範其實來自於相信人有仁、義、禮、智四端之心，不忍人之心便指「人之端也」的「惻隱之心」（〈公孫丑上〉）。仁政規範的具體原則，如「不嗜殺人者能一之」（〈梁惠王上〉）、「聖人治天下，使有菽粟如水火」（〈盡心上〉），這些原則都顯示政治規範來自於倫理規範必須合乎人性的心理基礎。另外，孟子實行仁政的規範標準還表現在「分田制祿」的普遍公平正義原則上，如：「夫仁政，必自經界始，經界不正，井地不鈞，穀祿不平，是故暴君汙吏必慢其經界。經界既正，分田制祿可坐而定也。」（〈滕文公上〉）依照朱子的說法：「此法不修，則田無定分，而豪強得以兼并。故井地有不均，賦無定法，而貧暴得以多取，故穀祿有不平。」可見因爲「經界不正」會導致一連串社會不公的現象。

《荀子》的規範思想泛稱爲「禮」、「禮義」或「禮法」，可謂儒家的「禮」與法家的「法」之過渡。而《荀子》的「禮」則統合了儒家的「禮」與法家的「法」，因而同具倫理規範與法律規範的內容，也是一種最高的政治規範。禮首先表現爲一種倫理規範，例如：

> 禮之理誠深矣，「堅白」「同異」之察入焉而溺；其理誠大矣，擅作典制辟陋之說入焉而喪；其理誠高矣，暴慢恣睢輕俗以爲高之屬入焉而隊。故繩墨誠陳矣，則不可欺以曲直；衡誠縣矣，則不可欺以輕重；規矩誠設矣，則不可欺以方圓；君子審於禮，則不可欺以詐僞。故繩者，直之至；衡者，平之至；規矩者，方圓之至；禮者，人道之極也。（〈禮論〉）

這段指出禮具有豐富的內涵（理），「誠深」、「誠大」、「誠高」都表示禮具有規範意義的價值與優先性可以去邪說、正視聽。又以禮與繩墨、衡、規矩相類比，表示禮爲衡量是非、對錯的標準，是倫理規範的最高標準，故曰：「禮者，人道之極。」另外禮具有衡量治亂的標準意涵——表，可見〈天論〉：「行者表深，表不明則陷。治民者表道，表不明則亂。禮者，表也。」又可見〈大略〉：「先王以禮義表天下之亂；今廢禮者，是棄表也，故民迷惑而陷禍患，此刑罰之所以繁也。」此外，禮也是君王衡量群臣能力好壞的標準，故曰：「禮者，人主之所以爲群臣寸、尺、尋、丈檢式也。」（〈儒效〉）禮也是政治規範的最高準則如：

> 禮者，治辨之極也，強固之本也，威行之道也，功名之總也，王公

由之所以得天下也，不由所以隕社稷也。（〈議兵〉）

國無禮則不正。禮之所以正國也，譬之：猶衡之於輕重也，猶繩墨
之於曲直也，猶規矩之於方圓也，既錯之而人莫之能誣也。（〈王霸〉）

又曰：「以類行雜，以一行萬。始則終，終則始，若環之無端也，舍是而天下
以衰矣。天地者，生之始也；禮義者，治之始也。」（〈王制〉）以及「故人無
禮則不生，事無禮則不成，國家無禮則不寧。」（〈修身〉）荀子顯然以禮義作
為行為的總原理，且為治國的根本依據。或曰：「禮者，政之輓也；為政不以
禮，政不行矣。」（〈大略〉）此處可見禮為處理政事的指導原則（輓）。綜合
上述，《荀子》中，禮之作為規範原理、原則的意涵大抵明矣！

禮作為倫理規範有兩方面的意義，一者，表示個人道德修養，例如：「禮
者，所以正身也。」所謂「正身」的方法即「治氣」、「養心」，而「治氣」、「養
心」的方法在於遵循禮而為之，故曰：「凡治氣、養心之術，莫徑由禮，莫要
得師，莫神一好。」（〈修身〉）另一層意義則表示人際之間應有的倫理行為，
如：「禮也者，貴者敬焉，老者孝焉，長者弟焉，幼者慈焉，賤者惠焉。」（〈大
略〉）除了道德規範外，禮還表現為「明分使群」（〈富國〉）的等級制度。如：
「禮者，貴賤有等，長幼有差，貧富輕重皆有稱者也。」（〈富國〉）此種貴賤、
長幼、貧富的地位等級差異，一再呈現出禮制是種社會階層上的合理安排。《荀
子》的禮論其實不僅止於指涉外在制度的倫理規範、政治規範或形式規範，
尚包含適當地供給人性的基本需求，使得禮具備了內在的生理意義而非只是
一種基於主觀意念的價值規定。〈禮論〉指出：

禮起於何也？曰：人生而有欲，欲而不得，則不能無求。求而無度
量分界，則不能不爭；爭則亂，亂則窮。先王惡其亂也，故制禮義
以分之，以養人之欲，給人之求。使欲必不窮於物，物必不屈於欲。
兩者相持而長，是禮之所起也。故禮者養也。芻豢稻梁，五味調香，
所以養口也；椒蘭芬苾，所以養鼻也；雕琢刻鏤，黼黻文章，所以
養目也；鐘鼓管磬，琴瑟竽笙，所以養耳也；疏房檖貌，越席床笫
几筵，所以養體也。故禮者，養也。

禮的根源起於因應人性生理欲望之需求，禮的最基本功能在於養人之口、目、
耳、鼻、體之欲求，所以說：「禮者，養也。」《荀子》將禮的規範功能解釋
為滿足人的生理需求所生的物質欲望，這點顯然與孔子的「克己復禮為仁」
（《論語‧顏淵》）孟子的「養心莫善於寡欲」（《孟子‧盡心下》）要求寡欲的

主張不同。其實先王制禮義目的在於養人之欲，禮義的功能不僅止於寡欲或節欲，而是依據社會等級的不同，該節欲的節欲，該盡欲的盡欲，故曰：

> 欲雖不可盡，可以近盡也。欲雖不可去，求可節也。所欲雖不可盡，求者猶近盡；欲雖不可去，所求不得，慮者欲節求也。道者，進則近盡，退則節求，天下莫之若也。（《荀子‧正名》）

可見荀子並非如孔孟儒家只是主張單方面的節欲、寡欲，而相反地可以依據社會等級的高低盡其所能地滿足個人的欲望，此謂「進則近盡，退則節求」。因此，禮的節制與滿足兩方面的功能，顯示出禮可以合理調節欲望與物質之「相持而長」的對應關係，換言之，禮起於使物質與欲望可以相互制約而保持協調，故曰：「使欲必不窮於物，物必不屈於欲。」這種對禮的理解與界定在先秦諸子中可謂獨樹一格，「相對於孔孟，突出了其中包含的物質性內涵，顯示出荀學更充分的現實主義品格，也顯出荀學對禮之作爲現實制度，而非主要作爲一種價值原則。」〔註32〕

荀子似乎也已經反省到「徒善不足以爲政，徒法不能以自行」（《孟子‧離婁上》）的道理。亦即作爲一個有效統治國家的政治規範必須涵蓋倫理與法律兩種規範的特質，因而有所謂「禮法」並稱的說法。例如：

> 上莫不致愛其下，而制之以禮。上之於下，如保赤子，政令制度，所以接下之人百姓，有不理者如豪末，則雖孤獨鰥寡必不加焉。故下之親上，歡如父母，可殺而不可使不順。君臣上下，貴賤長幼，至於庶人，莫不以是爲隆正；然後皆內自省，以謹於分。是百王之所（以）同也，而禮法之樞要也。然後農分田而耕，賈分貨而販，百工分事而勸，士大夫分職而聽，建國諸侯之君分土而守，三公總方而議，則天子共己而止矣。出若入若，天下莫不均平，莫不治辨。是百王之所同，而禮法之大分也。（《荀子‧王霸》）

其中提到的「禮法之樞要」與「禮法之大分」主要指明示「政令制度」與社會階層的各司其職而言，「荀子的禮強調其作爲與內在主體人性相對的外在規範的意義，他常常把禮與法並稱」。〔註33〕所以禮法並稱主要的用意在於原爲倫理規範的禮，應該予以制度化、明示化形成外在的制度（法）。荀子將禮視爲與法一

〔註32〕引文可見韓德民，《荀子與儒家的社會理想》（濟南：齊魯書社，2001年），頁211。

〔註33〕引文同上註，頁215。

體，禮與法並非可以截然二分，原因可能來自於荀子將倫理規範視為法律規範的基礎與必要條件，所謂「《禮》者，法之大分，類之綱紀也。」（〈勸學〉）、「故非禮，是無法也」（〈修身〉）以及「禮義生而制法度」（〈性惡〉）。因此禮法並稱的「法」，應指道德規範的「制度化」而言，即將傳統個人或宗法的倫理規範形成一套明顯的「規則」或「制度」以方便通行、使用，並非嚴格刑罰意義上的法律條文，但禮法又具有法律規範上公佈法的「明示」效果。雖然《荀子》也提到「由士以上則必以禮樂節之，眾庶百姓則必以法數制之」（〈富國〉），似乎有類於《禮記‧曲禮上》「禮不下庶人，刑不上大夫，刑人不在君側」的主張，但這裡的士與眾庶百姓的區別只是強調道德自覺的自律能力與無自律能力而被迫授以他律的制度或規範。而且上述禮節並非僅適用於士以上階層，因為「故禮之生，為賢人以下至庶民也，非為成聖也」（〈大略〉）。同樣地，法數也並非僅適用於眾庶百姓，因為「其為人上也，廣大矣！志意定乎內，禮節脩乎朝，法則度量正乎官，忠信愛利形乎下。」（〈儒效〉）換言之，禮法的區分並非以政治階層的地位作為唯一的分野標準，禮同樣適用於庶民，而荀子以大儒為人上並且施加法則度量於各種官位之人使其行為端正。

　　除了提倡禮以外，而法純粹作為法律制度的意義而言，《荀子》中也多有闡述。例如：「君人者，隆禮尊賢而王，重法愛民而霸。」（〈大略〉）或：「其有法者以法行，無法者以類舉，聽之盡也。」（〈王制〉）或：「道之與法也者，國家之本作也。」（〈致士〉）《荀子》雖有提及法的重要性與使用的原則，但法令畢竟只能由人執行、操作，最終還須仰賴有德的「君子」。因此，「故有良法而亂者，有之矣，有君子而亂者，自古及今，未嘗聞也。」（〈王制〉、〈致士〉）。又主張「禮義備而君子歸之」（〈致士〉），我們可以推知禮義在《荀子》的理想建制中應該比良法來的優先。此外，禮的教化規範作用的喪失直接導致法的刑罰之大盛，故曰：「今廢禮者，是棄表也，故民迷惑而陷禍患，此刑罰之所以繁也。」（〈大略〉）可見禮的理論價值應該優於法才是。從禮法並稱的立場觀之，《荀子》似乎察覺到表示倫理規範的應當性、合理性與法律規範的明示性、制度化應該予以結合，即西方規範倫理學之「規則」概念將道德感注入於日常的規範形式中。禮不只是宗法制度下的宗教儀式，而是包含社會等級制度與生、老、病、死各階段因應「顏色」、「聲音」、「食飲」、「衣服」、「居處」的「吉凶憂愉之情發」的妥善處置，﹝註34﹞這樣多面向的妥善處置

─────────────────

﹝註34﹞ 這些禮的妥善處置之用意在於「故情貌之變，足以別吉凶，明貴賤親疏之節，

或安排屬於一般日常的倫理規範，目的在於養人之口、目、耳、鼻、體之欲，在「禮者，養也」這樣的意義之下，禮不單純只是外在冷酷的形式規範，而是包含調和人性的內在欲求。對照西方近代的倫理學觀點，但從外在禮法並稱強調的禮之規則，是否就代表《荀子》的倫理學型態爲規則倫理學？答案是否定的！因爲《荀子》的禮以仁爲基礎，例如：「人主仁心設焉，知其役也，禮其盡也，故王者先仁而後禮，天施然也。」（〈大略〉）禮是君王仁心完備的表現，顯見更重視仁這種內在的德行，《荀子》強調「君子」的德行領導地位甚至高於良法之上，我們實在不能武斷或片面地將《荀子》的倫理學型態完全摒棄在「德行倫理學」之外。〔註35〕

　　《韓非子》的規範思想在其政治理論上具有本章第一節定義之「規準」、「優先性」意義，「道無雙，故曰一」（〈揚摧〉）即闡述作爲一切原理的道具有「價值上的優先性」之意。而規準的意涵之表示即「巧匠目意中繩，然必先以規矩爲度；上智捷舉中事，必以先王之法爲比」（〈有度〉）或「規矩既設，三隅乃列」（〈揚摧〉）。又從「萬物莫不有規矩」（〈解老〉）、以「聖人盡隨萬物之規矩」（〈解老〉）來解釋《老子》六十七章「不敢爲天下先」，足見規範思想的重要性。再者，《韓非子》一再地在文本中強調規範思想的最典型辭項——「規矩」。即「無規矩之法，繩墨之端，雖王爾不能以成方圓」（〈姦劫弒臣〉）、「使匠石以千歲之壽操鉤，視規矩，舉繩墨，而正太山」（〈大體〉）、「巧匠目意中繩，然必先以規矩爲度；上智捷舉中事，必以先王之法爲比」（〈有

期止矣。」（〈禮論〉）關於引文「顏色」、「聲音」、「食飲」、「衣服」、「居處」、「吉凶憂愉之情發」之内容請詳見〈禮論〉。

〔註35〕林義正老師將仁、義、禮、知、信、恭、敬等視爲「德行」，而非「德性」。此外，順著仁、義的仁格品行意涵，認爲當代倫理學中的「virtue ethics」應該譯爲「德行倫理學」而非「德性倫理學」較爲妥當。例如林老師說：「當代倫理學中的 virtue ethics，其中文譯名，有以『德性倫理學』譯之，有以『德行倫理學』譯之，作者以爲此種倫理學以人格品行之探討爲主，向來只說『品行』，不說『品性』，兩者唸音全同，而用字不同，在中文裡兩者易混，但使用上還是有別的，似應譯作『德行』爲妥。但在中文裡，《論語》有『德行』，《中庸》有『德性』，前者屬倫理學，後者屬道德形上學之概念，故以『德行』譯之爲妥。」本文因此採用「德行倫理學」的譯名。可參閱同註22，頁110。德行倫理學的代表人物如麥金太爾（Alasdair MacIntyre, 1929～），其著作 After Virtue 的中文譯名爲《德性之後》（龔群、戴揚毅等譯，北京：中國社會科學出版社，1995），所以目前學界以麥金太爾所使用的「德性」（virtue）一詞來統稱友誼、勇敢、自制、智慧、正義等德性觀念。

度〉）或「規矩既設，三隅乃列」（〈揚搉〉）。又從「萬物莫不有規矩」（〈解老〉）、以「聖人盡隨萬物之規矩」（〈解老〉）來解釋《老子》六十七章「不敢爲天下先」，以上所列足見規範思想的重要性。又從法字的古字完整寫法爲「灋」，「含有刑與模範之意義」，〔註36〕模範意味有可遵循的範本或標準因而法具有規範之意。另外，「道不同於萬物，德不同於陰陽，衡不同於輕重，繩不同於出入，和不同於燥溼，君不同於群臣。」（〈揚權〉）其中提到的「道」、「德」與「衡」、「繩」、「和」、「君」之對照，也具備規範標準之意。還有「道者，萬物之始，是非之紀也；是以明君守始以知萬物之源，治紀以知善敗之端。」（〈主道〉），道又爲「萬物之始」、「是非之紀」顯見具有萬物生成的始基、根本或衡量是非的標準之意，道在這樣的意義下賦予一切事物之規範的形上基礎。

　　具體而言，《韓非子》的規範思想大致上可分爲三大部分：倫理規範、法律規範，以及邏輯規範。倫理規範的內容除了「忠」、「孝」、「仁」、「義」等道德德目有所界定外，關於應然的倫理思想隱而不顯，往往與政治哲學的內容相混而難以區分，所以有待本論文進一步開發。而法律規範的部分，則散見於各個篇章，屬於目前學界著墨最甚之處。如「夫必恃自直之箭，百世無矢；恃自圓之木，千世無輪矣。自直之箭、自圓之木，百世無有一，然而世皆乘車射禽者何也？隱栝之道用也。」（〈顯學〉）、「故先王立司南以端朝夕」（〈有度〉）、「有法度之制者，加於群臣之上」（〈有度〉）、「巧匠目意中繩，然必先以規矩爲度」（〈有度〉）、「一民之軌，莫如法」（〈有度〉）、「使天下皆極智能於儀表，盡力於權衡」（〈安危〉）、「無規矩之法，繩墨之端，雖王爾不能以成方圓。」（〈姦劫弒臣〉）、「然所以廢先王之教，而行賤臣之所取者，竊以爲立法術，設度數，所以利民萌便眾庶之道也。」（〈問田〉）或「去規矩而妄意度，奚仲不能成一輪。廢尺寸而差短長，王爾不能半中。使中主守法術，拙匠守規矩尺寸，則萬不失矣。」（〈用人〉）邏輯規範專指辯說或名辯學方面的規範原則，《韓非子》明確指出在語言的使用方面必須遵守一些規範的原則，正所謂「是境內之民，其言談者必軌於法」（〈五蠹〉）。或曰：「夫言行者，以功用爲之的彀者也，……有常儀的也。」（〈問辯〉）以上所述的「隱栝之道」、「司南」、「規矩」、「先王之法」、「常儀的」、「儀表」、「法度之制」、「軌」、「權衡」、「尺寸」皆爲規範的工具或標準。難怪太史公論韓非說：「韓子引繩墨，

<hr />

〔註36〕「灋」之解釋與引文可見李增，《先秦法家哲學思想——先秦法家法理、政治、哲學》（臺北：國立編譯館，2001年），頁268。

切事情，名是非，其極慘礉少恩，皆原於道德之意，而老子深遠矣！」（《史記·老子韓非列傳》）從「韓子引繩墨，切事情，名是非」可見規範思想對於韓非的重要性了！

第三章　規範的形上基礎

　　本章各節論題直接闡述《韓非子》關於規範的形上基礎之建立，即道作為一切規範的形上基礎或原理、原則，在這樣的形上基礎或原理、原則的意義下，道或道理可謂《韓非子》所立的「規矩準繩」，或堪稱為規範思想中的規範原理。〔註1〕如墨子以「天志」作為行動的形上理念，而《韓非子》則以道作為一切事物包含物理與人事的形上基礎。以道作為倫理、法律、邏輯三大規範的形上基礎亦即胡賽爾先生所認為的「理論學科作為規範學科的基礎」。〔註2〕相較於《韓非子》道論的提出，道論可謂胡賽爾的「理論學科」，而本文論述的倫理、法律、邏輯三種《韓非子》的規範思想為「規範學科」，這三種規範學科則以道論的理論學科為基礎。

　　而《韓非子》所示的法律、倫理、邏輯等規範思想形成各種現實政治可操作的實踐原則，這些實踐的原則與規範的形上基礎在理論詮釋意義上含有「道術合一」〔註3〕的關係或「以術論道」的觀點，以文本的線索而言，「道

〔註1〕　錢穆先生認為：「依照常俗用法，『道理』二字，已混成為一名，語義似乎像是指一種規矩準繩言。在中國人一般思想裏，似乎均認為宇宙（此指自然界）乃至世界（此指人生界），形上及於形下，一切運行活動，均該有一個規矩準繩，而且也確乎有一個規矩準繩，在遵循著。」引文見錢穆，《中國思想通俗講話》（臺北：東大圖書，1990 年），頁 6。

〔註2〕　引文見埃德蒙德·胡賽爾（Edmund Husserl）著、倪梁康譯，《邏輯研究》第一卷（上海：上海譯文出版社，1999 年），頁 40。胡賽爾先生接著解釋說：「顯而易見，任何一門規範學科，尤其是任何一門實踐學科的前提都是由一門或幾門作為基礎的理論學科來構成的，就是說，任何一門規範學科都必定擁有某種可以從所有規範化做法中分離出來的理論內涵，這種理論內涵本身的自然產地是在一門理論學科之中，無論這是一門已形成了的理論學科，還是一門尚待建立的理論學科。」

〔註3〕　「道術合一」的觀點源自於道家對於先秦政治、學術理想與實踐兩方面的一

術合一」或可謂「虛無服從於道理」（〈解老〉）的「道理合一」觀點。道是萬物的存有活動展現，當人們與它遭遇時，於是發生認識的問題，就不同情境下的道，發起名言的判定，因而有各種不同人爲可操作的「術」產生。在哲學的思辨過程中，我們因應一個具有普遍性、理念性意義的「道」，而起個別不同術的哲學分析，於是形成各種基於道的規範化原理而形成倫理、法律、邏輯的規範思想。「因爲道具體表現在天道與人道的活動上，而有操作性意義，故曰『術』。我們只能透過『術』的呈顯來理解『道』，此即『以術論道』的觀點。」〔註4〕於是本章將先討論作爲存在本質的道或道理之哲學意涵，接著討論《韓非子》各種規範化原則的「術」與形上基礎的「道」之間合一的關係，即藉《韓非子》呈現的各種規範思想（術）來把握《韓非子》所欲表現的理想治國方式（道），最後才回到人與萬物自身的內在本質或德性（德）的討論。而《韓非子》暢言法、術、勢三者，皆可視爲「君術」的組成要素，這些君術的提出無非揭櫫韓非「喜刑名法術之學，而其歸本於黃老」（《史記‧老子韓非列傳》），其歸本於黃老之學的「原於道德之意」（同上），也回應了《莊子‧天下》所言：「後世之學者，不幸不見天地之純，古人之大體，道術將爲天下裂。」在《韓非子》的規範思想與暢言道論的文本證據之下，其道術在理論架構上合而爲一，並未如《莊子‧天下》所言的「道術將爲天下裂」。

第一節　萬物之始

一、廣義與狹義之道

依照韓非對於「道」的定義，道的意義包含兩方面：「道者，萬物之始，是非之紀也；是以明君守始以知萬物之源，治紀以知善敗之端。」（〈主道〉）亦即韓非對於道的理解，涉及「萬物之始」與「是非之紀」兩方面的意涵，前者關聯到存有的始基之探討，而後者則是《韓非子》全書所欲闡述的「以法爲教」的君術部分。由〈主道〉篇可見「韓非似乎對『萬物之始』的興趣

統思想，如《莊子‧天下》的「道術」思想：「天下之治方術者多矣，皆以其有爲不可加矣。古之所謂道術者，果惡乎在？曰：『無乎不在。』曰：『神何由降？明何由出？』『聖有所生，王有所成，皆原於一。』」

〔註4〕引文可參閱黃裕宜，《《老子》自然思想的考察》（臺北：臺灣大學哲學研究所碩士論文，2001年），頁2。

不大，而整篇〈主道〉都在論述『是非之紀』。」〔註5〕基於此，《韓非子》所謂的「道」，應該有廣義與狹義之分：「所以成萬物者為廣義之道；順道而立法，以術而治眾，此人主之道，是為狹義之道。」〔註6〕綜觀《韓非子》全書關於道的描述，取自黃老之道的廣義之道部分在篇幅上遠遠不及與法術相關的人主之道。雖然理論意義上的道要比實踐意義上的術較少提及，但道作為《韓非子》的理論基礎，特別是實踐意義上的術在道術合一的觀點下，十足證明所有規範原則的術，都可歸源、稽合於道，可見道具有理論上的優先性，即「萬物之始」的廣義之道優先於「是非之紀」的狹義之道。而「始」字，《說文》釋曰：「女之初也。」可見「始」與「初」有關，原意即「婦女剪裁衣料製衣」的意思。從婦女製衣的形象思維可配合「萬物之始」來看，這說明了《韓非子》從道的描述想要提供一些裁制萬物之時的最根本、也最純粹的形式概念，而此形式概念只是我們理性回溯所能認知的最原初狀態的描述，意即我們理性認知的起點，這起點的存在狀態若依《韓非子》的主張而言，或許就是「至天地之消散也不死不衰者謂常」（〈解老〉）的狀態。

二、道概念的意涵

依據《韓非子》文本的線索來檢視「道」的概念，我們可以清楚地理解道毫無任何神秘性可言，相反地，它是一個可以由理智分析、認識十分清楚且明晰的概念。道的概念從天、地自然典範與人文之行為典範概念發展而來，即道不可離天、地自然或聖人之道而獨存。所謂：

> 聖人之道，去智與巧，智巧不去，難以為常。民人用之，其身多殃，
> 主上用之，其國危亡。因天之道，反形之理，督參鞠之，終則有始。
> （〈揚權〉）

這段提到「聖人之道」與「因天之道」兩個重要的線索，可見道的普遍概念意涵從「聖人之道」與「天之道」抽離、獨立出來。所以道概念顯然表示天人之最高的典範概念，作為自然與人文的最理想的規範原則，同理可見：

> 天得之以高，地得之以藏，維斗得之以成其威，日月得之以恆其光，
> 五常得之以常其位，列星得之以端其行，四時得之以御其變氣，軒

〔註5〕　引文可見王曉波，《道與法：法家思想和黃老哲學解析》（臺北：國立臺灣大學出版中心，2007 年），頁 434。

〔註6〕　引文可見陳奇猷校注，《韓非子新校注》（上海：上海古籍出版社，2000 年），頁 68。

　　　　轅得之以擅四方，赤松得之與天地統，聖人得之以成文章。(〈解老〉)
又如：

　　　　魯哀公問於仲尼曰：「《春秋》之記曰：『冬十二月，隕霜不殺菽。』
　　　　何爲記此？」仲尼對曰：「此言可以殺而不殺也。夫宜殺而不殺，桃
　　　　李冬實。天失道，草木猶犯干之，而況於人君乎？」(〈內儲說上〉)

　　　　故明主之道，一法而不求智，固術而不慕信，故法不敗，而群官無
　　　　姦詐矣。(〈五蠹〉)

　　　　明主之道，取於任，賢於官，賞於功。(〈八經〉)

　　　　明主之道，賞必出乎公利，名必在乎爲上。(〈八經〉)

這段提到天、地、日月乃至赤松「得之」或「天失道」的「道」即指天地的自
然之道，而「聖人得之」與「明主之道」的「道」便指人文之道，〈解老〉篇「認
爲老子所說的那個萬物之始、萬物所遵循的道，就是天地萬物運動變化遵循的
法則。」〔註7〕所以，萬物（包含人與自然）所遵循的道之規範，就是一種運
動變化的「動態法則」。意即道概念的形成，來自於天地萬物之運動變化（如天
體之運行）與人之行爲（君道）可以履行、實踐的意義下而說「動態法則」，宛
如《莊子‧齊物論》「道行之而成」的動態運行、實踐概念。《韓非子》即把握
此動態法則而另立一從自然與人文獨立出來的道，而將道概念單獨定義、描述
形成字典定義或認識論上名言所對的討論對象，如〈解老〉之定義：「道者，萬
物之所然也，萬理之所稽也」、「道者，萬物之所以成也」；或如〈揚權〉之定義：
「夫道者、弘大而無形」、「道者、下周於事，因稽而命，與時生死」。如此定義
下的道，形成了可以獨立於天地萬物運行、實踐之外的抽象原理、原則，而此
原理、原則所代表的普遍概念爲一思維所對的對象，形成好像的確眞實地存在
於我們的現實世界中。如此一來，道的眞實性僅僅在於抽象的思維中，並非實
際有一如亞里士多德所說的個別實體（ousia，substance）存在。

三、物的實體定義與規範標準——理

　　　　亞里士多德的「實體」概念在《形而上學》第五卷是指「那些單純的物
體，例如土、火、水以及這類東西……這一切之所以被稱爲實體，因爲他們
不述說其他主體，而是其他的東西來述說他們。」〔註8〕另外，在《形而上學》

〔註7〕　引文可見王德友，《道旨論》（濟南：齊魯書社，1987年），頁56。
〔註8〕　引文可見苗力田主編，《亞里士多德全集Ⅶ》（北京：中國人民大學出版社，

第七卷亞氏本人則歸結出「實體」有四種最主要的意思：「是其所是、普遍、總被認爲是個別事物的實體，還有第四種即載體。」〔註9〕但道在〈解老〉的描述如「道者，萬物之所然也」、「道者，萬物之所以成也」，在此道以一種萬物依循的法則而存在。這樣的法則是一種規範的概念，而規範的概念並非哲學上的實在（reality），換言之，亞氏的實體概念在於標示個體的存在，例如以「單純的物體」的質料意義來代表實體，而「是其所是」、「普遍」、「載體」則是偏重形式意義的實體解釋。亞氏的實體概念，是一種實存的尤其著重在「個體上」的物體本質概念。而《韓非子》的道，雖與亞氏實體同有「是其所是」的本質意涵，但其作爲哲學意義上的普遍概念而言，道的抽象程度或可謂適用的外延指涉對象比實體概念更廣。換言之，亞氏實體指涉個別具體事物而有材質的「質料義」與標示物體存在的外觀「形式義」，但以形質說來定義具體物質的實體，根本上與道作爲「萬物」依循的法則構成的普遍概念相異。亞氏的實體定義指涉個別的物質對象強調個體的認識，而《韓非子》的道則描述在個體之外的萬物所依循的法則，所謂的「道不同於萬物」（〈揚權〉）或許可以從《韓非子》道所示萬物抽象的普遍法則與亞氏個別之物的實體定義代表萬物的存在意義之比較來理解。

　　再者，經由上述比較《韓非子》之道與亞氏實體的文本定義後，令人倍感驚奇之處，反而在於「理」的概念更接近亞氏的「實體」概念。我們可謂「理是物的實體定義」，因爲〈解老〉提到「理者，成物之文也」、「萬物各異理」、「物有理不可以相薄，物有理不可以相薄故理之爲物之制」、「凡理者，方圓、短長、麤靡、堅脆之分也」。上述之「理」在〈解老〉的解釋僅針對個別的物而有，理的概念很清楚地皆爲對「物」的本質定義，即雷同於亞氏個體之物的實體概念之解釋。「理」字依照許愼《說文解字》的解釋：「理，治玉也。」段玉裁注曰：「《戰國策》鄭人謂玉之未理爲璞，是理爲剖析也。玉雖至堅，而治之得其䚡理，以成器不難謂之理。……物之質曰肌理、曰膚理、曰文理。」其中所說的「䚡」字，許愼以「角中骨也」來界說。段玉裁則注曰：「骨當作肉，字之誤也。……此則謂角之中，角之本當中有肉之處，外有文理可觀……䚡理自外可以知中，引申謂凡物之文理也。」由上述「理」與「䚡」二字的原始理解可知，理的概念已經經過人類悟性的整理過後而有的

1997年），頁122。
〔註9〕引文可見同上註，頁154。

對物本身的理解或認識，因爲「治玉」必須由人去「治」方能藉由治玉之後得到的玉之「文理」來認識玉本身。對照「理者，成物之文也」觀之，透過人類悟性對物之文理（如方圓、短長、麤靡、堅脆之分）的認識，我們可以仿造取得「觭理」那樣「自外可以知中」，從外在的文理可以推知內在物體的本質。所以《韓非子》舉例說明：「人希見生象也，而得死象之骨，案其圖以想其生也，故諸人之所以意想者皆謂之象也。今道雖不可得聞見，聖人執其見功以處見其形。」（〈解老〉）「死象之骨」或可謂「象之文理」，因而聖人可以「執其見功以處見其形」，即以現象推知本體，以象之理來推知眞實的「象貌」，而此「象貌」即是關於道的意涵。因此，《韓非子》欲人以理來認識道，其間理與道的關係，就如同哲學上的現象與本體之間的關係。〔註10〕換言之，關於物之本體的認識（道之認識），必須藉由標示物之現象的理的本質意義之理解方可達成。但又由於「萬物各異理」，雖然個體與個體之間彼此都有不同的文理，即謂萬物之間都有不同的本質定義或藉以區分的形式意義，既有不同的本質定義，因已是區分萬物各自最根本的本質定義不可混淆，故曰：「物有理不可以相薄。」而這些個體物的本質定義或形式意義便稱爲「物之制」，即物的本質定義爲物體本身的「規定」。在這樣的「規定」意義下，同類之物皆具有同理，理定之後便形成了具有規範意義的「規矩」意涵。下面這一段引文解釋《老子》六十七章中「我有三寶，持而保之」的「不敢爲天下先」，清楚說明了從「理」之認識到形成「規矩」的認識過程。

> 凡物之有形者易裁也，易割也。何以論之？有形則有短長，有短長則有小大，有小大則有方圓，有方圓則有堅脆，有堅脆則有輕重，有輕重則有白黑。短長、大小、方圓、堅脆、輕重、白黑之謂理。理定而物易割也。故議於大庭而後言則立，權議之士知之矣。故欲成方圓而隨其規矩，則萬事之功形矣。而萬物莫不有規矩。議言之士，計會規矩也。聖人盡隨於萬物之規矩，故曰：「不敢爲天下先。」（〈解老〉）

道的認識則比理在抽象概念的程度上更高一層，必須在「萬物各異理」的認識過程中抽離出更普遍適用於所有經驗對象的存在本質，此抽象過程謂爲「萬

〔註10〕《韓非子》以本體與現象的一與多之關係理解物質世界，例如：「參名異事，通一同情。故曰道不同於萬物，德不同於陰陽，衡不同於輕重，繩不同於出入，和不同於燥溼，君不同於群臣。凡此六者，道之出也。道無雙，故曰一。」（〈揚權〉）其中的道、德、衡、繩、和、君即「周合於事的道」，而萬物、陰陽、輕重、出入、燥溼、群臣即「與時興廢的事物」。可參閱同註6，頁155。

物各異理而道盡稽萬物之理」（〈解老〉），「道盡稽萬物之理」的「盡」即是得到最高普遍概念的意思。因為「萬物各異理」之詮釋，《韓非子》以外在的文理所構成的本質概念去標示萬物的存在，所以理成為萬物的本質，而「道者，萬物之所然也，萬理之所稽也。」道又作為諸理之上更高的抽象普遍概念或諸理的總原理（萬理之所稽也），所以道畢竟與理不同，竟然道與標示物體存在的理不同，所以道便不同於萬物了。

四、道與理的差異

　　道與理雖然同為普遍概念，同具事物的本質概念意義，但因為「萬物各異理」，「異理」即表現出個別的理有其「特殊性」，而道則總括萬理形成總原理，所以有其「一般性」或「普遍性」，故王曉波老師從哲學認識論上以「特殊規律」與「一般規律」來區分「理」與「道」的不同。〔註11〕另外，理與道最大的差別在於「制」與「不制」的特性。例如，「理之為物之制」（〈解老〉）說明理是物的規定或標準，因為「萬物各異理」（〈解老〉），所以物與物之間的存在藉以區分彼此不同的規定或標準，在哲學上則稱為一種「限定」（determination）。〔註12〕反觀道便不具有這種限定的特性，因為「凡道之情，不制不形，柔弱隨時，與理相應。」（〈解老〉）雖然道「不得不化，故無常操」（〈解老〉），可謂道的一般規律必須寓於物的特殊規律之中方能具有萬物賴以遵循的普遍意義，但道畢竟「與理相應」，道必須隨理而化，而「萬物各異理」，為了與萬物相應、相容所以道便不能有一固定不變的形式，在此「無常操」而順應萬理的變化模式下而說「不制」。換言之，道隨物理而變化並非僅止於某種限定的認識對象，而是非限定的認識對象，故曰：「無定理，無定理非在於常所，是以不可道也。」（〈解老〉）此點另外引申出道與理蘊含「常」與「無常」之區別。且參看下文：

> 凡理者，方圓、短長、麤靡、堅脆之分也。故理定而後可得道也。
> 故定理有存亡，有死生，有盛衰。夫物之一存一亡，乍死乍生，初
> 盛而後衰者，不可謂常。唯夫與天地之剖判也具生，至天地之消散
> 也不死不衰者謂常。而常者，無攸易，無定理，無定理非在於常所，

〔註11〕「特殊規律」與「一般規律」之區分，可見同註5，頁444。

〔註12〕限定（determination）是一種辨識外物的思考作用，當我們認識外在的對象時，藉由限定去認識外在的對象。可參閱柴熙，《認識論》（臺北：臺灣商務印書館，1969年），頁6。

是以不可道也。聖人觀其玄虛，用其周行，強字之曰道，然而可論，

故曰：「道之可道，非常道也。」（〈解老〉）

〈解老〉在字面上對於道的特性——「常」，不同的文本描述或許啓人疑竇。如既說「無常操」又強調「至天地之消散也不死不衰者謂常」、「而常者，無攸易」，究竟道的存在樣態如何認定？是「常」或「無常」？有無矛盾之處？筆者以爲，道爲前述之「動態的法則」，「無常操」僅限於解釋道順應萬物之個別文理的限制而起相應的變化，以此動態的法則普遍地適用於萬物身上，故「無常操」的重要意義在於「不制」的「變」。反觀「至天地之消散也不死不衰者謂常」、「而常者，無攸易」，則強調道在時間上的永恆存在，並且在空間上可以獨立於「天地之消散」而存在，超脫於一般物理現象的「存亡」、「死生」、「盛衰」這些存在樣態。簡言之，道的永恆性獨立於經驗界或實在界的變化而存在，於此永恆性而說「常」；而「無常操」卻是說明道實際在經驗界或實在界運乎萬物之中，作爲萬物遵循的動態法則。因此，道在經驗界之內外皆無所不在，若在經驗界內則「下周於事，因稽而命，與時生死」（〈揚權〉）、「道與堯、舜俱智，與接輿俱狂，與桀、紂俱滅，與湯、武俱昌」（〈解老〉），顯見道與現象一起生滅變化。但若到超脫於實在界之外「至天地之消散也不死不衰者謂常」，就如同《老子》二十五章所謂的「寂兮寥兮，獨立而不改，周行而不殆」，如此道的永恆性便與現象之變化毫無關連了。所以，以道在經驗界或實在界之內外來解釋「常」與「無常」，並不會導致矛盾的問題。關於道無所不在的描述，顯然不完全是西方哲學所謂的「泛神論」（pantheism）與「超神論」（deism），不過若要將《韓非子》的道與斯賓諾莎的泛神論作一比較，這樣的中西比較恐怕不是很恰當，因爲《韓非子》的道根本與基督宗教的信仰或神毫無關係，而道的無所不在表示「道即在自然之中」，此點或許可以類比泛神論的「神即自然，神在自然之中」的主張，但道的屬性出於理智的信念（belief）分析而可得知，終究與神的概念基於信仰（faith）無法由理智來分析絕對迥異。

五、道的轉化——術

綜合上述的分析，我們可以清楚得知，道作爲一切事物的最根本形式意義，可以總括萬事萬物，或可謂最高的普遍概念，這樣的理解專以標示物質存在的動態法則來理解。深究其實，道的存在只能是一種基於理論上的需要而存在，並非實存於實在界的物質對象，而只能是思維所對的對象。《韓非子》

為了方便提供君王有一思維上可操作的理想治國規範，所以勉強另立一名稱曰為「道」，成為可供認知並在理智上因「理定而後可得道也」，由充分對萬物之理的認識，更抽象地得到道所具有的不因人為主觀恣意解釋而改變的普遍客觀的規律，這個普遍客觀的規律便為「是以明君守始以知萬物之源」（〈主道〉）的「萬物之源」。換言之，掌握萬物之源的道，即可謂掌握了自然界普遍客觀的規律，如此方能行事無礙、得以生存。因此，道才引申出「生成萬物的原理」或「萬物生存的原理」意義。例如：

> 而功成天地，和化雷霆，宇內之物，恃之以成。凡道之情，不制不形，柔弱隨時，與理相應。萬物得之以死，得之以生；萬事得之以敗，得之以成。道譬諸若水，溺者多飲之即死，渴者適飲之即生。譬之若劍戟，愚人以行忿則禍生，聖人以誅暴則福成。故得之以死，得之以生，得之以敗，得之以成。（〈解老〉）

本由觀察自然天地之道而得來的這個普遍客觀的規律，為了實際上可供君王遵循、使用，便由物理的範圍逐漸過渡到事理的範圍，形成實際可操作的政治規範準則──「術」。「術」包含「方法」、「操作」的意涵，即是關於道如何在實際的政治操作上具體應用的問題，決定了日後萬物的死、生與萬事的成、敗。其實《韓非子》的論述「最詳的是術，其次為法，最次為勢」。〔註13〕而最豐富的君術論述之基礎，是來自於《韓非子》對自然的道與理的認識。因此，所謂的「嗇之謂術也生於道理」（〈解老〉）的「道理」、甚至「此十數人者，皆世之仁賢忠良有道術之士」（〈難言〉）的「道術」，根本直接是「普遍客觀規律」的代名詞，而依循此「普遍客觀規律」就能帶來莫大的好處。故曰：「夫緣道理以從事者無不能成。無不能成者，大能成天子之勢尊，而小易得卿相將軍之賞祿。夫棄道理而忘舉動者，雖上有天子諸侯之勢尊，而下有猗頓、陶朱、卜祝之富，猶失其民人而亡其財資也。」（〈解老〉）

第二節　是非之紀

一、君術的依據──是非之紀

本節主要旨趣在於探討「是非之紀」的狹義之道，而此「是非之紀」的

〔註13〕引文可見陳奇猷、張覺，《韓非子導讀》（成都：巴蜀書社，1990 年），頁 36。

狹義之道則是闡述法術相關的人主之道，也是本文的倫理、法律、邏輯三大規範核心的形上基礎。在《韓非子》道術合一的理論原則下，《韓非子》提出作爲一切規範基礎的道、理規定，然而政治理論的論述之重點卻是從道的理論基礎之論述轉向至與道同具理想意義且十分繁雜的君術方面之論述。而君術方面的論述即理想性的道實際在人事方面的操作與應用，君術的使用得宜實際上則是必須通曉道所蘊含的「是非之紀」。〈主道〉所謂的「道者，萬物之始，是非之紀也；是以明君守始以知萬物之源，治紀以知善敗之端。」此段猶言明君主道方能掌握自然與人事兩方面的癥結所在。「萬物之始」講述道在自然方面的形式概念，而「是非之紀」則與人事的是非相關連。因爲萬物本身依照自然的概念來理解，僅僅已成實然的事實與人事之是非評判無關，而牽涉人事本身的問題，才有是非這種評價的判斷產生。換言之，也唯有人事才有「善敗之端」，萬物本身則無所謂「善敗之端」的問題。

二、紀的規範意涵——事理

依照《說文》對於「紀」字的解釋：「別絲也。」段玉裁注曰：「紀者，別理絲縷，今依以正。別絲者：一絲必有其首，別之是爲紀。眾絲皆得其首，是爲統。統與紀亦互相足也。……紀者，絲縷之數有紀也，此紀之本義也，引申之爲凡經理之稱。」可見紀字本義爲「別絲」，爲「區別絲之首」之義，引申爲「經理」之稱。而陳奇猷先生解釋〈解老〉「道，理之者也」說：「蓋《韓子》多以理爲法紀之義，下文『物有理不可以相薄』，〈難一〉篇『桓公不能領臣主之理』，〈制分〉篇『實故有所至而理失其量』，理字皆當訓爲法紀。〈主道〉篇『道者，萬物之始，是非之紀也；是以明君守始以知萬物之源，治紀以知善敗之端』，紀與此文理義同。……故《老子》作『紀』，《韓子》作『理』，其義一也。」〔註14〕陳奇猷先生認爲《老子》十四章「能知古始，是謂道紀」的「道紀」與《韓非子》的「道理」同義，因爲「理字皆當訓爲法紀」之故。綜合以上對於「紀」字的分析，「是非之紀」應可理解爲「是非之理」或「是非之法紀」。換言之，因爲「理」或「法紀」爲一種客觀的標準，道可謂「衡量是非的客觀標準」，即評判人事之是非必有一相應的標準。「理」除了「反形之理」的物理意義外，尚有「事理」概念。因爲「道者，下周於事，因稽而命，與時生死。」（〈解老〉）道與物質實體不同還可「下周於事」而非只是「下周於物」。例如〈解

〔註14〕引文同註6，頁412。

老〉的「思慮熟則得事理」、「得事理則必成功」、「夫緣道理以從事者無不能成」，或「因事之理則不勞而成，故茲鄭之踞轅而歌以上高梁也」（〈外儲說右下〉）。這裡所謂的「事理」、「道理」、「因事之理」皆可理解為道作為「是非之紀」，或為「衡量人事是非的客觀標準」而言。

三、從道術合一的觀點析論道與倫理、法律、邏輯規範之關係

在本文第二章第二節「規範思想與其他學科的關係」中，我們已經明確發現因為政治學與倫理學「基本的目標都是確定應當如何行為」，而《韓非子》的君術思想的基本目標也是在於「確定君王應當如何行為」這樣的目標上。在這層意義下，《韓非子》的政治規範等同於其理想中的倫理規範。而本文討論的法律與邏輯規範更廣義來說，都包含在政治規範的範疇中。以下的重點在於陳列《韓非子》的文本中所呈現出的道作為規範的形上基礎其與倫理、法律與邏輯規範之關係。

《韓非子》的道在「萬物之始」的物理世界中以「萬物各異理」的方式紛然羅列而現，但在現實的事理中已經全然由各種君術表現出道的理想性原則，君術已富有並展現道的普遍性原則，如此可謂道術合一的觀點。所以道在事理方面的表現，我們可以依據道術合一的理解進路下，由文本各種君術的線索反求出道的普遍性意蘊。例如：

> 所謂有國之母，母者，道也，道也者生於所以有國之術，所以有國之術，故謂之有國之母。夫道以與世周旋者，其建生也長，持祿也久，故曰：『有國之母可以長久。』樹木有曼根，有直根。根者，書之所謂柢也。柢也者，木之所以建生也；曼根者，木之所以持生也。德也者，人之所以建生也；祿也者，人之所以持生也。今建於理者其持祿也久，故曰：『深其根。』體其道者，其生日長，故曰：『固其柢。』柢固則生長，根深則視久，故曰：『深其根，固其柢，長生久視之道也。』（〈解老〉）

上述的「道也者生於所以有國之術」即謂可以從「有國之術」之展現推知道的存在。而「所以有國之術，故謂之有國之母」可以確證道術合一的觀點，因為「有國之母」便是道，道可以指稱「有國之術」，所以道實際在人事的活動之展現就是透過「術」的呈現而彰顯出來。而所謂的「有國之母可以長久」則是一種基於掌握道「建生也長，持祿也久」的特性而有的倫理規範。此段

後文「深其根，固其柢，長生久視之道也」同樣也是一種基於生存而立的應然價值判斷，同樣成爲倫理規範。道於此意義上，引申爲「生存原理」的意涵。而生存原理是一種應然的判斷故爲倫理規範的判斷。道在《韓非子》中的倫理規範除了表現爲「生存原理」外，尚有十分豐富的一部份表現在君術方面的政治規範上。例如：

> 是故人主有五壅：臣閉其主曰壅，臣制財利曰壅，臣擅行令曰壅，臣得行義曰壅，臣得樹人曰壅。臣閉其主則主失位，臣制財利則主失德，臣擅行令則主失制，臣得行義則主失明，臣得樹人則主失黨。
>
> 此人主之所以獨擅也，非人臣之所以得操也。（〈主道〉）

以上「五壅」乃是韓非立下的君臣之間應該恪守的倫理規範，即「人主之所以獨擅也，非人臣之所以得操也」的東西。換言之，「不爲臣所閉」、「制財利」、「行令」、「行義」、「樹人」這些根本是君王的專屬權力臣下不可恣意妄爲。諸如此類的爲君之道散見在《韓非子》的各篇章中，又如：

> 處非道之位，被眾口之譖，溺於當世之言，而欲當嚴天子而求安，幾不亦難哉！（〈姦劫弒臣〉）
>
> 主道者，使人臣前言不復於後，後言不復於前，事雖有功，必伏其罪，謂之任下。（〈南面〉）
>
> 人主之道，靜退以爲寶。不自操事而知拙與巧，不自計慮而知福與咎。（〈主道〉）

爲君之道或君術的部分之所以稱爲倫理規範，其原因在於這些規範性原則只是礙於闡述的對象僅爲至高無上的君王，故韓非所提出的種種建言，只能是一種「道德勸說」，而不具有像法律規範那般的「禁令」之強制力，此爲法律規範與倫理規範最大的區別之所在。也許文本提到「人主者，守法責成以立功者也」（〈外儲說右下〉），可能會使人誤以爲君王也「必須」守法，但這樣的主張並非法律規範而只能是倫理規範。因爲遍尋不著其他強制規範君王的禁令主張，在此，只是建請人主「應該」「守法責成以立功」。《韓非子》規範思想適用的對象，若以倫理與法律之分，我們可以清楚看出，倫理規範只適用於君臣，而百姓黎民只是「是以愚贛窳墯之民，苦小費而忘大利也」（〈南面〉）、「利之所在，民歸之；名之所彰，士死之」（〈外儲說左上〉），如此之民似乎不必有道德自覺的可能性。君臣方面的規範之描述如：

> 有國之君，不大其都。有道之臣，不貴其家。有道之君，不貴其臣。

貴之富之，備將代之。(〈揚權〉)

而法律規範只限於臣民必須遵守，對君王則不加限制。例如：

刑過不避大臣，賞善不遺匹夫。故矯上之失，詰下之邪，治亂決繆，
絀羨齊非，一民之軌，莫如法。(〈有度〉)

孝公不聽，遂行商君之法，民後知有罪之必誅，而私姦者眾也，故
民莫犯，其刑無所加。(〈姦劫弒臣〉)

邏輯規範的部分範圍最窄，僅僅專屬於君臣之間所使用的形名術，如：「君臣不同道，下以名禱，君操其名，臣效其形，形名參同，上下和調也。」(〈揚權〉)

回到道與法律規範的關係之討論。我們經常看到道術合一的法律規範思想出現在文本中。例如：「故有術之君，不隨適然之善，而行必然之道。」(〈顯學〉)此段引文除了揭露道術合一的觀點外，還呈現出一個君王治國時常面臨的道德與法律的有效性問題。「適然之善」強調「德化」，即普通偶然可行的道德準則，而「必然之道」則爲「法治」，強調法治客觀的普效性。〔註15〕在此，法治之所以「必然」或許就在於之前所提的道德與法律之區別主要歸因於「強制力」。道與法有密切的關連，例如：「而道法萬全，智能多失。夫懸衡而知平，設規而知圓，萬全之道也。」(〈飾邪〉)而且「萬全之道」可以「懸衡而知平，設規而知圓」，足見道確實爲規範的形上基礎。而法制在文本的解釋成爲道術最明顯的表示。例如：

禁(明)主之道，必明於公私之分，明法制，去私恩。(〈飾邪〉)

又曰：

明主之道忠法，其法忠心，故臨之而法，去之而思。堯無膠漆之約
於當世而道行，舜無置錐之地於後世而德結。能立道於往古，而垂
德於萬世者之謂明主。(〈安危〉)

此謂明主之道與法相合適或相契合，而法則合於人心。所以才把道比喻成「古之全大體者」而曰：

古之全大體者：望天地，觀江海，因山谷，日月所照，四時所行，
雲布風動；不以智累心，不以私累己；寄治亂於法術，託是非於賞
罰，屬輕重於權衡；不逆天理，不傷情性；不吹毛而求小疵，不洗

〔註15〕陳啓天先生認爲：「舊注云：『適然謂偶然也。』……今按適然之善謂德化，
必然之道謂法治。」引文可見陳啓天，《增訂韓非子校釋》(臺北：臺灣商務
印書館，1969年)，頁18。

垢而察難知；不引繩之外，不推繩之內；不急法之外，不緩法之內；

守成理，因自然；禍福生乎道法而不出乎愛惡，榮辱之責在乎己，

而不在乎人。……因道全法，君子樂而大姦止；澹然閒靜，因天命，

持大體。故使人無離法之罪，魚無失水之禍。（〈大體〉）

全大體的道表現爲「寄治亂於法術，託是非於賞罰，屬輕重於權衡」，「法術」、「賞罰」、「權衡」皆爲規範之標準。又因爲「因道全法」，我們甚至可以從先秦的黃老學都「崇道而明法」，《韓非子》也不例外，進而可論斷曰：「『道』『法』是相提並論的，而且幾乎有合一的傾向。在韓非心目中，『法』正是『道』在政治層面的落實，是『道』的具體化。『道』是抽象的原則、要領或境界，『法』確是具體的條文、步驟或規定；『法』是更顯實可把握的『道』。……『道』主要是用來帶出『法』與『術』的，重點在『法』不在『道』，終極目的在以『法』易『道』。」〔註16〕所以，所謂的「道術」、「道理」、「道法」、「法術」其實都含有「守成理，因自然」的客觀規律意涵，《韓非子》使用「道術」、「道理」、「道法」、「法術」這些與道相複合的複合詞，目的不在於強調道的普遍、抽象概念，而是要在政治層面具體地落實、實踐，不因道的理論色彩而流於空談之言。而法制原爲人所制訂而有，本爲主觀價值認定下的產物，但因爲「因道全法」、「守成理，因自然」，如此人訂的法律制度便有一外在客觀的自然依據──道，以此作爲一切規範思想的基礎。再者，我們也可以從道與法的依存性關係來證明法的規範以道作爲形上基礎。關於道與法的關係我們可以參考其他黃老著作的相關論述。如《黃帝四經》中的《經法‧道法》提到：

道生法。法者，引得失以繩，而明曲直者也。故執道者，生法而弗

敢犯也，法立而弗敢廢也。故能自引以繩，然後見知天下而不惑矣！

我們可以清楚得知「『道生法』，爲法設定了一個形上的根據，或法的起始，或立法的權力來源。」〔註17〕相較於《韓非子》而言，雖然道同爲法的形上基礎或根據，但《韓非子》似乎未曾明確交代道與法之間的生化關係，而只是不斷闡述法的客觀性、公平性或其他性質，亦即並未直言「道生法」。進一步分析，「道生法」觸及哲學上超越（transcendent）與內在（immanent）兩種截然不同的認識論觀點。超越觀點認爲人有認識超意識本身的可能性，

〔註16〕引文可見陳麗桂，《戰國時期的黃老思想》（臺北：聯經，1991年），頁218、219。

〔註17〕引文可見同註5，頁180。

而內在觀點則認為人之認識的範圍或界限僅止於事物的現象本身，並無超意識之外而有任何的認識之可能。關鍵在於回答道如何「生」法的問題。若把道視為一超越於實在界或經驗界的本體，則道生法便落入宗教信仰中上帝無中生有創造世界的說法，意即道亦宛如上帝創造萬物般，從無突然間就變成有，當然法也算是萬物的一部份，同屬上帝或道創造的產物，故道可以「突然間」產生法不需任何人文演變的經驗歷程，此可謂為超越觀點的道論。而內在觀點則是將道與法皆視為經驗界的產物，皆由人之意識所直接或間接認識而來，也就是本文所示藉由經驗界的物質現象經過思維的抽象作用而生的存在本質，道指涉所有萬物而為「萬物之所然」。而此內在觀點下的法只是攫取道具有的「客觀、普遍的規律」之抽象意義而「呈現」在我們的意識中。「生」的意義或許就是所謂「呈現」的意思。〔註18〕依照〈解老〉反對「前識者，無緣而忘意度也」的態度或以「嘗試釋詹子之察，而使五尺之愚童子視之，亦知其黑牛而以布裹其角也」（〈解老〉）的故事來說明一切的認識必須有所依據而論，《韓非子》應該拒斥超越觀點，而持有內在觀點。而且內在觀點的道方能符合韓非「循名實而定是非，因參驗而審言辭」（〈姦劫弒臣〉）的方法。

在道與邏輯規範相關的文本闡述方面則有：

> 用一之道，以名為首。名正物定，名倚物徙。故聖人執一以靜，使名自命，令事自定。不見其采，下故素正。因而任之，使自事之。因而予之，彼將自舉之。正與處之，使皆自定之。上以名舉之，不知其名，復脩其形。形名參同，用其所生。二者誠信，下乃貢情。
> 謹脩所事，待命於天。毋失其要，乃為聖人。（〈揚權〉）

這裏的「用一之道，以名為首」其實就是因道而立的「形名術」。我們可以清楚看出名與法之間的聯繫，意即《韓非子》的邏輯規範與法律規範相通，而名與法則皆源於道。〔註19〕「用一之道」則為道術合一觀點下的「術」意涵，

〔註18〕 筆者認為：「『生』較恰當的解釋，應是『呈現』或『發現』的意思。依《說文》的解釋：『象屮木生出土上。』這是按其字的象形意義而言，意思是草木從土裏『冒出來』的樣子。可見，『生』的本義是指人所能認識草木的最初樣態。草木之『生』對於人而言，只是一己『呈現』的樣態，而後引申為『存活』或『生存』的意思。人掌握了這個樣態，同時也『發現』了草木『生』的事實。」引文可參見同註4，頁41。

〔註19〕 呂思勉先生認為：「故形名二字，實為名法家所共審；而名法二字，亦可連稱。」引文可見呂思勉，《經子解題》（臺北：臺灣商務印書館，1996年），頁160。

此術則可理解爲「方法」的意思。〔註20〕再者，「故聖人執一以靜，使名自命，令事自定」也能說明聖人以靜執道（一）讓「名」與「事」維持原本最眞實的樣子。所以，形名術也必須以道爲形上基礎，作爲道在君術方面的實際操作、運用的原則。其他道與名之關連也可見：「聖人之所以爲治道者三：一曰利，二曰威，三曰名。夫利者所以得民也，威者所以行令也，名者上下之所同道也。」（〈詭使〉）在此，名作爲邏輯規範隸屬於構成「治道」的重要因素之一。或曰：「人主誠明於聖人之術，而不苟於世俗之言，循名實而定是非，因參驗而審言辭。」（〈姦劫弑臣〉）道作爲「是非之紀」可以「定是非」，而上述「定是非」的重要先決條件是「循名實」。如此說來，名實之相符便是判別是非的眞實性判準，因爲實（實有）是道的存有之呈現，而名則是指謂實的存在。因此，名、實、道之間似乎有一層同構性的關係。

四、道的哲學認識進路──內在與超越

延續之前對於道的種種闡述，我們可以反省到常識中認爲《韓非子》的道來自於經驗界之抽象作用，但又好像可以超越於經驗界而獨存，這兩種存在的樣態涉及常言中所謂「既內在又超越」的論述。〔註 21〕「事實上，超越乃是相反『內在』（immanent）的意思。『內在』是指在一定的事物範圍內而言，而『超越』（transcendent）則指這範圍以外的東西。可是我們不應不注意的一點便是，『內在』與『超越』二名詞，在哲學的術語這方面來說，絕不表示空間的關係或地方的意思。內在，也斷不是指『在腦海裏』或『在心裏』等而言，『超越』也不是指『在心神外邊的』或『不在我身體裏面的』意義。……接觸對象的方法對於意識的事物是一個直接的理會，我們稱它們爲內在的，即它們屬於這一定的範圍。對超越事物因爲有另一種認識方法所以屬於另一

又說：「法因名立，名出於形，形原於理，理一於道，故名法之學，仍不能與道相背也。」引文可見呂思勉，《先秦學術概論》（昆明：雲南人民，2005 年），頁 96、97。可見名、法相通，皆可歸源於道。

〔註20〕陳奇猷先生認爲：「舊注：一謂道。……人主禁姦，是從臣下之言（名）出發，故用術之道，以名爲首。」引文可見同註 6，頁 145、146。

〔註21〕關於道「既內在又超越」的觀點在學界十分普遍，例如詹康先生說：「其實，道兼具存有與應然原理、同時爲內在與超越的特異性質，可以上溯到商周對天的信仰。……顯然，商周之天的雙重性，與老莊韓的道論，是有聯繫的。」引文可見詹康，〈韓非的道、天命、聖人論及其缺口〉（收錄在《漢學研究》第 22 卷第 2 期，2004 年），頁 162。

個範圍。」〔註22〕由此說明可知，常識上所說的內在與超越概念，通常指「空間的關係或地方」；而哲學上的意義是指依意識與超意識的認識方式來區分，與常識上是否在某物內或超出某物外無關。

　　再者，關於道的性質判定問題，依此哲學上的意義而理解，我們可斷言「既內在又超越」的觀點不能成立。若是如此，我們回到《韓非子》道的哲學主張來反省，究竟道的認識進路應歸屬爲「內在」還是「超越」的觀點？上一節論述道的無所不在似乎已打破了泛神論與超神論將神視爲內在或超越於世界的對立觀點，乍看之下，道的無所不在似乎導致了「既內在又超越」的觀點出現。另外，泛神論與超神論依照內在與超越的區分彷彿可以類比於《韓非子》兩種文本不同句讀的「具生說」。〔註23〕「唯夫與天地之剖判也具生，至天地之消散也不死不衰者」是一種超越的論述，而「唯夫與天地之剖判也具生至天地之消散，也不死不衰者」則是內在的論述。筆者認爲單憑「與天地之剖判也具生」便可判定涉及道的存有狀態之描述，的確是內在的認識觀點。因爲，道不論是獨立於天地之外而可存在，或是與天地之存在相終始，這兩種情況皆源自於「與天地之剖判也具生」的經驗現象意識到的範圍，我們無法想像一個沒有「與天地之剖判也具生」毫無認識內容或超出意識外的道之情狀。所以具生說的出現對於道的樣態描述，並沒有使人超出天地現象的意識之外而能清楚掌握道的概念。又從「萬物之始」與「是非之紀」的物理與事理的區分，不論物理還是事理，《韓非子》以理並不脫離具體事物來定義道，也間接確立了論道不離具體事物的內在觀點。再從道與倫理、法律、邏輯規範的關係之考察來看，我們顯然可以從意識到道與三大規範的關聯性，意即藉由三大規範之呈現，我們可以清楚理解道在人文世界中的實際應用與展現。道作爲三大規範的基礎，也藉由三大規範的思想「呈現」道的理想性，在此「呈現」意義之理解下，我們可以斷言道的確是內在而非超越的觀點。

〔註22〕引文可見同註12，頁210。

〔註23〕王曉波老師將〈解老〉的「具生說」區分爲「唯夫與天地之剖判也具生，至天地之消散也不死不衰者」與「唯夫與天地之剖判也具生至天地之消散，也不死不衰者」兩種不同的解讀方式。前者指道可以後天地而有，在沒有天地之後，仍然還可以存在一個「獨立不改」的道。後者指道與天地相終始且寓於天地之中，並不存在可以脫離天地而獨存的道，這是「唯物的改造」。可參閱同註5，頁9。

　　「超越」與「內在」的對立，根源於西方上帝創造世界、獨立於世界之外根深蒂固的神學傳統。西方的思想不論在本體論或是認識論上，對於「超越」這個詞語的用法並不盡相同。〔註24〕雖然，中國思想的天道觀，也有類似於西方「自然法則」（logos）的觀念，但是在超越或內在的思路上根本不同。因爲中國的天道觀，來自於天地自然這些「經驗現象」的觀察，在認識上是「內在」的思路，不同於西方神學傳統，將自然法則超越於存在世界可觀察的範圍，賦予上帝無中生有的「創造」（creation）意涵，且獨立於被創造的世界之外而存在。又如《周易・繫辭上》所說的「陰陽不測之謂神」，正是以經驗現象的陰陽之不可測來理解「神」，如此則爲內在形上學的思路迥異於西方神學傳統的超越形上學思路。筆者並非反對比較研究，而是認爲：「不規範地、隨意地使用超越的概念來表述中國的感悟方式，多半會導致嚴重的混亂，因爲這樣做，就允許不加鑒別地將比較嚴格的意義上的超越，引進到人們的論述中來。」〔註25〕《韓非子》「唯夫與天地之剖判也具生，至天地之消散也不死不衰者」的道，經過神學家的屬辭比附，選擇性地強調「至天地之消散也不死不衰者」，意即獨立於世界經驗現象之外的恆存意義，卻忽略了「唯夫與天地之剖判也具生」的內在思路，至少神或上帝的神聖性與絕對性的超越意涵絕對不容許「上帝與天地之剖判也具生」這種落入世俗的可能性。因此，任何將中國思想的「道」類比於西方神學的「上帝」或「自然法則」，無可避免地在神學家選擇性的解釋下融入了超越的概念。在中國古代的思想論述方面，常識上將超越與內在概念不經意地使用，根本忽略了西方講述超越思維時的神學傳統，進而導致對於西方哲學上已有的嚴格定義混淆不清，甚至「蔽於一曲而闇大理」（《荀子・解蔽》）造成以名亂實的結果。時至今日，在宏觀的視野下，中西哲學的比較原則應該建立在藉由彼此概念的比較找出差異之所在，進而豐富彼此的不足並彼此尊重。而不應該只是「各取所需」，選擇性地忽略彼此的差異才是！

〔註24〕「超越」這個詞有「超過」、「越過」的意思。又指某種深奧而不可理解的事物。也有「經驗之外」的意思。在神學的系統解釋上，「超越」通常表示「獨立於被創造的秩序之外」。以上幾種關於「超越」的意思可參閱（美）郝大維、安樂哲著，施忠連譯，《漢哲學思維的文化探源》（南京：江蘇人民出版社，1999年），頁197。

〔註25〕引文可見同上註，194頁。此外，中國思想在此問題上，表現出「內在」的觀點，可參閱郝大維、安樂哲著，蔣弋爲、李志林譯，《孔子哲學思維》（南京：江蘇人民出版社，1996年），頁5～9。

第三節　德者內也

　　先前提到《韓非子》君術的提出無非揭示了韓非「喜刑名法術之學，而其歸本於黃老」（《史記·老子韓非列傳》），其歸本於黃老之學的「原於道德之意」（同上），太史公如此的看法，說明了韓非之政治主張隱含的「道術合一」觀點。另一方面，前兩節主要的討論集中在「萬物之始」的物理與「是非之紀」的事理兩方面的道論，或許有學者對於《韓非子》道的理論深度會作出以下之評價：「韓非對道的理解也存在局限性，主要是缺乏深度。他所說的『理』，只是事物外在的規定性，只是方圓、小大等外在的屬性及其差別，還沒有認識到內在的本質。」〔註 26〕本節則試圖闡釋《韓非子》的黃老治術除了道以外，尚有另一個規範的形上基礎概念——德。筆者以為德的概念可以作為道的內在本質之補充說明，換言之，德即是對於人與萬物依道而有的內在本質之認識。

　　〈解老〉解釋《老子》三十八章「上德不德，是以有德；下德不失德，是以無德」提到：

> 德者，內也。得者，外也。上德不德，言其神不淫於外也。神不淫於外則身全，身全之謂德。德者，得身也。凡德者，以無為集，以無欲成，以不思安，以不用固。為之欲之，則德無舍，德無舍則不全。用之思之則不固，不固則無功，無功則生於德。德則無德，不德則在有德。故曰：「上德不德，是以有德。」（〈解老〉）

其中的「德者，內也。得者，外也」已經明確的定義德為「內在的德性或本質」。而「神不淫於外」與「身全之謂德」皆指「身以積精為德」（〈解老〉），亦即精氣的保存方能「身全」。又同理曰：「孔竅虛則和氣日入，故曰：重積德。」（〈解老〉）和氣亦是精氣，如此以物質性的精氣來解釋德，將德的概念限於「德也者，人之所以建生也」（〈解老〉）的養身範圍。「身以積精為德」使人「身全」之例，又可表現在「精神不亂之謂有德」的說法方面：

> 民蕃息而畜積盛，民蕃息而畜積盛之謂有德。凡所謂祟者，魂魄去而精神亂，精神亂則無德。鬼不祟人則魂魄不去，魂魄不去而精神不亂，精神不亂之謂有德。上盛畜積，而鬼不亂其精神，則德盡在於民矣。（〈解老〉）

〔註26〕引文可見同註 7，頁 60。

如此的解釋方式，符合稷下黃老道學的「精氣說」，根本上與儒家的內在德性說大異其趣。德「以無爲集，以無欲成，以不思安，以不用固」這種「不作爲的作爲」之思維方式，便是擷取「凡道之情，不制不形」(〈解老〉)的非限定存在特性而立論。德內含「不作爲的作爲」這種思維方式也同樣符合《老子》六十四章的「以輔萬物之自然而不敢爲」曰：

> 夫物有常容，因乘以導之，因隨物之容。故靜則建乎德，動則順乎道。宋人有爲其君以象爲楮葉者，三年而成。豐殺莖柯，毫芒繁澤，亂之楮葉之中而不可別也。此人遂以功食祿於宋邦。列子聞之曰：「使天地三年而成一葉，則物之有葉者寡矣。」故不乘天地之資，而載一人之身；不隨道理之數，而學一人之智；此皆一葉之行也。故冬耕之稼，后稷不能羨也；豐年大禾，臧獲不能惡也。以一人力，則后稷不足；隨自然，則臧獲有餘。故曰：「恃萬物之自然而不敢爲也。」
> (〈喻老〉)

由此段引文可知，原來德表現出「以無爲集，以無欲成，以不思安，以不用固」這種「不作爲的作爲」的思維方式主要目的在於因應「凡道之情」的「不制不形」，而「凡道之情，不制不形」在萬物方面的存在呈現出「夫物有常容，因乘以導之，因隨物之容」的因自然之理。如此「不作爲的作爲」的內在本質也呈現出德爲萬物以道爲典範後才有的內在德性或本質。這種萬物因道而有的內在德性或本質則是靜態的內在德性，而道則表現爲如天道運行般的動態法則或呈現性的活動。簡言之，《韓非子》所說的德，我們可以理解爲道的內在基本特性即內在本質。〈解老〉所說的「德者，道之功」正可指出德是道具有的內在基本特性。道與德之間存在一種本質與屬性的關係，道是本質而德則是描述道的一些屬性，所以我們可以說所謂的「虛靜」、「無爲」、「無事」、「無欲」、「不制不形」、「不思」、「不用」都是萬物因道之自然而有的內在德性或本質。而上述「虛靜」、「無爲」等德性專指適用於規範君王本身倫理行爲方面的形上基礎或判準而言。德作爲法律規範方面的基礎或判準而言，則有人主之「二柄」：

> 明主之所導制其臣者，二柄而已矣。二柄者，刑、德也。何謂刑德？曰：殺戮之謂刑，慶賞之謂德。爲人臣者畏誅罰而利慶賞，故人主自用其刑德，則群臣畏其威而歸其利矣。故世之姦臣則不然，所惡則能得之其主而罪之，所愛則能得之其主而賞之。今人主非使賞罰

之威利出於己也，聽其臣而行其賞罰，則一國之人皆畏其臣而易其
君，歸其臣而去其君矣，此人主失刑德之患也。（〈二柄〉）

此處的刑、德是作爲依法辦事而執行的賞、罰方法，以德爲賞，以刑爲罰。
因爲「法之所加，智者弗能辭，勇者弗敢爭。刑過不避大臣，賞善不遺匹夫。」
（〈有度〉）刑、賞顯然是「法之所加」，所以《韓非子》把德解釋爲「慶賞」，
根本直接將道因自然的內在德性與「利」聯繫，如此說來，作爲法律規範基
礎的德便轉化爲「夫安利者就之，危害者去之，此人之情也」（〈姦劫弒臣〉），
將利視爲德性的說法主要是說明法律規範之所以可行，善爲人主者必須「明
賞設利以勸之，使民以功賞，而不以仁義賜」（〈姦劫弒臣〉），因爲「治國之
有法術賞罰，猶若陸行之有犀車良馬也，水行之有輕舟便檝也，乘之者遂得
其成。」（〈姦劫弒臣〉）此外，德作爲法律規範的形上基礎亦由「聖人爲法國
者，必逆於世，而順於道德」（〈姦劫弒臣〉）可見端倪。在此，我們必須格外
澄清，此處所說的「刑德」與人主之修德的君德論思想並不相同，不可等同
而視之。

而德與邏輯名相的規範之關係則可見下文：

故虛靜以待令，令名自命也，令事自定也。虛則知實之情，靜則知
動者正。有言者自爲名，有事者自爲形，形名參同，君乃無事焉，
歸之其情。（〈主道〉）

上述「虛靜以待令，令名自命也」是說君王以「虛靜」之內在德性作爲行事
之基本態度，使自然界的種種名相自然產生而不干涉，或可說虛靜無爲的德
性可作爲邏輯名相自然產生的基本要件，藉此虛靜無爲之德性來處世方可使
自然界「有言者自爲名，有事者自爲形」。形與名自然產生後，君王因順臣子
自己所提出的言與事來「形名參同」，藉以稽核名實之間的符應性。綜合上述
之討論，《韓非子》之德如〈解老〉、〈喻老〉所示「偏重在以人之精神與所得
外物之利以論德，而人在道與德的關係中則是效法道之虛靜無爲之情，以『無
爲、無欲、不思、不用』等否定方法得其有德」。〔註27〕

〔註27〕引文可參閱李增，《先秦法家哲學思想——先秦法家法理、政治、哲學》（臺
北：國立編譯館，2001 年），頁 101、102。

第四章　倫理規範

　　究竟《韓非子》有無倫理思想？我們實在不能因爲一些負面的道德主張，例如「不務德而務法」（〈顯學〉）、「吾以是明仁義愛惠之不足用，而嚴刑重罰之可以治國也」（〈姦劫弑臣〉）或「故有道之主，遠仁義，去智能，服之以法。」（〈說疑〉），因而判定《韓非子》無道德或倫理思想。嚴格說來，「倫理」與「道德」並不是完全相同的概念，「倫理」著重在社群關係形成之規則方面，代表某類群體的道德信念；而「道德」則強調在個人本身的內在修養或道德現象方面。部分學者認爲韓非之學否定「仁義愛惠」等諸「倫理」概念，[註1] 所以《韓非子》無倫理思想，其思想性質則判爲「非道德主義」。相較於此「非道德主義」觀點，本章將明確指出部分學者將韓非之學誤判爲「非道德主義」的觀點，這樣的誤解實在出於一種倫理學觀點的誤用。並且試圖呈現《韓非子》的倫理論述，或可謂爲的確含有倫理思想，甚至援引西方的倫理學思想相互比較。

第一節　「非道德主義」的省思

一、「道德的」、「不道德」與「非道德」之區分

　　清末民初，借重西方倫理學概念來反省中國倫理學者，就以蔡元培先生

〔註1〕 本文引用《韓非子》的「仁義愛惠」等各種道德德目，「仁義愛惠」就個人內心的現象而言，可視爲一種「道德」概念，因爲道德概念強調個人內心的道德現象。但若要求人主或國君此一社群皆應共同遵循、實踐此種道德信念則賦予「倫理」的意義，換言之，肯定、推廣此種個人內心的道德信念則可稱爲「倫理」概念。此爲「道德」與「倫理」兩概念以「個人」與「社會」兩種不同的傾向而彼此有別。關於「倫理」與「道德」在倫理學上詳細的區分可參見本章第一節。

爲開路先鋒。他於一九〇七至一九一〇年留學德國期間寫下《中國倫理學史》。
他於此書中直接了當說：「故韓非子之說，雖有可取，而其根本主義，則直不
容於倫理界者。」〔註2〕這樣將韓非之說嚴格排斥在倫理界之外主要的理由有
兩方面：一、「欲恃道德以爲成立社會之要素，輒不免爲自利之風潮所摧蕩。
韓非子有見於此，故公言道德之無效，而以威勢代之。」〔註3〕二、「韓非子
本其重農商戰之政策，信賞必罰之作用，而演繹之，則慈善事業不得不排斥。」
〔註4〕以上兩點理由已指出「道德之無效」的道德實效性問題與基於「信賞必
罰之作用」的法律公平性問題。道德實效性的問題，例如：「夫嚴家無悍虜，
而慈母有敗子，吾以此知威勢之可以禁暴，而德厚之不足以止亂也。」（〈顯
學〉）或曰：

> 仲尼，天下聖人也，修行明道以遊海內，海內說其仁，美其義，而
> 爲服役者七十人，蓋貴仁者寡，能義者難也。故以天下之大，而爲
> 服役者七十人，而仁義者一人。魯哀公，下主也，南面君國，境內
> 之民莫敢不臣。（〈五蠹〉）

而法律的公平性之例如：

> 夫施與貧困者，此世之所謂仁義；哀憐百姓不忍誅罰者，此世之所
> 謂惠愛也。夫有施與貧困，則無功者得賞；不忍誅罰，則暴亂者不
> 止。（〈姦劫弒臣〉）

除了蔡元培先生上述認爲韓非排斥道德的主張，郭沫若先生在闡述《韓非子》
的「術」概念也提出了七種重要的大綱，其中一種即「毀壞一切倫理價值」
〔註5〕之主張。從以上兩位先生的觀點出現後，於是便形成了後來有些學者
認定：「這些觀點延續了傳統對韓非『棄仁義』、『尙權術』的看法，從而開
啓了主張韓非爲非道德主義之端。」〔註6〕另外主張「非道德主義」的其他
說法還有：「韓非正是根據對人性與人際關係的這種看法，作出了以法代德，
否定道德的作用，以至否定道德存在的非道德主義的結論。」〔註7〕所以，

〔註2〕 引文可見蔡元培，《中國倫理學史》（北京：團結出版社，2006 年），頁 68。
〔註3〕 引文可見同註2，頁 65。
〔註4〕 引文可見同註2，頁 68。
〔註5〕 引文可見郭沫若，《中國古代社會研究（下）》（石家莊：河北教育出版社，2000
　　　　年），頁 935。
〔註6〕 引文可見于霞，〈韓非倫理思想研究述評〉（收錄在《燕山大學學報》哲學社
　　　　會科學版第 7 卷第 4 期），頁 23。
〔註7〕 引文可見朱貽庭，《中國傳統倫理思想史》（上海：華東師範大學，2003 年），

從以上羅列的各種對於《韓非子》道德思想的非議，我們可以得知，世之學者似乎直接認定韓非排斥道德、否定道德、反道德，進而判定韓非為一「非道德主義」者，其中又以所謂「否定道德」或「否定德性」的說法最為普遍。〔註8〕

　　筆者以為針對《韓非子》或韓非抱持所謂「非道德主義」之觀點而言，存在著許多不精確的問題。首先，「非道德主義」是個歧義的概念。因為「非」字包含常識中的「否定」與倫理學上的「排斥」意涵。「否定道德主義」可以轉譯成「不道德主義」，而「排斥道德主義」可以轉譯為「非道德主義」。換言之，我們應該區分倫理學上所謂的「有道德的」或「道德的」（moral）與「不道德的」（immoral）以及「屬於道德的」與「非道德的」（nonmoral）這兩組不同的概念。〔註9〕因為口語上「道德的」的對立面即「不道德的」，但是不論「道德的」亦或「不道德的」兩者都屬於倫理學討論的道德範圍。可是「非道德的」便指「不屬於道德的」，根本上與倫理學研究的對象或範圍毫無關係，意即「不屬於道德的」範圍，所以「非道德主義」在嚴格的用法上指謂一些與道德評判或倫理價值根本無關的主張，根本不屬於倫理學討論的範圍。回到《韓非子》「否定道德」、「反道德」、「否定德性」的論題來討論，筆者以下將要表明前述學界所提「非道德主義」之否定論，應該指《韓非子》對於道德的功效給予「負面評價」，而非全盤否定道德或德性。或可說《韓非子》並非否定「倫理規範」，而是認為不同的社會結構應當有不同的「倫理規範」，古代或宗法封建的倫理規範（如仁義愛惠等德治）已不適用於今日的社會現況，若古代的倫理規範能適

頁 184。

〔註8〕「否定道德」或「反道德」之說，可見王邦雄先生說：「遂由其心性觀的偏頗，而導致其政治哲學的沈落。此中之逆轉有二，一為其反仁義道德，反學術文化：……其一為人之內在主體性的失落及其否定道德否定學術之窒息人心，封閉人性的沈陷。」引文可見王邦雄，《韓非子的哲學》（臺北：東大圖書股份有限公司，1993 年），頁 275。亦可參考勞思光先生之看法：「韓非此說，蓋只以其所謂『治亂』為價值標準，而將一切德性否定，此所以法家為否定論者。」引文可見勞思光，《新編中國哲學史（一）》（臺北：三民書局股份有限公司，2005 年），頁 347。

〔註9〕「有道德」、「非道德」和「不道德」的區分如下所述：「『道德的』（moral）一詞的意義既和『非道德的』（nonmoral）一詞的意義相對立，這時它的意思是『屬於道德的』；也和『不道德的』（immoral）一詞的意義相對立，這時它的意思是『有道德的』或『合乎道德的』，前者可以包括後者。」引文可見何懷宏，《倫理學是什麼》（臺北：揚智文化，2002 年），頁 19。

用於今者，君王可因其「變與不變，聖人不聽，正治而已」（〈南面〉）的權變原則，不必全然排斥舊有的倫理規範。簡言之，《韓非子》之學說、主張確屬「有道德的」或「合乎道德的」，絕非「不道德的」主張，當然更不是超出倫理學範圍而與倫理學全然無涉的「非道德主義」論述。

《韓非子》多次集中焦點論述道德欠缺實效性的問題。例如前述所言：「吾以此知威勢之可以禁暴，而德厚之不足以止亂也。」（〈顯學〉）「德厚之不足以止亂」表示單憑道德概念的「德厚」實在無法平亂，平亂的唯一利器只能靠「威勢」。而「德厚」顯然指政治操作上的「德政」措施，德政則明顯指向儒家的「仁義」、「愛惠」、「道德」。原來「吾以是明仁義愛惠之不足用，而嚴刑重罰之可以治國也」（〈姦劫弒臣〉），所謂的「仁義愛惠」此類的德政是「不足用」而非一定不可用。《韓非子》也承認儒家施行德治也有成功的可能性，只是這種可能性很低。上述〈五蠹〉提到連同孔子於四海之內都富有仁義之美名，但最後的結果竟落到「而為服役者七十人，蓋貴仁者寡，能義者難也。故以天下之大，而為服役者七十人，而仁義者一人。」這種施行仁政而成功的或然率實在太低，故為了在政治上尋求立竿見影之效，則轉而朝向依賴君王「威勢」與「有術之君，不隨適然之善，而行必然之道」（〈顯學〉）的國法規範。另外一個承認德治有可能成功，但畢竟「仁義用於古不用於今」、「上古競於道德，中世逐於智謀，當今爭於氣力」，德治似乎只能適用在古代而非現代。請參看下例：

> 古者文王處豐、鎬之間，地方百里，行仁義而懷西戎，遂王天下。徐偃王處漢東，地方五百里，行仁義，割地而朝者三十有六國，荊文王恐其害己也，舉兵伐徐，遂滅之。故文王行仁義而王天下，偃王行仁義而喪其國，是仁義用於古不用於今也。故曰：世異則事異。當舜之時，有苗不服，禹將伐之，舜曰：「不可。上德不厚而行武，非道也。」乃修教三年，執干戚舞，有苗乃服。共工之戰，鐵銛矩者及乎敵，鎧甲不堅者傷乎體，是干戚用於古不用於今也。故曰：事異則備變。上古競於道德，中世逐於智謀，當今爭於氣力。齊將攻魯，魯使子貢說之，齊人曰：「子言非不辯也，吾所欲者土地也，非斯言所謂也。」遂舉兵伐魯，去門十里以為界。故偃王仁義而徐亡，子貢辯智而魯削。以是言之，夫仁義辯智，非所以持國也。去偃王之仁，息子貢之智，循徐、魯之力使敵萬乘，則齊、荊之欲不

得行於二國矣。(〈五蠹〉)

顯然並不能完全否認仁義代表的德治，因爲周文王與徐偃王兩人都行仁義，但結果卻是文王「行仁義而王天下」，偃王「行仁義而喪其國」。只是仁義這樣訴諸倫理的政治操作原則，似乎不能形成一普遍有效的規範準則。同理，舜堅決主張「上德不厚而行武，非道也」的德化原則，也許能一度使有苗信服，但到後來與共工之戰畢竟歸於軍事實力的硬體拼鬥，連同武器的精銳程度都會衍進，因爲「世異則事異」、「事異則備變」。這裡隱含「務德」與「務力」因時代背景的不同，政治上的倫理原則也應從古代「務德」轉變爲如今之「務力」的價值觀。所以〈五蠹〉在比較上述的歷史事實後，得到經驗性的結論：「偃王之仁，息子貢之智，循徐、魯之力使敵萬乘，則齊、荊之欲不得行於二國矣。」德治的仁與子貢的巧辯之智，還比不上發展徐國、魯國的軍事實力來得可靠。同理尚有：「夫慕仁義而弱亂者，三晉也；不慕而治強者，秦也。」(〈外儲說左上〉)或「宋襄公與楚人戰於涿谷上」的「此乃慕自親仁義之禍」(〈外儲說左上〉)，這些都是堅持行仁義招致禍亂的例子。同樣不道古代仁義的例子又可見〈顯學〉：「言先王之仁義，無益於治，明吾法度，必吾賞罰者亦國之脂澤粉黛也。故明主急其助而緩其頌，故不道仁義。」綜合以上之討論，《韓非子》依照歷史事實予以經驗上的考察，說明在古代的歷史條件下，德治也許可行，並非全盤否定德治的作用，只是否定其適用於今的實效性。

再者，〈內儲說上〉提到「成歡（讙）以太仁弱齊國」與「卜皮以慈惠亡魏王」，即說明另一項倫理原則——「慈惠」之不可用之例。以卜皮爲例：

> 魏惠王謂卜皮曰：「子聞寡人之聲聞亦何如焉？」對曰：「臣聞王之
> 慈惠也。」王欣然喜曰：「然則功且安至？」對曰：「王之功至於亡。」
> 王曰：「慈惠，行善也，行之而亡何也？」卜皮對曰：「夫慈者不忍，
> 而惠者好與也。不忍則不誅有過，好予則不待有功而賞。有過不罪，
> 無功受賞，雖亡不亦可乎？」(〈內儲說上〉)

此段描述的「慈惠」與「不忍」等同意義，提出反例暗批孟子「以不忍人之心，行不忍人之政，治天下可運之掌上」(《孟子‧公孫丑》)的政治理想必然造成的弊端。孟子定義「惠」爲「分人以財謂之惠」(《孟子‧公孫丑》)，此點與〈內儲說上〉「惠者好與也」的意思一致，但「不忍則不誅有過，好予則不待有功而賞」這樣便會衝擊到法律的公平性，造成「愛多者則法不立，威

寡者則下侵上」（〈內儲說上〉），故〈八說〉也提到：「故仁人在位，下肆而輕犯禁法，偷幸而望於上。」於此看來，在君王的施政原則上，道德與法律根本不相容，甚至施行道德仁政必然會侵犯法律的公平性，更進一步危害法律的執行，最終竟招致亡國。比較《孟子》與《韓非子》對於不忍人之仁政的看法有所差異，爲何一方得到「治天下可運之掌上」，而另一方確是得到「雖亡不亦可乎」兩種南轅北轍的結論？關鍵在於《韓非子》的倫理觀沒注意到人性內在的四端之心「苟能充之，足以保四海」（《孟子·公孫丑上》），反而認定基於道德的普遍性原則「擴而充之」，因「慈惠」造成法的賞罰功能不彰，進而危害法令的公平性與強制性，確實落實法令的賞罰功能是從規則功利主義的觀點來思考。或許兩者之差異可類比於西方義務論與規則功利主義的差異，而《韓非子》的法就是僅僅強調外在的道德形式規則。關於法的賞罰應該確實執行的問題，因爲決定賞罰與否之權利君王可獨斷獨行，顯然存在著「有過不罪，無功受賞」的情形，故在法的賞罰之執行與否僅僅是《韓非子》對君王提出的應然規範屬道德勸說的範圍，並不具有強制性，所以諸如此類法的賞罰問題並不是法律規範本身的問題，而是涉及規則功利主義此種倫理學範疇。簡而言之，「務法」也是一種基於遵守法令的後設性倫理原則。

雖然《韓非子》在君王施政的原則方面反對古代的德治，但另一方面也禁止臣下施行私惠，例如〈主道〉述及「臣得行義曰壅」，因爲行義的權利是君王所獨有，「此人主之所以獨擅也，非人臣之所以得操也」。同理〈八經〉曰：「行義示，則主威分；慈仁聽，則法制毀。……明主之道，臣不得以行義成榮，不得以家利爲功。」《韓非子》並未否定臣子個人德性之修養，〈飾邪〉說：「修身潔白而行公行正，居官無私，人臣之公義也。」也重視臣下保有其自身的人性或親情的一面，如〈難一〉舉出「易牙烝其子首而進之」與「豎刁自宮以治內」兩例，管仲在病死前建議桓公應該「去豎刁，除易牙」，因爲豎刁與易牙這兩人根本僅爲私利而不擇手段，無以爲臣。爲求君王個人的利益，則要求君王本身之「故明主厲廉恥、招仁義……故明主除人臣之所苦，而立人主之所樂，上下之利，莫長於此」（〈用人〉）、「仁義無有，不可謂明」（〈忠孝〉），仁義顯然是達到君王個人利益的必要手段之一，這樣的以利爲出發的「仁義」也僅僅是一種人主用人的治國之術而已。《韓非子》對於仁義、惠愛諸德的負面批判並不會妨害君王以「厲廉恥、招仁義」爲手段來謀求自身的利益，以仁義治國的最終目的只爲招來君之大利。君王所面對的是不必要有道德自覺可能性的黎民百姓，

黎民百姓只需被動地接受君王或國家所規定的法律規範。雖說百姓實際上不需要有道德自覺的可能性，但另外在百姓的交往行為方面，百姓依然可以講信義（不欺）如〈五蠹〉曰：「布衣相與交，無富厚以相利，無威勢以相懼也，故求不欺之士。」另外〈六反〉所推崇的「赴險、殉誠，死節之民」、「嘉厚、純粹，整穀之民」都是百姓中良好的倫理典範。而在〈用人〉篇中，君主也講「厲廉恥、招仁義」或「結其德，書圖其名」與要求臣子「下盡忠而少罪」，太史公也認為韓非「悲廉直不容於邪枉之臣」（《史記‧老子韓非列傳》），不見得完全排斥倫理規範或只強調刻薄寡恩。但是在君與臣這兩種政治階層，個人自我的道德規範確實是必需且潛在的，配合《韓非子》承認在古代特定的歷史條件下仁義、道德的德治有可能有用，再者，因愛惠造成法的賞罰功能之不彰可以衍生出《韓非子》可能涉及對於規則功利主義的考量，再加上要求君、臣之個人德性的修養三部分，這三部分足以證明《韓非子》有其倫理或倫理學主張並非表面上所謂的「不道德」，更不可能判為「非道德主義」的領域。〔註10〕我們可以說，韓非認為「德治」不足以為治，所治者應在於「法治」，務求以法治為準繩，德治則在可有可無之列了。

二、「倫理」與「道德」之區分

　　另外，應該特別區分本論文所述「道德」（morals）與「倫理」（ethics）之分別。因為在常識中，我們使用「倫理」與「道德」兩概念時並未精確把握這兩概念的本質定義，造成經常混用的情形，但實際上他們是不能互換的概念。最標準的定義如下：「"倫理"與"道德"是既密切聯繫又有所區別的範疇。ethics 與 morals 這兩個詞原來同義，一個來源於希臘語，一個來源於拉丁文。在使用的過程中，逐漸有所分別。Ethics 用於道德的理論；morals 用於道德的踐履行為。Ethics 用於指"倫理"時有半社會的意味，多用於對人對事的公平正直方面，morals "道德"則用於個人生活方面（moralis 是複數，指風俗習慣；mores 是單數，指個人性格、品性）。……我們可以說，道德更多地表徵著一個人的內心境界，有著個人傾向；而倫理則表達了既有的社會關係，有社會的傾向。」〔註11〕從以上之區分，大致上倫理涉及社會的普遍層面，

〔註10〕《韓非子》的思想不是「非道德主義」，亦可參閱張申，〈再論韓非的倫理思想不是非道德主義〉（收錄在《中國哲學史研究》第二期，1989）。

〔註11〕引文可見高國希，《道德哲學》（上海：復旦大學出版社，2005 年），頁 46～47。

所有倫理學的理論都在探討適用於社會群體的普遍規則之證成，而道德則專指個人的特殊的道德行爲或道德現象。所以，又有另一種區分：「當表示規範、理論的時候，我們較傾向於用『倫理』一詞，而當指稱現象、問題的時候，我們較傾向於使用『道德』一詞。不過一般說來，『道德』與『倫理』大多數情況下都是被用作同義詞的。」〔註12〕

　　反觀中國對於「倫理」與「道德」的字詞解釋，《說文》界定：「倫，輩也。」段玉裁注曰：「軍發車百兩爲輩，引申之同類之次曰輩。鄭注曲禮、樂記曰：倫猶類也。」又曰：「輩，輩也。」段玉裁注曰：「若軍發車百兩爲輩，此就字之從車言也。朋也、類也，此輩之通訓也。」所以，「倫」與「輩」兩字同樣可以解釋爲「輩」，引申爲「同類」的羣體之意。而「理」依第三章第一節「從外在的文理可以推知內在物體的本質」的解釋，經過人之治玉後可得玉之文理。因此，倫理引申爲可以掌握人類群體之脈絡、理則。而道德的「德」，《說文》定義曰：「外得於人，內得於己也。」所以有兩種意思：一、德澤。指外得於人的恩惠。二、內在德性。《韓非子·解老》也完全提到這兩種「德」的意思，如：「有道之君，外無怨讎於鄰敵，而內有德澤於人民。」以及「德者，內也。得者，外也。」這裡應指個人所具有的內在德性。綜合以上「倫理」與「道德」的兩種古典解釋，似乎一致於西方以社會關係之規則、脈絡和個人之品行規範來界定倫理與道德。援引上述倫理與道德以社群關係和個人實踐行爲不同面向之區分來考察《韓非子》文本，所謂倫理代表的社群關係應指各政治或社會階層的臣、民構成的特殊同類群體所應信守、遵循的道德信念，如以國家利益爲準則的「公善」信念；而《韓非子》針對君王而立的君德規範則專屬君王個人本身的內在德性之修養，或規定君王需遵守的治術原則則純爲道德範疇。

第二節　道德的起源

一、歷史事實的考察

　　關於道德的起源，《韓非子》早已觸及。如〈五蠹〉中所描述的上古、中

〔註12〕引文可見同註9，頁 11。另外，何先生也同樣以專注在個人與社會層面來區分道德與倫理。他說：「在日常用法中，如果我們細細體會，會發現『道德』更多地或更有可能用於人，更含主觀、主體、個人、個體意味；而『倫理』更具客觀、客體、社會、團體的意味。」引文可見同註9，頁9。

古、近古以至於今四個歷史階段的考察，其中的有巢氏、燧人氏代表氏族社會的血緣家庭已形成。〈五蠹〉描述說：

> 上古之世，人民少而禽獸眾，人民不勝禽獸蟲蛇，有聖人作，構木爲巢以避群害，而民悅之，使王天下，號曰有巢氏。民食果蓏蚌蛤，腥臊惡臭而傷害腹胃，民多疾病，有聖人作，鑽燧取火以化腥臊，而民說之，使王天下，號之曰燧人氏。中古之世，天下大水，而鯀、禹決瀆。近古之世，桀、紂暴亂，而湯、武征伐。今有構木鑽燧於夏后氏之世者，必爲鯀、禹笑矣。有決瀆於殷、周之世者，必爲湯、武笑矣。然則今有美堯、舜、湯、武、禹之道於當今之世者，必爲新聖笑矣。是以聖人不期脩古，不法常可，論世之事，因爲之備。

聖人在自然的勞動中，制定一些人爲的操作準則以求生存，如有巢氏「構木爲巢以避群害」；燧人氏「鑽燧取火，以化腥臊」，進而人民肯定其能力而「使王天下」，而後世的「堯、舜、湯、武、禹之道」仍將倫理的制定歸於聖王。可見道德應起源於氏族社會的聖王，這點與荀子主張「聖人積思慮習僞，故以生禮義而起法度」（《荀子‧性惡》）的聖人作爲道德的起源想法一致。但是韓非所謂的「上古之世」，仍非原始人類的最初時期，而已是具有初步工藝理性的氏族社會活躍的時代，「根據現有的歷史文獻和考古學家、人類學家、民族學家所提供的資料，大體上說，原始道德萌發於血緣家庭時期，氏族公社是它的眞正形成期。」〔註13〕韓非似乎已意識到道德起源於氏族社會時期的聖王。更值得注意的一段：

> 是以人之於讓也，輕辭古之天子，難去今之縣令者，薄厚之實異也。夫山居而谷汲者，膢臘而相遺以水；澤居苦水者，買傭而決竇。故饑歲之春，幼弟不饟；穰歲之秋，疏客必食；非疏骨肉愛過客也，多少之實異也。是以古之易財，非仁也，財多也；今之爭奪，非鄙也，財寡也；輕辭天子，非高也，勢薄也；爭土橐，非下也，權重也。故聖人議多少、論薄厚爲之政，故罰薄不爲慈，誅嚴不爲戾，稱俗而行也。故事因於世，而備適於事。（〈五蠹〉）

韓非所謂的「輕辭古之天子」與「上古競於道德」同指堯、舜、禹三王的揖讓

〔註13〕引文見王淑芹、安雲鳳編著，《現代倫理學》（北京：首都師範大學出版社，1998年），頁31。

之治，而揖讓這種道德抉擇，完全取決於「薄厚之實異也」的經濟條件考量而來。〈八說〉也以古代先王當時的經濟背景來解釋揖讓形成的因素，如：「古者人寡而相親，物多而輕利易讓，故有揖讓而傳天下者。然則行揖讓，高慈惠，而道仁厚，皆推政也。」而「多少之實異也」、「物多而輕利易讓」的道理同樣適用於「幼弟不饟」、「疏客必食」這些應然判斷的經濟條件之考量。而所謂的政治上「論薄厚爲之政」、「稱俗而行也」、「故事因於世，而備適於事」直接總結一個良善的政治措施必然依據社會、經濟條件（薄厚、稱俗）爲規範標準而有所調整，並非訴諸儒家「爲政以德」這種訴諸君王內在修養的道德規範。換言之，韓非這些話的含意指出了「人的道德品質受人的物質生活的影響而爲其所決定」。〔註14〕綜合上述分析，韓非顯然注意到社會、經濟條件可決定爲政應採取的態度和指導原則。〔註15〕這裡所涉及的道德起源的問題至少包含三方面：聖王有意識的制定、約定俗成（風俗），以及經濟條件上的考量。

二、自然人性的傾向

關於道德的起源，《韓非子》除了上述對於歷史演變的事實分析以外，其關於人性論的描述也涉及道德的起源問題。其實「人性善惡的問題就是道德起源的問題，亦是善惡的起源的問題，也是具有一定理論價值的。由於各家關於性的界說不同，因而人性善惡的學說或是或非。如果所謂性指生而具有無待學習的本能，那麼應該說性是無善無惡的。」〔註16〕本節重新界定《韓非子》「無善無惡」的人性論爲「自然人性論」，藉以區分描述性的「自然人性論」與評價性的「性惡論」觀點之別。〈顯學〉提到：

> 今或謂人曰：「使子必智而壽。」則世必以爲狂。夫智，性也；壽，命也。性命者，非所學於人也，而以人之所不能爲說人，此世之所以謂之爲狂也。謂之不能，然則是諭也。夫諭，性也。以仁義教人，是以智與壽說也，有度之主弗受也。故善毛嗇、西施之美，無益吾

〔註14〕引文見馮友蘭，《中國哲學史新編》第二冊（臺北：藍燈文化事業股份有限公司，1991 年），頁 451。

〔註15〕關於「社會經濟關係對道德的決定作用」這樣的觀點，可見羅國杰主編，《倫理學》（北京：人民出版社，1998 年），頁 46～51。其中韓非的「稱俗而行」表現出「道德以風俗習慣這樣的最初形態自發地維護社會整體利益」。引文可另見同註 15，頁 47。

〔註16〕引文可見張岱年，《中國倫理思想研究》（臺北：貫雅文化，1991 年），頁 92。

> 面，用脂澤粉黛則倍其初。言先王之仁義，無益於治，明吾法度，
> 必吾賞罰者亦國之脂澤粉黛也。故明主急其助而緩其頌，故不道仁
> 義。

「性命者，非所學於人也」是說「性命」是天生自然，無從學習。而「以仁義教人，是以智與壽說也，有度之主弗受也」，在此，「仁義」好比「智」與「壽」，也屬於性命的一部份，既是性命的一部份則屬天生自然的流露，是無法藉由語言或行為傳授給其他人，仁義出自天生自然內在情感根本無從學習可言，不同於韓非主張以外在的法律規範形式作為師法的對象，如「以表示目，以鼓語耳，以法教心」（〈用人〉），或「以法為教」（〈五蠹〉）、「以吏為師」（〈五蠹〉）。法之賞罰就像後天人造的化妝品——「脂澤粉黛」，必然對於治國有美化的加分作用，所以有法度觀念的君主不會接受使用仁義來治國。再者，《韓非子》對於仁、義的理解，分開定義曰：

> 仁者，謂其中心欣然愛人也。其喜人之有福，而惡人之有禍也。生
> 心之所不能已也，非求其報也。故曰：「上仁為之，而無以為也。」
> （〈解老〉）

> 義者，君臣上下之事，父子貴賤之差也，知交朋友之接也，親疏內
> 外之分也。臣事君宜，下懷上宜，子事父宜，賤敬貴宜，知交友朋
> 之相助也宜，親者內而疏者外宜。義者，謂其宜也，宜而為之。故
> 曰：「上義為之而有以為也。」（〈解老〉）

在〈解老〉的解釋，仁是個體毫無目的性的「中心欣然愛人」，而且「生心之所不能已也」，顯然發自內心而無法自拔，所以仁的心理現象誠屬自然流露，毫無後天的矯揉做作可言。而義則界定群體之間如君臣、父子、朋友的「親疏內外之分」，即謂清楚區分群體間「恰當」（宜）的界線，但這種對群體界線之「義」或「宜」的認識或掌握，全然來自天生的能力嗎？還是可以透過後天的經驗之學習？我們無法從《韓非子》中得到回答，而只能知道「義者，仁之事也」（〈解老〉）。〈解老〉將「義」視為人性內在的自然情感（仁）表現在外的事態，則與告子主張的「仁內義外」一致。從孟子心學預設「仁義禮智，非由外鑠我也，我固有之也」（《孟子·告子上》）與「君子所性，仁義禮智根於心」（《孟子·盡心上》）來看，仁義皆是人心「內在」的善端。但是「義」在《孟子》中，並非只是人諸多心理現象之一的內在「羞惡之心」（《孟子·告子上》）而已。另一意義表現在如「義，人路也」（《孟子·告子上》）這樣

的外在規範意義上。亦即「義」具有指導人們向善的規範功能。但「義」依照〈解老〉「謂其宜也」的定義，又是一種道德判斷的意思。而道德判斷是一種對心理信念或價值的肯認，這部分屬於人心主觀的認識內容，當然涉及孟子所謂的「義內」。但是告子將道德判斷的依據歸於外在的「情境脈絡」卻也屬實，因爲道德判斷必須觀察外界人的實際情況才能判定。所以若肯定「義」是一種因外在情境條件而有的道德判斷，就必須承認有內在的心理價值與外在的實際情境兩方面的考量。「義」原來只是心理上的道德判斷或選擇，但若將此心理上的道德命題行諸語言文字甚至如孟子推廣曰：「親親，仁也；敬長，義也。無他，達之天下也。」（《孟子‧盡心上》）這樣「義」才成爲公開、外在的道德規範。〈解老〉認爲行義要「有以爲」，所以「上義爲之」似乎要人刻意「有以爲」，不論是「無以爲」的「上仁」，或是「有以爲」的「上義」，我們可以將仁義視爲一種眞情流露的呈現性活動不受主體意識的控制，則由仁義而生的心理現象（慈惠），同樣與韓非好利自爲的人性論一致，皆爲一種人類的本能傾向。〔註17〕若仁義在《韓非子》的解釋系統中是一種本能傾向，如此的仁義概念便與《孟子》的「惻隱之心，仁之端也」（《孟子‧公孫丑上》）極爲接近，因爲惻隱之心表現出的典型例子如：「今人乍見孺子將入於井，皆有怵惕惻隱之心。非所以內交於孺子之父母也、非所以要譽於鄉黨朋友也、非惡其聲而然也。」（《孟子‧公孫丑上》）此例不就是〈解老〉對於「仁」的說明之最佳範例。因爲「皆有怵惕惻隱之心」即等同「仁者，謂其中心欣然愛人也。其喜人之有福，而惡人之有禍也。」而「非所以內交於孺子之父母也、非所以要譽於鄉黨朋友也」也等同於「非求其報也」。可見〈解老〉對於孔、孟的「仁義」已有充分且正確的理解，但可惜的是，我們卻也只能得知也許韓非對於孔、孟的仁義有此正確的理解，卻無充足的文本證據可以證明其理解的「仁義」也是一種本能傾向。

〔註17〕姚蒸民先生認爲：「韓非雖未如荀子之明言『人性惡』，但卻用此以描寫政治及社會情況，而認定人人皆有自私自利之心，或簡稱爲『自爲心』。此種自爲心，或出於人之一種自然傾向，或由於政治野心之所助長，又或其間與人衝突至巨而難以調和。」引文見姚蒸民，《韓非子通論》（臺北：東大圖書股份有限公司，1999 年），頁 122、123。美國哲學家弗蘭克‧梯利（Frank Thilly）在分析利己動機時則認爲：「我的『自私』在此只是一種對我所表現的一切外部行爲的一個描述性名稱。……無論在什麼地方都一樣，自私只是一種單純的本能傾向的結果，是某些反射性行動的名稱。」引文可見梯利（Frank Thilly）著、何意譯，《倫理學導論》（桂林：廣西師範大學出版社，2001 年 12 月），頁 173。

　　既然人性是一種自然的本能傾向，這種本能的傾向指向「好利惡害，夫人之所有也」（〈難二〉）或「而心周於用者，皆挾自為心也」（〈外儲說左上〉）。人的自然本能之傾向除了「好利惡害」或「挾自為心」，從〈備內〉所述「匠人成棺，則欲人之夭死也」的例子，可說明「利在人之死也」的利己動機實在屬於人之本能傾向，毫無倫理屬性可言；而先秦的性善論、性惡論的出現，其實是相應於人性所呈現出的兩種不同的自然傾向而有的價值評判。所以，「善」、「惡」實屬是否滿足人類某種價值認定的價值字眼，但對自然本能在心理上的自發性呈現狀態（仁、趨利避害），若不予以評價，則根本與道德判斷無關。趨利避害的主張表現在：「夫安利者就之，危害者去之，此人之常情。」（〈姦劫弒臣〉）韓非的人性論不是性惡論的觀點立論在於區分「自然人性傾向的呈現」與「道德的善惡評價行為」兩者的差異，前者屬「實然」的呈現性問題，而後者屬「應然」的價值判定，即事實與價值、描述性判斷（descriptive）與規約性判斷（prescriptive）不可混淆。換言之，韓非的人性論是「無善無惡論」，與告子定義的「生之謂性」、「人性之無分於善不善也」（《孟子·告子上》）相同，因為人生而有好利的傾向。〔註 18〕所以，韓非才利用人民好利的心理施以賞、罰，而並不將人之好利心理評判為「惡」。關於《韓非子》的人性觀點，僅止於人性的一種「實然」的描述，並不涉及「應然」的價值評判。因此，「韓非認為人性的性質是『非所學於人的』，人性的內容是『好惡』；對人性是善是惡的問題，他卻是一個不作判斷的人。」〔註 19〕韓非對於人性的問題不作任何善、惡的價值判斷，意即「不涉及價值判斷，也就是說不認定『自為心』就是惡，『天性仁心』就是善，……古今以來，總有人誤解韓非，以為韓非是性惡論者，其實是沒有弄清事實與價值二者分際的緣故。」〔註 20〕對

〔註18〕這樣的觀點，近來已逐漸被接受，例如：「根據功利主義的原則，不給人的天性定予善惡的性質，可以說是法家與儒家的重要區別。」引文可見廖其發，《先秦兩漢人性論與教育思想研究》（重慶：重慶出版社，1999 年），頁 224。或曰：「韓非人性論既以趨利避害為主要內容，且韓非亦未明確提出性惡之主張，則當屬中性論而非性惡論亦甚明顯矣。」引文可見高柏園，〈論勞思光先生對韓非哲學之詮釋〉（收錄於《淡江人文社會學刊》第四期，1999 年），頁 28。

〔註19〕引文可見王曉波，《儒法思想論集》（臺北：時報文化出版事業有限公司，1983 年），頁 194。

〔註20〕引文請見林義正，〈先秦法家人性論研究〉（收錄在《臺大哲學論評》第十二期，1989 年），頁 165。林老師總結先秦法家的人性論說：「先秦法家所持的人性觀根本不是性惡論，也無關乎人性是善是惡的看法，他們純就人類行為的實際表現予以考察，而得出一種蓋括性的結論，不涉及價值判斷。」引文

於韓非而言,「利之所在,民歸之」(〈外儲說左上〉)表示民好利的心理可供利用,不正是一大「善事」?反而「夫見利不喜,上雖厚賞,無以勸之。臨難不恐,上雖嚴刑,無以威之。此之謂不令之民也。」(〈說疑〉)或有如伯夷、叔齊道德操守甚高之輩,「若此臣者,不畏重誅,不利重賞,不可以罰禁也,不可以賞使也,此之謂無益之臣也。」(〈姦劫弒臣〉)這說明了若臣、民不好利、不畏威刑,則賞、罰根本無用,國家因而無從治理。又正如太公望認定狂矞、華士兩兄弟「此非明主之所臣也,亦驥之不可左右矣」所以遭到誅殺的例子:

> 太公望東封於齊,齊東海上有居士曰狂矞、華士,昆弟二人者立議曰:「吾不臣天子,不友諸侯,耕作而食之,掘井而飲之,吾無求於人也。無上之名,無君之祿,不事仕而事力。」太公望至於營丘,使吏執殺之以爲首誅。周公旦從魯聞之,發急傳而問之曰:「夫二子,賢者也。今日饗國而殺賢者,何也?」太公望曰:「是昆弟二人立議曰:『吾不臣天子,不友諸侯,耕作而食之,掘井而飲之,吾無求於人也,無上之名,無君之祿,不事仕而事力。』彼不臣天子者,是望不得而臣也。不友諸侯者,是望不得而使也。耕作而食之,掘井而飲之,無求於人者,是望不得以賞罰勸禁也。且無上名,雖知、不爲望用;不仰君祿,雖賢、不爲望功。不仕則不治,不任則不忠。……已自謂以爲世之賢士,而不爲主用,行極賢而不用於君,此非明主之所臣也,亦驥之不可左右矣,是以誅之。」(〈外儲說右上〉)

他認爲狂矞、華士「不臣天子」、「不友諸侯」、「無上之名」、「無君之祿」這些不好利祿的心態,才是應予以評判爲首惡之徒,以致於「使吏執殺之,以爲首誅」。基於此,對於韓非而言,臣、民不好利的心態才應判爲「惡」(因爲視爲「首誅」),若臣、民好利反而是「善的」,而並非如學界盛行的觀點──將韓非好利自爲的人性觀點視爲人性本惡的性惡論。〔註21〕有一種說法認爲道德起源於「自利算計的手段」(a device of egoistic prudence)。〔註22〕韓非

同註20,頁170～171。

〔註21〕將韓非的人性觀點視爲人性本惡者,如熊十力先生說:「韓非以爲人性本惡,無可以誠信相與。」引文可見熊十力,《韓非子評論》(臺北:臺灣學生書局,1978年),頁21。另外學界主張性惡論者,有勞思光、王邦雄、陳榮捷、陳啓天四位先生,詳文可見同註20,頁166。

〔註22〕Singer, Peter, *A companion to Ethics*, Oxford: Blackwell Publishers Ltd, 2002.,

只是指出「君以計畜臣，臣以計事君，君臣之交，計也」（〈飾邪〉）、「君臣也者，以計合者也」（〈飾邪〉），以及「故父母之於子也，猶用計算之心以相待也，而況無父子之澤乎」（〈六反〉）的人性「實然」情況，而並未有進一步規範人民達到自己最高利益的「應然」主張，換言之，韓非只發展出「心理利己主義」，而並未發展「倫理利己主義」。因為倫理利己主義若廣而推之最終必然衝擊韓非應然的「公善」主張，其應然的主張表現在「公善」與「私惡」兩方面。關於這兩方面的問題十分複雜，因為除了涉及利己主義的倫理學概念外又牽涉到功利主義的類型，我們留待下一節深入討論。

第三節　倫理原則的價值預設

一、功用的實用主義意涵

依照之前第二節〈解老〉對於仁、義的定義可知，從「中心欣然愛人」與「生心之所不能已」可知「仁」是一種實存的心理現象，表示內心真實情感的流露，出於自然天性不能由人意志所控制（不能已）。而「義」則是一種價值判斷，判定人際之間的適當關係。「仁義」並舉在倫理判斷上，則意味「真實情感的流露應予以肯定」。既然已有應然判斷形成規範原則，仁義作為規範原則已具備「有效性」。雖然《韓非子》在治術上採取排斥仁義的態度如：「故有道之主，遠仁義，去智能，服之以法，是以譽廣而名威，民治而國安，知用民之法也。」（〈說疑〉）或：「故存國者，非仁義也。仁者，慈惠而輕財者也……慈惠，則不忍……不忍，則罰多宥赦……故仁人在位，下肆而輕犯禁法……故曰：仁、暴者，皆亡國者也。」（〈八說〉）可見，以法取代仁義作為治術原則，完全基於仁治必然造成法令無法貫徹執行的衝擊。這裏涉及倫理原則與法理原則根本上的「有效性」與「實效性」的不同。〔註23〕意即，仁義原則與法律條文同屬規範原則，人民「應當」要遵守仁義的規範，因而具備有效性；但是人民卻不一定真正遵守仁義的規範，因而不具有實效性。換

〔註23〕在法理學的討論中，「實效問題所涉及的乃是法律規範適用於的那些人是否真正遵守這些規範的問題。而另一方面，對法律有效性的探求，則是試圖確定一項法律規範是否應當被遵守，亦即私人或政府官員是否應當遵守它。」引文可見博登海默（Edgar Bodenheimer）著、鄧正來譯，《法理學：法律哲學與法律方法》（北京：中國政法大學出版社，1998年12月），頁332～333。

言之，君上好行仁義，而仁有「非求其報」的義務論意涵，所以臣下不見得以仁義回報君上。在此格外需要區分一點，韓非並不否認百姓與君王皆存有行使倫理行爲的事實，但仁義所表示的倫理原則在爲政上畢竟不堪使用（不足用），意即仁義不能充分達到爲政必然要求的實效性。

再者，〈姦劫弑臣〉曰：「吾以是明仁義愛惠不足用，而嚴刑重罰之可以治國也。」「不足用」顯然針對倫理原則的實效性而言，而「非求其報」則說明仁政施行的結果，人民不一定回報君上以仁義。雖然在治術上，韓非排斥仁義，但韓非並不否認仁義在過去歷史上的存在事實，如〈五蠹〉曰：「故文王行仁義而王天下，偃王行仁義而喪其國，是仁義用於古，而不用於今也。」而仁義不能適用於今，完全基於「上古競於道德，中世逐於智謀，當今爭於氣力」（〈五蠹〉），因爲時代環境改變了，所以「仁義愛惠不足用」。此外，仁義不足用的原因亦表現在或然率上的稀少情況例如：「爲服役者七十人，蓋貴仁者寡，能義者難也。故以天下之大，而爲服役者七十人，而仁義者一人。」（〈五蠹〉）可見韓非並未全然否定仁義，而是就實效性觀點，認定在這種「務力」的社會風氣下，所謂「先王的德治」已經無法發揮效用。韓非對於儒家仁義的理解，雖然掌握到人有眞實情改流露的一面，但在他的理論系統中，根本將這種情感的流露視爲一種低效能的「工具價值」，他的倫理觀堪稱爲「實用主義」的倫理觀，而非如儒家之「內在價值」或「本質主義」的倫理觀。所謂「實用主義的倫理觀」直接要求行爲必須達到「功用」，因而「功用」便是倫理的判準，故曰：「夫言行者，以功用爲之的彀者也，……有常儀的也。」（〈問辯〉）講究功用的實效之具體的事例如：「摺笐、干戚，不適有方、鐵銛；登降周旋，不逮日中奏百；〈貍首〉射侯，不當強弩趨發；干城距衝，不若堙穴伏橐。」（〈八說〉）如此，功用便成了語言與行爲的規範標準（常儀）。其中「功」似指行爲，而「用」則就言論而言。故曰：「論有迂深閎大，非用也，故畏、震、瞻、車、狀皆鬼魅也；言而（行有）拂難堅确，非功也，故務、卞、鮑、介、墨翟皆堅瓠也。」（〈外儲說左上〉）〔註24〕涉及語言的規範標準屬於本文邏輯規範的討論範圍；涉及行爲規範或行動的規範標準則屬本章倫

〔註24〕此段引文「言而」兩字，陳奇猷先生依據顧廣圻與太田方之說改爲「行有」，可參見陳奇猷校注，《韓非子新校注》（上海：上海古籍出版社，2000年），頁660。可能是對照前段「論有迂深閎大」，「論」涉及言論，所以下段「言而」爲了與「論有」涉及的言論作出區分，則應將「言而」改爲「行有」。意謂功用涉及言、行兩方面的規範標準。

理規範的討論範圍。具體說來，以功用的概念來檢驗「仁義愛惠」這些道德德目，可得到「仁義愛惠不足用」的結果，便指本章倫理規範的範圍。

此外，功用依照「功當其事，事當其言，則賞」（〈二柄〉）的論述，必須與事、言有一符應關係才可「循名實而定是非，因參驗而審言辭」（〈姦劫弒臣〉），而言、事即是〈揚權〉所說的「君操其名（言），臣操其形（事）」，此則涉及語言與事態的符應關係，當屬邏輯規範中名辯思想討論的範圍。功用蘊含語言、行動操作與「符合」的「滿意」概念，意即功用為倫理和邏輯規範的唯一判準，因而《韓非子》的倫理觀堪稱為「實用主義」的倫理觀和真理觀。〔註25〕以功用為檢驗行動的最終效果，在此功用理論不但表現為一種倫理觀的價值預設，更是一種檢驗真理的「方法」或「真理理論」。〔註26〕功用的考量來自於「挾自為心」的自利之算計，例子可另見〈外儲說左上〉：「此其養功力，有父子之澤矣，而必周於用者，皆挾自為心也。」此例提出「必周於用者」，可說明功用蘊含「滿意」的概念，且「皆挾自為心也」可指實用主義所說的「真理必須具有實際的效果」，而這個「實際的效果」不一定是專指「物質上的效果」，也可以是「心理上的效果」。〔註27〕這是一種實用主義的真理概念，《韓非子》在功用的規範標準上與美國的實用主義竟不謀而合了。

二、私有田制的倫理觀

在經濟的考量上，韓非反對社會救濟政策而說：

> 今世之學士語治者多曰：「與貧窮地以實無資。」今夫與人相若也，
> 無豐年旁入之利而獨以完給者，非力則儉也。與人相若也，無饑饉
> 疾疚禍罪之殃獨以貧窮者，非侈則墮也。侈而墮者貧，而力而儉者
> 富。今上徵斂於富人以布施於貧家，是奪力儉而與侈墮也。而欲索

〔註25〕關於功用或價值與滿足概念的關係，美國實用主義哲學家劉易斯（C.I.Lewis）分析指出：「價值最終牽涉到滿意，如果不是實際上的，至少也是潛在的。」轉引自《世界哲學寶庫》（北京：中國廣播電視出版社，1991年），頁1193。此外，威廉‧詹姆士（William James）也解釋「符合」蘊含「滿意」之說：「所謂的『符合』，乃是指這樣地加以考慮，而使我們在理智上和實際上得到某種『滿意』的效果。」引文可見威廉‧詹姆士著，陳羽綸、孫瑞禾譯，《實用主義：一些舊思想方法的新名稱》（北京：商務印書館，1997年），頁212。

〔註26〕實用主義是一種「方法」，更廣泛的應用在「某一種關於真理的理論」。引文可見威廉‧詹姆士著，陳羽綸、孫瑞禾譯，《實用主義：一些舊思想方法的新名稱》（北京：商務印書館，1997年），頁31。

〔註27〕所謂「實際的效果」之解釋，可參閱同上註，頁188。

民之疾作而節用，不可得也。（〈顯學〉）

這段話反映當時的社會已經是一個「土地私有」的社會，君上可以動用公權力徵收富人之地以充實貧戶的經濟資本。〔註 28〕而韓非之所以反對社會救濟，可能基於「奪力儉而與侈墮也」這種社會不公的情形產生。〔註 29〕這樣看來，他反對的動機，是否眞如「而欲索民之疾作而節用，不可得也」這樣的動機則不得而知，或許也有可能因其貴族階級之意識而反對社會救濟。另一方面若眞能達到「索民之疾作而節用」的情況，最大獲利者還是在於代表國家的君王本身。所以，《韓非子》倫理的類型應屬「私有田制的倫理型態」，亦即傾向於確保富人所擁有的私田經濟。換言之，倫理的判準應以私有財產階層之經濟利益爲最高的依據。不過韓非將貧、富的結果全然歸於侈墮、力儉，這種考察並不周延。因爲當時宗法封建的社會階級制度並未完全崩解，所以人的貧富往往受限於生而不平等的社會階級。換言之，出身王公大臣之家者，在先天上擁有的經濟資本便遠比平民雄厚，所以才有「與貧窮地以實無資」的可能，這點韓非顯然並未列入考慮。不過從「薄厚之實異也」（〈五蠹〉）以經濟史觀說明古代天子、百姓道德行爲的成因與反對貴族階層「與貧窮地以實無資」的私田制倫理觀來衡量倫理價值，提高了倫理判斷的客觀顯明性，同時也突顯《韓非子》對於倫理規則形成的社會觀察已經深入所有的社會階層，而非僅止於分析單一面向或個別的道德現象。其實任何的倫理觀點都預設某種的價值概念，而任何的價值選擇與價值評價如「薄厚之實異也」以及「與貧窮地以實無資」兩例，都表現出「價值的本質存在於人類的歷史

〔註 28〕 代表土地私有的「私田制」出現概況，可另見張純、王曉波，《韓非思想的歷史研究》（臺北：聯經，1983 年），頁 6。雖然陳奇猷先生認爲「與貧窮地以實無資」的「地」字「當衍」。因爲「下云『徵斂於富人以布施於貧家』，是與貧窮者乃徵自富人，徵自富人者當爲資財而非地可證」。引文見同註 24，頁 1134。但戰國末「土地私有制」的形成，卻可間接肯定以土地救濟貧窮之政策的可能性。

〔註 29〕 韓非也基於保護法的公平性，逢大饑之年爲堅守「使民有功而受賞，有罪而受誅」的執法公平性原則，而寧願餓死飢民，也不願開倉救濟，堅決反對社會救濟政策。例如：「秦大饑，應侯請曰：『五苑之草著、蔬菜、橡果、棗栗，足以活民，請發之。』昭襄王曰：『吾秦法，使民有功而受賞，有罪而受誅。今發五苑之蔬草者，使民有功與無功俱賞也。夫使民有功與無功俱賞者，此亂之道也。夫發五苑而亂，不如棄棗蔬而治。』一曰：『今發五苑之蓏蔬棗栗足以活民，是用民有功與無功爭取也。夫生而亂，不如死而治，大夫其釋之。』」（〈外儲說右下〉）

實踐中」。〔註30〕《韓非子》正是在人類的歷史實踐中得到它各種立論的價值預設，其各種政治的、倫理的主張也因此得以展開。

三、力與利的倫理價值

　　張岱年先生曾經區分儒、墨、法三家的價值觀說：「儒家的價值觀可稱爲內在價值論。墨家的價值觀認爲道德的價值在於符合人民的利益，可稱爲功用價值論。……法家認爲儒家所講的道德是無用而有害的，最有價值的是力，可稱爲唯力價值論。」〔註31〕所以談到法家的價值論，除了也有墨家的功用價值論外，我們常常會歸結於「上古競於道德，中世逐於智謀，當今爭於氣力」（〈五蠹〉）的唯力價值論。連同上述私有田制的倫理觀也是預設「侈而墮者貧，而力而儉者富」（〈顯學〉）或「能越力於地者富，能起力於敵者強」（〈心度〉）的唯力價值論，這種強調人民自食其力與儉德的倫理主張，與墨家「賴其力者生，不賴其力者不生」（《墨子・非樂上》）以及「節用」之主張十分類似。在君主的規範方面，有「明君務力」的主張，如：「故敵國之君王雖說吾義，吾弗入貢而臣；關內之侯雖非吾行，吾必使執禽而朝。是故力多則人朝，力寡則朝於人，故明君務力。」（〈顯學〉）「務力」表示政治實力，又如：「然先王所期者利也，所用者力也。」（〈外儲說左上〉）再配合孟子的說法：

　　以力假仁者霸，霸必有大國；以德行仁者王，王不待大，湯以七十

　　里，文王以百里。以力服人者，非心服也，力不贍也；以德服人者，

　　中心悅而誠服也，如七十子之服孔子也。（《孟子・公孫丑上》）

孟子已經意識到力與德是彼此不相容的概念，而且德的價值顯然超過於力，因爲德有使人「中心悅而誠服也」的內在價值。力與德之分也是儒家王、霸之辨的基礎，即謂王道預設德治，而霸道則蘊含政治或軍事實力。在《韓非子》中，威勢象徵政治實力之展現，例如：「威勢者，人主之筋力也。今大臣得威，左右擅勢，是人主失力，人主失力而能有國者，千無一人。」（〈人主〉）而軍事實力便指「兵力」而言，如「能起力於敵者強」（〈心度〉），或曰：「內者量吾謀臣，外者極吾兵力。」（〈初見秦〉）通常強大的政治實力必以軍事實力爲後盾，如：「以功與爵者也故國多力，而天下莫之能侵也。兵出必取，取

〔註30〕引文可見鄔焜、李建群主編，《價值哲學問題研究》（北京：中國社會科學出版社，2002年），頁35。
〔註31〕引文可見張岱年著，〈中國哲學中的價值學說〉（收錄在《哲學研究》中國哲學史研究專輯，1990年增刊），頁6。

必能有之；案兵不攻必當。」（〈飭令〉）綜合上述所言，「當今爭於氣力」可能含有上述「力而儉者富」的經濟實力，「威勢者，人主之筋力也」的政治實力，以及「天下莫之能侵也」的軍事實力三方面。

而韓非之立場與孟子相反，因爲他對於孟子「以德服人者，中心悅而誠服也，如七十子之服孔子也」的主張，顯然不以爲然，卻提出反例說：「故以天下之大，而爲服役者七十人，而仁義者一人。」（〈五蠹〉）七十子都服膺孔子，但能眞正實行仁義者卻只有一人，這不是很諷斥嗎？他在政治倫理上選擇了霸道而非王道，再加上部分認同荀子「重法愛民而霸」（《荀子·大略》），霸道除了蘊含政治或軍事實力的「力」概念之外，還結合了荀子「重法」的概念。於是《韓非子》發展出貶抑王道德治的經驗判斷——「明仁義愛惠之不足用」或「德厚不足以止亂」，以「重法」的刑罰取代德治而肯定「嚴刑重罰之可以治國也」。所謂的霸道就是以力與法取代德，故曰：「今世主皆輕釋重罰、嚴誅，行愛惠，而欲霸王之功，亦不可幾也。……操法術之數，行重罰嚴誅，則可以致霸王之功。」（〈姦劫弑臣〉）。從以上對於力與德代表的霸道與王道的本質之分析，我們可知《韓非子》政治規範下之帝王典範，顯然鍾情霸王專屬的霸道而非議王道，而霸道的概念蘊含力的價值與重法的賞罰突顯法的客觀公平性。依此結合力與法的霸王之道來看，所謂的霸王，並非如常識中蠻橫不講理或任意而爲的專制帝王表象，而是能夠把持威勢與兵力並且依循客觀的法令，公平地落實法之賞罰，此種霸王也要「重法愛民」，並非獨斷妄行不顧客觀形勢的昏君。

從上一節太公望誅殺狂矞、華士兩兄弟的例子，我們只能說韓非希望臣、民保有好利的心理傾向，但不能斷言他亦希望臣、民有如西方「倫理利己主義」（ethical egoism）般爲達到個人最大的利益或幸福而行事。在此例中，足見利是一種令人肯定的倫理價值。而《韓非子》書中所舉的各種「皆挾自爲心」的例子，只是說明人性有自利、自爲的自然傾向，而這種自然傾向是一種「心理利己主義」（psychological egoism），但我們似乎無法找到《韓非子》基於心理利己主義的心理「事實」而進一步規範、形成「倫理利己主義」的主張。﹝註32﹞追根究柢，因爲若韓非發展倫理利己主義的思想便會導致與「公善」的主張彼

﹝註32﹞心理利己主義與倫理利己主義的主要區別在於：「前者主張利己是一個『事實』，而後者則認爲利己是屬於『應然』的問題。」引文可見林火旺，《倫理學》（臺北：國立空中大學，1997年），頁48。

此矛盾的不合理現象。〈六反〉曰：「故名賞在乎私惡、當罪之民，而毀害在乎公善、宜賞之士，索國之富強，不可得也。」這裡的「私惡、當罪之民」特指韓非極度否定的「姦僞無益之民六，而世譽之如彼」，而「公善、宜賞之士」則指符合君王私利的「耕戰有益之民六，而世毀之如此」。《韓非子》雖有「彼固亡國之形也，而不憂民萌」（〈初見秦〉）、「好罷露百姓、煎靡貨財者，可亡也」（〈亡徵〉）的重民思想，但考究其實根本只是「人主樂乎使人以公盡力，而苦乎以私奪威」（〈用人〉）滿足國家之公善，而此公善就是韓非所推崇的「耕戰有益之民六」標示的「公利」價值，因爲「耕戰有益之民」是對國家有利益。若換個角度來看，這種公利則專屬「人主之公利」（〈八說〉），也是所謂的「明主者，通於富強則可以得欲矣」（〈八說〉）。說穿了「人主之公利」似乎就是人君一己之私利、私欲，因爲耕戰有益之民所帶來的「百姓有功則利上，此之謂有道之國也」（〈八經〉），其實直指成就「人主之大利」的「霸王之業」。〔註33〕在此意義下，韓非所謂的國家公利，其實只是人主之私利，雖然在人性論方面並未作出應然的評價，但他將人性好利自爲的傾向導向符合國家利益的行爲（耕戰），而提出「公善」這樣的應然判斷，進一步從實然的人性傾向發展出放棄私利而尋求國家公利的應然行爲規範。但此規範絕非爲「達到個人最大的利益或幸福」而設，而是滿足君王私利的「公善」。總而觀之，韓非在心理上肯定人民自私好利的傾向，但在政治措施上卻反對不依法而行的利己行爲。而其應然判斷僅止於政治措施的範圍內，所以其倫理思想並不相應於西方的「倫理利己主義」而僅發展出「心理利己主義」的思想。簡言之，其公善追求國家整體的大利，是建立在以「法之爲道」爲前提，故曰：「故法之爲道，前苦而長利；仁之爲道，偷樂而後窮。聖人權其輕重，出其大利，故用法之相忍，而棄仁人之相憐也。」（〈六反〉）如此，聖人或君王才能仔細思量、謀算出最高的效益。所以韓非這種「棄仁人之相憐」，改採「用法之相忍」的倫理觀，以遵循國家群體的普遍法律規範爲最高的倫理準則，即每一個人都應該致力於「這一類」守法的行爲。從公善分析出公利，而公利是基於以「法之爲道」爲前提，如此，公利的價值便會因「法之爲道」而引導出「規則功利主義」（rule utilitarianism）的倫

〔註33〕例如〈六反〉：「民用官治則國富，國富則兵強，而霸王之業成矣。霸王者，人主之大利也。人主挾大利以聽治，故其任官者當能，其賞罰無私。使士民明焉盡力致死，則功伐可立而爵祿可致，爵祿致而富貴之業成矣。」可見人主行霸王之道在於「使士民明焉盡力致死」可得「大利」，其自利心態可見一般。「霸王」思想可另見〈初見秦〉、〈說疑〉、〈和氏〉、〈難二〉等篇章。

理學思想。〔註34〕韓非要求君以下的所有臣民都要守法，可謂把此類守法的行爲規則化，如「就公法」、「行公法」的倫理規則：「故當今之時，能去私曲就公法者，民安而國治；能去私行行公法者，則兵強而敵弱。」（〈有度〉）而且法的形成是由於經過「聖人權其輕重，出其大利」，聖人經過仔細衡量計算，基於「爲治者用眾而舍寡」（〈顯學〉）的效益原則得出最大化的效益。配合《韓非子》中提到的「計數」、「計算」，已可證明其含有功利主義強調量化、計算效益的構成條件。另外，應該注意一點，法令本身屬於法律規範的外在形式，而欲人守法或國君應該公正地執行法之賞罰，則屬於《韓非子》著書的主要道德勸說或道德規範。換言之，韓非制訂「就公法」、「行公法」的「務法」規範的道德律本身只是一種向人君說項的道德勸說或道德規範，毫無強制力可言，此點區分法令本身的法律規範之內容與「務法」表示的道德規範之行爲要求不可等同而論。

　　總而言之，「利」可以歸結爲「功用」的意涵，如：「然先王所期者利也，所用者力也。」（〈外儲說左上〉）明主計算利害關係以功效或功用爲唯一的考量，可見以下說明：

> 舉事有道，計其入多，其出少者，可爲也。惑主不然，計其入不計其出，出雖倍其入，不知其害，則是名得而實亡，如是者功小而害大矣。凡功者，其入多、其出少乃可謂功。今大費無罪而少得爲功，則人臣出大費而成小功，小功成而主亦有害。（〈南面〉）

這段話指出明君需注意計算功、害的正確方法，而功、害之衡量與計算正是功利主義所要求的計算苦值與樂值相差之後的效益，而功或效益即爲最大幸福的評估標準。此段引文可作爲其功利主義主張之最佳明證。此外，先王只是要利用人民的「力」來得到自己的利益。或曰：

> 恃勢而不恃信，故東郭牙議管仲。恃術而不恃信，故渾軒非文公。故有術之主，信賞以盡能，必罰以禁邪，雖有駁行，必得所利，簡主之相陽虎，哀公問一足。（〈外儲說左下〉）

有治術的君主，雖然會遇到行爲不簡的大臣，但若依法執行賞罰，則這樣的大臣必然有其專長或功用還是可以爲君所用（利），就算是陽虎（陽貨）這樣

〔註34〕功利主義又稱爲效益主義（utilitarianism），依其內涵的不同可分爲行爲功利主義（act utilitarianism）與規則功利主義（rule utilitarianism）兩類。主要的區別在於：「行爲功利主義根據具體情況下的具體行爲所產生的效果來確證一個行爲是否正當。而規則功利主義則是根據某類規則來加以確證的。」引文可見同註9，頁68。

的乖戾、專擅之臣或夔這樣「忿戾惡心，人多不說喜也」（〈外儲說左下〉）的人，還是有其專才可供君王利用。因為「利用價值（略稱利），也稱為有用性，是起某種作用的價值」。〔註35〕有用即工具價值或手段價值，相反於目的價值或內在價值。自利蘊含的功用意涵，可謂一種工具價值或手段價值，如金錢的價值或商品的交換價值之例：

> 夫賣庸而播耕者，主人費家而美食、調布而求易錢者，非愛庸客也，
> 曰：如是，耕者且深耨者熟耘也。庸客致力而疾耘耕者，盡巧而正
> 畦陌畦疇者，非愛主人也，曰：如是，羹且美錢布且易云也。（〈外
> 儲說左上〉）

庸工辛勤地播種、耕耘絕對不是純粹基於「愛主人」這種內在價值的善念，而是想要謀求美食、換來良好的錢布此類的工具價值。而功用依照實用主義者的分析，具有「滿意」的心理意義。正如墨子之定義：「利，所得而喜也。」（〈經上26〉）所以利代表內心的快樂與滿足。享樂主義（hedonism）認為：「快樂是唯一具有內在價值的東西。」〔註36〕依照前述的分析，《韓非子》的利，具有商品或金錢交換的工具價值意義，在此依享樂主義對快樂的分析，則可得利的內在價值意義。如此，乍看之下似乎導致思想矛盾的情形。關於這個問題，我們可以區分一般臣民之利與君王之利兩方面。我們可以確定韓非堅持「臣不得以行義成榮，不得以家利為功」（〈八經〉），不允許臣民完全自利不考慮國家公利的個人行為，因為「設法度以齊民，信賞罰以盡民能」（〈八經〉），韓非以法之明令禁止因利己產生違背國家公利、公善的行為，如譏諷「輕祿重身，謂之君子」（〈八說〉）的說法。韓非顯然注意到「君臣之利異」（〈內儲說下〉）、「上下一日百戰」（〈揚權〉）利欲橫流而君、臣、民彼此衝突不已的情形。所以務法才可以「齊民萌之度」（〈問田〉）、「上下和調」（〈揚權〉）、「而心周於用者」（〈外儲說左上〉），協調、統一各階層上下之利益或功用可達公善最大化的效益。可見韓非主張的享樂主義在法的規範、指導臣民之行

〔註35〕引文可見大窪德行、藤川吉美、內田種臣編著、李樹琦譯，《電腦時代的理性》（北京：中國社會科學院，1998年），頁199。此外，自利蘊含功用的意涵，也可參考王邦雄先生所說：「韓非的價值觀乃是現實功利主義的價值觀。價值的內涵，不落在人心自覺應該如何的理想上，而落在現實情境可能如何的實效上。故其價值觀，已無異是實效論。」引文可見王邦雄，《韓非子的哲學》（臺北：東大圖書股份有限公司，1993年），頁122。

〔註36〕引文同註32，頁30。

爲意義下「下匿其私,用試其上;上操度量,以割其下」(〈揚權〉),顯然只是獨厚君王本身一己之私利,而美其名爲訴諸國家之「公利」、「公善」。所以將韓非之說完全訴諸快樂的內在價值論並不能成立,而工具價值論的說法解釋層面較爲全面且合理。

雖然自利主義的主張只能用在君王本身,根本上排斥人己相爲、互惠的他利觀念產生的效用,故曰:「挾夫相爲則責望,自爲則事行。」(〈外儲說左上〉)。但排斥他利的效用畢竟只能適用於國君,在黎民百姓身上,韓非則反對持有如楊朱一派「輕物重生之士」自私自利的價值觀,如:

> 今有人於此,義不入危城,不處軍旅,不以天下大利易其脛一毛,
> 世主必從而禮之,貴其智而高其行,以爲輕物重生之士也。夫上所
> 以陳良田大宅、設爵祿,所以易民死命也,今上尊貴輕物重生之士、
> 而索民之出死而重殉上事,不可得也。(〈顯學〉)

在此應該區分倫理學上的「利己主義」(egoism)與「自私自利」(egotism)品格的用法之不同。利己主義是一種倫理學主張無所謂的善惡可言,而自私自利品格爲一種人格的評判,常識中通常都把這種「自私自利」的品格視爲萬惡的源頭。而《韓非子》允許君王的自利主義立場的存在,但自利主義可以允許基於君王個人的自利行爲造成民眾也間接受惠的利他結果,如:「聖人之治民,度於本,不從其欲,期於利民而已。」(〈心度〉)或:「然所以廢先王之教,而行賤臣之所取者,竊以爲立法術,設度數,所以利民萌便眾庶之道也。」(〈問田〉)換言之,「利己主義允許我們基於自我利益而做出利他的行爲」〔註37〕,而自私自利純粹只能「不以天下大利易其脛一毛」,即孟子曰:「楊子取爲我,拔一毛而利天下,不爲也。」(《孟子‧盡心上》)完全不容許絲毫可能利他的行爲產生。因此,韓非不主張自私自利,而其利己主義規範君王成爲依法賞罰無私的霸王造成「人主之大利」的自利行爲,間接也允許造成利民的結果,我們或可說基於君王利己的心理利己主義並不排斥因爲利己造成的利他結果。

《韓非子》界定君王利己主義的主張,有時我們可以稱作「個人享樂主義」(individualistic hedonism),而前述公善的規則功利主義則可稱爲「普遍享樂主義」(universalistic hedonism)。〔註38〕但《韓非子》規範君王基於利己而

〔註37〕引文譯自 Feldman, Fred, *Introductory Ethics*, Amherst: university of Massachusetts, p.83.
〔註38〕個人與普遍兩種享樂主義與利己主義、功利主義的關係,可參閱同上註,頁82。

有的享樂主義屬於滿足論（satisfactionism）而非官能論（sensualism）。〔註39〕
意即《韓非子》認定的利爲長利，而非短視近利，常識中心理利己主義或享
樂主義常常使人誤解爲只圖一時感官之快感，而不重視更深遠的利益。《韓非
子》反對「愛小利而不慮其害」（〈十過〉）、「顧小利則大利之殘也」（〈十過〉），
重視短暫犧牲眼前的小利，換來之後的大利、長利。例如：

> 徭役多則民苦，民苦則權勢起，權勢起則復除重，復除重則貴人富，
> 苦民以富貴人起勢，以藉人臣，非天下長利也。（〈備內〉）

> 聞古扁鵲之治其病也，以刀刺骨；聖人之救危國也，以忠拂耳。刺骨，
> 故小痛在體而長利在身；拂耳，故小逆在心而久福在國。（〈安危〉）

> 此俱出父母之懷，然男子受賀，女子殺之者，慮其後便、計之長利
> 也。（〈六反〉）

而不重感官的享樂，則可見「天有大命，人有大命。夫香美脆味，厚酒肥肉，
甘口而病形；曼理皓齒，說情而捐精。故去甚去泰，身乃無害。」（〈揚權〉）
其次，回應將利己主義視爲不道德的理論這樣的看法：「有些倫理學家聲稱要
從“利己主義”中找出所有不道德的東西，並且，他們中有人還把利己主義
視爲萬惡之源。」〔註40〕君王個人的強國利己主張遵循《韓非子》的政治典
範──聖人，以聖人爲典範的君德論，只能是〈解老〉所規定的「是以聖人
不引五色，不淫於聲樂，明君賤玩好而去淫麗」，或是「聖人亦不傷民」。《韓
非子》對於君王自身雖然允許自利，但有其他德性上的規範、要求，所以依
照聖人典範的設計不會有因爲君王利己主義的主張而一定導致「不道德的行
爲」之後果。

第四節　政治規範的倫理原則

　　本節主要的研究重點在於整理、歸納出《韓非子》中聖人與明主之德表
現出的各項倫理原則，呈現政治規範其實本質上等同於倫理規範，因爲都是
基於規範君、臣、民各階層而設的「應然」主張。藉以突顯倫理原則在《韓
非子》政治學說中的重要性。

〔註39〕享樂主義又可分爲滿足論與官能論，詳細內容可參閱同註32，頁31。
〔註40〕引文可見莫里茨・石里克（Moritz Schlick）著、孫美堂譯，《倫理學問題》（北
　　　京：華夏出版社，2000年），頁46。

一、務法原則

　　《韓非子》全文的中心思想都在表述「以法治國，舉措而已矣」（〈有度〉）的治國之道，例如：「治國者莫不有法，然而有存、有亡。亡者，其制刑賞不分也，治國者，其刑賞莫不有。」（〈制分〉）但法的施行卻存在著文本中找不到諸如「天子犯法與庶民同罪」的君王規範甚至處罰君王的言論，因而存有法律竟不適用於君王本身的缺陷。法施用於全體臣、民，如「是故明君之蓄其臣也，盡之以法，質之以備。」（〈愛臣〉）以及「明主之道不然，設民所欲以求其功，故爲爵祿以勸之；設民所惡以禁其姦，故爲刑罰以威之。」（〈難一〉）要求「不辟親貴，法行所愛」（〈外儲説右上〉），具體的例子如「吳起之出愛妻，文公之斬顛頡」（〈外儲説右上〉），甚至「荊莊王有茅門之法」（〈外儲説右上〉），一併規範太子也要遵守茅門之法。法令的施行連同親人、寵臣也不能例外必須遵守法令的規定，但法律的效力卻不及於君王，而術、勢反而專屬於君王獨有，臣民卻不能擁有。〈有度〉指出：「國無常強，無常弱。奉法者強則國強，奉法者弱則國弱。」其中的「奉法者強」或「奉法者弱」指國君之執法的徹底與否影響到國家之強弱，故曰：「故有荊莊、齊桓則荊、齊可以霸，有燕襄、魏安釐則燕、魏可以強。」（〈有度〉）以上所言，顯然不是所有的國君都「奉法者強」，還是有些國君會「奉法者弱」，因而《韓非子》對於君要依法賞罰的規範只能流於道德的勸説而不具強制力，因爲我們找不到《韓非子》文本中任何對於君王的強制規範。但在專制主義的政治環境下，相信無人可以將任何強制力的規範施加在君王的身上。因此，「務法原則」只能是一種基於君王的利益而起的倫理規範，換言之，法令適用的強制效力應該僅止於臣、民，臣、民這兩種階層才有適法性，而君王則超出法令的規範之外，對於君王的規範只能是一種倫理規範。所以，「務法」此一政治規範，僅作爲規範君王依法刑賞之應然主張，而法令與臣、民的關係則是一種被動、消極的強制性「禁令」的法律規範範圍，臣民不守法的結果只有遭致罪刑的結果一途。

二、德性與德行

（一）臣、民之德

　　爲了治國的實效性，韓非並非全然否定德化的效果，揭示了「以法爲主，以德爲輔」的政治規範原則。而關於德的主張或描述，除了「仁義愛惠」這些倫理概念的內涵，還涉及君、臣、民三種政治或社會階層自身的德性修養與德

行表現之內容。誠如李增先生所言：「在道德成德的過程上，僅君主一人有自主性與主動性；官吏僅能以受制奉法爲德，然又渴求人格獨立自主，處於兩難之困境。人民則全然是被動受制的，受制於引誘強迫，而完全沒有道德的主動與被動。」〔註41〕因爲在君、臣、民三階層成德的過程中，僅君主一人有自主性與主動性，臣德只能表現出「清廉方正以奉法」（〈姦劫弒臣〉），臣也不能私下行義、德施，因爲「臣得行義則主失明」（〈主道〉），而且「其於德施也，縱禁財，發墳倉，利於民者，必出於君，不使人臣私其德。」（〈八姦〉）又曰：

> 所謂賢臣者，能明法辟、治官職以戴其君者也。（〈忠孝〉）

> 是以群臣居則修身，動則任力，非上之令，不敢擅作疾言誣事，此聖王之所以牧臣下也。（〈說疑〉）

> 守道者皆懷金石之心，以死子胥之節。用力者爲任鄙，戰如賁、育，中爲金石，則君人者高枕而守己完矣。（〈守道〉）

這樣的臣子大概只能奉公守法，「居則修身，動則任力，非上之令，不敢擅作疾言誣事」，儼然只是君王治國的工具與僕人。於公，一副盡效死力的忠臣模樣；於私，無從行義、施德，卻只能在家修身。由於「夫民之性，惡勞而樂佚」（〈心度〉）或「是以愚贛窳惰之民，苦小費而忘大利也」（〈南面〉），可見《韓非子》眼中的民，本質上根本好逸、惡勞、無知，若有道德行爲的話，大概也只能建築在百姓之間彼此無利害關係的前提之下才有可能。故〈五蠹〉曰：「布衣相與交，無富厚以相利，無威勢以相懼也，故求不欺之士。」再者，在好逸惡勞的民性下，只能表現出畏法脆弱的一面，如：「嚴刑者，民之所畏也；重罰者，民之所惡也。」（〈姦劫弒臣〉）再加上「民智之不可用，猶嬰兒之心也」（〈顯學〉）《韓非子》幾乎把這樣的民看成只有動物性本能的一面，所以才說「且民者固服於勢，寡能懷於義」（〈五蠹〉），只能屈服在統治者的威勢之下，而毫無道德自覺的可能性了。若民有一絲內在德性的可能，恐怕只剩自身的養身部分。〈解老〉將人民的內在德性解釋爲「民蕃息而畜積盛之謂有德」。此種德性純爲人人同樣具有的「神不淫於外」的「積精爲德」如：

> 民蕃息而畜積盛，民蕃息而畜積盛之謂有德。凡所謂崇者，魂魄去而精神亂，精神亂則無德。鬼不崇人則魂魄不去，魂魄不去而精神不亂，精神不亂之謂有德。上盛畜積，而鬼不亂其精神，則德盡在

〔註41〕引文可見李增，《先秦法家哲學思想——先秦法家法理、政治、哲學》（臺北：國立編譯館，2001年），頁222。

於民矣。(〈解老〉)

總結來看，君王利用好利惡害的人性傾向發展出以賞罰爲手段，役使、強迫臣民被動接受法的強制規範，正所謂「且先王之所以使其臣民者，非爵祿則刑罰也。」(〈外儲說右上〉) 其最終且唯一的目的還是要求符合「人主之大利」，故曰：「大臣有行則尊君，百姓有功則利上，此之謂有道之國。」(〈八經〉) 關於《韓非子》所述的臣、民階層德性與德行的內容大致如此。但關於君德的部分由於君王本身享有充分的「道」、「德」自主性，意即君王之「德」爲仿效黃老之「道」而來，正所謂「孔德之容，惟道是從」(《老子‧二十一章》)。所需格外注意的地方在於，這樣的「道」、「德」自主性不是儒家的內在道德良知，而是黃老特有的關於自然的存有規範，君王有充分的選擇自由來選擇是否遵循「因道全法」或「因自然」(〈大體〉)的存有規範。《韓非子》對於君王道德行爲的描述或規範篇幅不少，主要集中在君術的主張方面。

(二) 君　德

1. 聖人與明主之德

君王需要修養內在的德性嗎？依照〈難勢〉的說法：

> 世之治者不絕於中，吾所以爲言勢者，中也。中者，上不及堯、舜，而下亦不爲桀、紂。抱法處勢則治，背法去勢則亂。今廢勢背法而待堯、舜，堯、舜至乃治，是千世亂而一治也。抱法處勢而待桀、紂，桀、紂至乃亂，是千世治而一亂也。……無慶賞之勸，刑罰之威，釋勢委法，堯、舜戶說而人辯之，不能治三家。夫勢之足用亦明矣，而曰「必待賢」則亦不然矣。

絕大部分的君主，資質都屬於「上不及堯、舜，而下亦不爲桀、紂」的中等人才。雖然大多數的君王只是中等資質，但是只要君王「抱法處勢」則國家一樣可以如堯、舜在世般的大治。畢竟我們要遇到堯、舜或桀、紂這樣極端的國君出現太困難了，〈難勢〉從歷史事實來考察君王的資質，似乎要後世的君王不須要過度強調「必待賢」，意即不須要寄望於達到眞如堯、舜這樣的「聖人」所具備的聰慧程度或道德品緻，只要依法辦事並強化國君所獨有的人設之勢免於落入權臣之手，則「以法治國，舉措而已矣」。這種說法似乎將法的功效性提高到最大的工具價值，而法的工具價值只能說僅具備外在的實用效果，根本與君王內在德性的修養無關。大多數中等資質的君王，只要謹守外在的「抱法處勢」

根本不須要修養內在的德性，照樣可以輕鬆治國。這樣的說法實在啓人疑竇！若是如此，〈解老〉要人「身以積精爲德」、「所以貴無爲無思爲虛者」、要君王「寂乎其無位而處，漻乎莫得其所」（〈主道〉）、法道「虛靜無爲」（〈揚權〉），這些內在修養的德性又該如何解釋？所以「韓非的意思是君主不須具備儒家所標榜的道德品質，但這並不排除君主必須具備黃老家的道德，也就是積精爲德、明察道理等等。現代的學者中，蕭公權和熊十力已分別指出韓非的理想君主決非中材。」〔註42〕在此，我們必須承認〈難勢〉的文本內容的確主張「中者之君不必待賢」，但或許我們可以提出反對這種主張的後設性省思，意即韓非〈難勢〉的「中者」之說引發了一個似乎難以解決的問題。韓非要人變古而不能認同如〈五蠹〉所言「今欲以先王之政，治當世之民，皆守株之類也」。守株待兔般地法先王之政並非良善的政治倫理原則，而法的變動、修改勢必也同樣面臨到〈五蠹〉所說的「世異則事異」、「事異則備變」的背景問題，故依照韓非的不能「法先王之政」的理路，後世的君王一樣不能「法先王之法」。再者，依照「明主立可爲之賞，設可避之罰」（〈用人〉）、「上設其法，而下無姦詐之心」（〈難一〉）以及「故度量之立，主之寶也」（〈揚權〉）三處之線索，法源之依據根本只在君王一人。我們可以合理設想以下這樣的情況：「中者」之說若可以成立，所謂的這些現世或後世的「中者」之君在不能法先王之舊法的前提下，而君王又是立法的唯一來源，而且君王依照或然率很可能又是一個平庸的「中者」。在這樣的情況下，我們如何能期待一位平庸的「中者」之君可以擁有睿智的資質去推動法令的修改能夠「法與時轉則治，治與世宜則有功」（〈心度〉）？所以，最後政治的清明、大治必然無望，大概只能自求多福了！

　　《韓非子》的君德論，除了第三章第三節提到的「身以積精爲德」的精氣說以及因道之自然而有的內在德性或本質，如「虛靜」、「無爲」、「無事」、「無欲」、「不制不形」、「不思」、「不用」等等。這兩部分主要作爲「德者，內也」關於黃老道家治身方面的德性解釋。德有相當大的篇幅散見在另一部分文本所示具體的政治操作原則之規範，而這些政治規範表現出《韓非子》對於理想君王之應然要求，特別在於「就君主本身的道德而言，君主本身的思想、行爲方式、修養德性、態度儀表，都是君主德性之表現。」〔註43〕

〔註42〕引文可見詹康，〈韓非的道、天命、聖人論及其缺口〉（收錄在《漢學研究》第 22 卷第 2 期，2004 年），頁 178。
〔註43〕引文可見同註41，頁 226。

德性依照「德者，內也」的理解，通常指一些自身所擁有或潛藏的內在特質。但內在的德性與外在的德行兩者在現實自我的表現上，不可截然二分。換言之，「德性亦既表現爲內在的精神結構，又同時體現於現實的行爲過程。與化外在的規範爲內在德性相關聯的，是化德性爲德行。」〔註44〕筆者依循這樣德性與德行彼此相關聯的思路，認爲《韓非子》的君德論以聖人爲理想君王的典範，若依循《韓非子》關於聖人的內在德性與外顯的德行相關描述，我們可得豐富的君德論思想。以下列表整理關於《韓非子》的聖人與明主的理想德性與德行表現出的各項倫理原則。

倫理原則	聖 人 之 德	明 主 之 德
法道自然	1. 去智與巧（〈揚權〉） 2. 執一以靜，使名自命，令事自定。（〈揚權〉） 3. 謹脩所事，待命於天。（〈揚權〉） 4. 天有大命，人有大命。（〈揚權〉） 5. 是以聖人愛精神而貴處、聖人愛寶其神則精盛（〈解老〉） 6. 是以聖人不引五色、不淫於聲樂，明君賤玩好而去淫麗。……聖人衣足以犯寒，食足以充虛，則不憂矣。（〈解老〉） 7. 聖人在上則民少欲，民少欲則血氣治，而舉動理則少禍害。……聖人亦不傷民。（〈解老〉） 8. 聖人觀其玄虛，用其周行，強字之曰道，然而可論。（〈解老〉） 9. 而萬物莫不有規矩，議言之士，計會規矩也，聖人盡隨於萬物之規矩。（〈解老〉）	1. 明主慮愚者之所易，以責智者之所難，故智慮力勞不用而國治也。（〈八說〉） 2. 故明主之行制也天，其用人也鬼。天則不非，鬼則不困。（〈八經〉） 3. 西門豹之性急，故佩韋以自緩；董安于之心緩，故佩弦以自急。故以有餘補不足，以長續短之謂明主。（〈觀行〉） 4. 天下有信數三：一曰智有所不能立，二曰力有所不能舉，三曰彊有所不能勝。（〈觀行〉） 5. 守自然之道，行毋窮之令，故曰明主。（〈功名〉） 6. 明主使法擇人，不自舉也；使法量功，不自度也。（〈有度〉） 7. 故明主使其群臣不遊意於法之外，不爲惠於法之內，動無非法。（〈有度〉） 8. 而道法萬全，智能多失。夫懸衡而知平，設規而知圓，萬全之道也。明主使民飾於道之故，故佚而則功。（〈飾邪〉） 9. 明主之道忠法，其法忠心，故臨之而法，去之而思。（〈安危〉）

〔註44〕引文可見楊國榮，《倫理與存在：道德哲學研究》（上海：上海人民出版社，2002年），頁154。

名實相符	人主誠明於聖人之術，而不苟於世俗之言，循名實而定是非，因參驗而審言辭。(〈姦劫弒臣〉)	1. 故明主之畜臣，臣不得越官而有功，不得陳言而不當。越官則死，不當則罪，守業其官所言者貞也，則群臣不得朋黨相爲矣。(〈二柄〉) 2. 參伍既用於內，觀聽又行於外，則敵僞得。(〈內儲說下〉) 3. 故明主舉實事，去無用；不道仁義者故，不聽學者之言。(〈顯學〉)
信賞必罰	1. 而聖人之治國也，賞不加於無功，而誅必行於有罪者也。(〈姦劫弒臣〉) 2. 夫嚴刑者，民之所畏也；重罰者，民之所惡也。故聖人陳其所畏以禁其邪，設其所惡以防其姦。(〈姦劫弒臣〉)	1. 明主之所導制其臣者，二柄而已矣。二柄者，刑、德也。(〈二柄〉) 2. 吾以是明仁義愛惠之不足用，而嚴刑重罰之可以治國也。(〈姦劫弒臣〉) 3. 小信成則大信立，故明主積於信。賞罰不信，則禁令不行。(〈外儲說左上〉) 4. 故明主之治國也，明賞則民勸功，嚴刑則民親法。(〈心度〉)
因時制宜	故聖人之治民也，法與時移而禁與能變。(〈心度〉)	世異則事異、事異則備變(〈五蠹〉)
法的強制性	1. 則聖人之治國也，固有使人不得不愛我之道，而不恃人之以愛爲我也。(〈姦劫弒臣〉) 2. 夫聖人之治國，不恃人之爲吾善也，而用其不得爲非也。(〈顯學〉)	1. 故明主者，不恃其不我叛也，恃吾不可叛也；不恃其不我欺也，恃吾不可欺也。(〈外儲說左下〉) 2. 故有術之君，不隨適然之善，而行必然之道。(〈顯學〉)
見微知著	1. 以管仲之聖，而隰朋之智，至其所不知，不難師於老馬與蟻，今人不知以其愚心而師聖人之智，不亦過乎。(〈說林〉) 2. 聖人見微以知萌，見端以知末，故見象箸而怖，知天下不足也。(〈說林〉)	1. 故明主觀人，不使人觀己。明於堯不能獨成，烏獲不能自舉，賁、育之不能自勝，以法術則觀行之道畢矣。(〈觀行〉) 2. 凡姦者，行久而成積，積成而力多，力多而能殺，故明主蚤絕之。(〈外儲說右上〉)
不躬小事	1. 故吏者，民之本綱者也，故聖人治吏不治民。(〈外儲說右下〉) 2. 是以聖人不親細民，明主不躬小事。(〈外儲說右下〉)	有吏雖亂而有獨善之民，不聞有亂民而有獨治之吏，故明主治吏不治民。(〈外儲說右下〉)

治國必備的要件	聖人之所以爲治道者三：一曰利，二曰威，三曰名。夫利者所以得民也，威者所以行令也，名者上下之所同道也。（〈詭使〉）	明君之所以立功成名者四：一曰天時，二曰人心，三曰技能，四曰勢位。非天時雖十堯不能冬生一穗，逆人心雖賁、育不能盡人力。故得天時則不務而自生，得人心則不趣而自勸，因技能則不急而自疾，得勢位則不進而名成。（〈功名〉）
利的衡量	聖人權其輕重，出其大利，故用法之相忍，而棄仁人之相憐也。（〈六反〉）	故明主除人臣之所苦，而立人主之所樂，上下之利，莫長於此。（〈用人〉）
不法古	處多事之時，用寡事之器，非智者之備也；當大爭之世而循揖讓之軌，非聖人之治也。故智者不乘推車，聖人不行推政也。（〈八説〉）	明主聽其言必責其用，觀其行必求其功，然則虛舊之學不談，矜誣之行不飾矣。（〈六反〉）
其他	1. 眾人雖貳，聖人之復恭敬盡手足之禮也不衰。（〈解老〉） 2. 聖王明君則不然，內舉不避親，外舉不避讎。（〈説疑〉） 3. 聖人之治民，度於本，不從其欲，期於利民而已。（〈心度〉） 4. 聖人爲法國者，必逆於世，而順於道德。（〈姦劫弑臣〉）	1. 故明主之吏，宰相必起於州部，猛將必發於卒伍。（〈顯學〉） 2. 明主之道，一人不兼官，一官不兼事。（〈難一〉） 3. 明主之治國也，適其時事以致財物，論其稅賦以均貧富，厚其爵祿以盡賢能，重其刑罰以禁姦邪，使民以力得富，以事致貴，以過受罪，以功致賞而不念慈惠之賜，此帝王之政也。（〈六反〉） 4. 臣有姦者必知，知者必誅。是以有道之主，不求清潔之吏，而務必知之術也。（〈八説〉）

　　參看上表，我們可以清楚比較《韓非子》各篇章的聖人與明主之德，包含其內在的德性與外在的德行。進而歸納出聖人與明主主要的文本描述，在於闡述「法道自然」、「名實相符」、「信賞必罰」、「因時制宜」、「法的強制性」、「見微知著」、「不躬小事」、「治國必備的條件」、「利的衡量」、「不法古」這些原則。我們可以看出韓非子的「聖人」與「明主」大部分都運用相同的倫理原則，我們一一分析如下。

　　「法的強制性」一項涉及道德與法律的區分，即著重之前筆者所說的「務法原則」，雖然此項的內容應該屬於本文法律規範討論的範圍，但誠如李增先生所言：「韓非子的『法』，在意義上並不純然是法律上的法，也不是純是政治上的政綱、政策、政制，而是除了包括以上兩者（法律上、政治上）的混

合之外，尚且含有道德規範性意義在裡頭。」〔註45〕「法的道德規範性意義」
筆者以爲，以此項聖人之德的第二點爲例：「夫聖人之治國，不恃人之爲吾善
也，而用其不得爲非也。」（〈顯學〉）這段話只是表明〈顯學〉的作者希望讀
者（包含君王），相信「人之爲吾善也」這種道德律不管用，只有法律規範具
有「用其不得爲非也」這種強制性，而建議讀者仿效聖人的治國原則，選擇
使用法律而非道德律。而這種「建議」卻只是道德勸說不具有強制力，這點
前面已經稍有說明。換言之，關於法的價值或特性之討論屬於本論文法律規
範中的法理學或法哲學之討論，而關於「應該選擇或肯定法的價值、特性」
則涉及倫理行爲的討論，歸屬於倫理規範的範圍之議題。尤其是牽涉對於君
王的行爲規範的問題，《韓非子》的作者或作者們身爲人臣闡述其政治理想，
實在不可能在當時專制體制下的時空背景要求君王遵行任何強制性的法律規
範。而列表所示的「名實相符」原則，同樣與「法的強制性」原則遭遇相同
的問題，即名實問題涉及本文邏輯規範的內容，或知識論討論的眞理觀，但
就認識這樣的名實概念，《韓非子》同樣賦予其依據對於名實概念的理解，而
形成君王應該遵循、履行的倫理規範。所以近來有學者認爲基於認識道的「精
氣」、「萬理」、「形名」、「法令」、「無形」這五種「存有原理」，而相應有「凝
斂精氣」、「順應道理」、「參驗名實」、「制訂法令，使君臣民遵守」、「共同遵
守法令」、「法道無形」這六種「應然原理」的出現。〔註46〕

　　回到以上的列表來討論《韓非子》的君德論。首先運用「法道自然」原
則的聖人，其思想與心態是「執一以靜，使名自命，令事自定」、「謹脩所事，
待命於天」、「聖人觀其玄虛、用其周行」，這些自然之道的原則即爲第三章道
作爲一切規範的形上之基礎，或可謂爲《韓非子》的天人合一之思想。意即
「能象天地，是謂聖人」（〈揚權〉），聖人內在的德性之修養是來自於仿效天
地之道的諸多自然原理而形成的倫理原則，因爲自然之道象徵一個不爲人所
左右的客觀自然規律，只不過《韓非子》將這些基於實然的存有原理，進一
步賦予應然的價值取向而形成能夠爲君所用的倫理規範。其他的聖人「去智
與巧」、「不引五色、不淫聲樂」說明爲君之道應該「無知」、「寡欲」的規範
原則，也是仿效自然天道無知、無欲的特性。而這些自然的特性必須轉化爲

〔註45〕引文可見同註41，頁212。
〔註46〕上述基於五種「存有原理」而有的六種「應然原理」之說法，可見同註42，
　　　　頁175。

君王自身應有的內在德性，這樣的聖人符合黃老道家無爲而治的聖人境界。而「西門豹之性急」與「董安于之心緩」兩例說明掌握天道「以有餘補不足，以長續短」的原則即可謂爲明主。這點可能取自《老子》七十七章：「天之道，損有餘而補不足；人道則不然，損不足以奉有餘。」天、鬼同屬自然之物，故「明主之行制也天」說明君王行使賞罰之制如天般大公無私，而「其用人也鬼」應指韓非特有的「術者，藏之於胸中，以偶眾端而潛御群臣者也。故法莫如顯，而術不欲見」（〈難三〉）之用術原則。另外，「天下有信數三」則指謂「天有大命，人有大命」，人不可能無限制的擴大其能動性逆天行事，因爲「智有所不能立」、「力有所不能舉」、「彊有所不能勝」這些都是希望君王能懂得人的自然限制，因爲「夫香美脆味，厚酒肥肉，甘口而病形；曼理皓齒，說情而捐精」（〈揚權〉），不要一意孤行，無限制擴大自己的欲望。「萬物莫不有規矩」、「聖人盡隨於萬物之規矩」也是「法道自然」原則的展現。由於〈解老〉所說的「規矩」取自萬物「短長、大小、方圓、堅脆、輕重、白黑」的自然之理，因而理具有獨立於人意志之外的「客觀規矩」之意涵。所以，「聖人盡隨於萬物之規矩」的「客觀規矩」原則即形成法的客觀規定之本質。法除了規範一般臣、民的日常行爲，也規範國君用人、考核臣下功績的標準不因個人的好、惡而有所偏頗，所謂「明主使法擇人，不自舉也；使法量功，不自度也」。另一方面，「明主之道忠法，其法忠心」可能產生文本理解上的歧異。一者只是說明明主也與臣民一樣應「動無非法」（忠法），而「其法忠心」，而應理解法必須忠於「民心」或配合民情之需求，民心也是天地自然之道的一部份吧！或者「其法忠心」可理解爲法應忠於君王的意志而生，若君王是唯一的法源依據，這種說法則可證明主張唯力價值的韓非心中理想之霸王，或許會發展出暴力傾向的暴君，甚至昏君。關於這個問題的解決，留待下一章會有充分的說明。

君王面臨到實際的政治運作，行爲方式不可能保持心態上的無爲、無事，僅能在修養心性上無爲、無事，必須謀求富國強兵因而心態上必定有所爲而爲，所以必須學會聖人治國之術而立說：「人主誠明於聖人之術，而不苟於世俗之言，循名實而定是非，因參驗而審言辭。」（〈姦劫弒臣〉）其中「循名實而定是非，因參驗而審言辭」便是君王在稽核臣下的言行應該遵循的倫理原則，利用此形名術可得最大的稽核效用，則「形名參同，君乃無事焉」（〈主道〉）。其中君王畜臣之方「臣不得越官而有功」應屬於規範臣下的法律規範，

因為「官」表示「官名」，有一官名必有一相應的「官實」，官實際上該有的職權範圍謂為「官實」。而「越官」便是基於官名與官實之間不一致的邏輯判斷。所以「越官」即是說明「循名實而定是非」的具體範例。另外，「不得越官」除了〈二柄〉所說的「君因兼罪典衣與典冠」之例外，〈定法〉還說：「申子未盡於法也。申子言：『治不踰官，雖知弗言。』治不踰官，謂之守職也可；知而弗言是不謂，過也。人主以一國目視，故視莫明焉；以一國耳聽，故聽莫聰焉。今知而弗言，則人主尚安假借矣？」顯然韓非不贊同申子「雖知弗言」的主張，「雖知弗言」並非韓非所理解的「治不踰官」的具體行為表現，相反地韓非主張「匿罪之罰重，而告姦之賞厚也」（〈姦劫弑臣〉），強調以告姦取代申子的「雖知弗言」。再者，「不得陳言而不當」則是說明「因參驗而審言辭」的具體事例。而「參驗」的內容依據名、實相符的原則，旨在「舉實事，去無用」，〈外儲說左上〉破除宋鈃者兒說「持白馬非馬」之論的例子可為明證，且待第六章邏輯規範會有詳細的討論。

此外，「信賞必罰」、「因時制宜」以及「法的強制性」三原則，其實皆可歸屬於與法律規範相關的「務法」原則，這也是《韓非子》的政治倫理學著墨最深之處。「而聖人之治國也，賞不加於無功，而誅必行於有罪者也」（〈姦劫弑臣〉）此項主張的依據，應來自於《荀子・正論》「賞不當功，罰不當罪，不祥莫大焉」的執法原則。說明聖人應該依法公平地賞善誅惡，涉及執法的公平性問題。不過關於此原則的解釋，在文本的篇幅上韓非似乎偏重在「必罰」原則包括的「嚴刑」與「重罰」兩種消極面，「信賞」原則的積極鼓勵作用較不受重視。由於「嚴刑」與「重罰」是「必然之道」，富有「使人不得不愛我」與使人「不可叛、不可欺」的效果，之所以偏重法的消極面可能與選取「法的強制性」的道德抉擇原則有關。因為韓非之世，社會上總是充斥著楊朱一派「輕物重生之士」（〈顯學〉）或「貴生之士」（〈六反〉），這樣的人因為重生、貴生而怕死，所以罰必有用；而輕物之士如狂矞、華士之徒，爵祿、厚賞根本無用。由於這樣的社會背景，可能造成《韓非子》對於刑罰的部分較為重視，因為刑罰施用的對象是為數眾多的重利、畏刑的百姓，而所謂的六反之民或「輕法、不避刑戮死亡之罪者，世謂之勇夫」（〈詭使〉）這樣的人畢竟只是少數。就法施用的效益面觀之，法令「不得不」的「禁令」意義能夠引起較大的效用之故。而「因時制宜」則涉及修法的彈性，即法的變動須跟的上時代的改變，此點關係到韓非主張法的變與不變的問題，留待下一章討論。

　　從「聖人見微以知萌，見端以知著」的「見微知著」原則，我們可以推知韓非希望要求君王擁有敏銳的觀察力這種潛在的德性，以此說明《老子》五十二章「見小曰明」的道理。「明主觀人，不使人觀己」涉及明主的「觀行之道」，而觀行之道主要在於觀人，觀人須有敏銳的觀察力才能掌握諸如「明於堯不能獨成，烏獲不能自舉，賁、育之不能自勝」（〈觀行〉）這樣的道理。但爲何說「不使人觀己」？原因可能在於〈主道〉所說的「道在不可見，用在不可知」、「不愼其事，不掩其情，賊乃將生」，或〈二柄〉所言：「今人主不掩其情，不匿其端，而使人臣有緣以侵其主，則群臣爲子之、田常不難矣。」因爲「聖賢之撲淺，深矣」（〈觀行〉），聖賢能夠隱匿「藏之於胸中，以偶眾端而潛御群臣者也」（〈難三〉）的心術。由此觀之，《韓非子》政治規範的倫理原則應該潛藏一部分不可說、不可見的帝王心術有待本文進一步的開發。

　　先秦諸子曾經討論過一個關於何謂賢君的君德問題，國君應不應該與民親耕而同時治國？墨子說：「翟以爲雖不耕而食飢，不織而衣寒，功賢於耕而食之、織而衣之者也。故翟以爲雖不耕織乎，而功賢於耕織也。」（《墨子·魯問》）其倫理原則即國君不應該同時治國又親自耕織。而陳相見孟子轉述農家許行的話說：「滕君，則誠賢君也，雖然，未聞道也。賢者與民並耕而食，饔飧而治。今也滕有倉廩府庫，則是厲民而以自養也，惡得賢？」（《孟子·滕文公上》）顯然許行認爲賢君的德行應該表現出「賢者與民並耕而食，饔飧而治」。但孟子站在賢君不可能事必躬親的立場認爲：「百工之事，固不可耕且爲也。」（同上）孟子進一步區分勞心者與勞力者的不同而說：「勞心者治人，勞力者治於人；治於人者食人，治人者食於人，天下之通義也。」（同上）反觀《韓非子》「不輕細民、不躬小事」之見，其與孟子的主張雖然一致，但支持立論的理由卻很不相同。孟子認爲賢君要「勞心」，可是韓非卻主張賢主要「去智」，再佐以黃老「君無爲而臣有爲」的原則，才主張「明主治吏不治民」。〔註47〕換言之，勞心、勞力的事屬於臣、吏之本事。故曰：

　　　明君無爲於上，群臣竦懼乎下。明君之道，使智者盡其慮，而君因以斷事，故君不窮於智；賢者敕其材，君因而任之，故君不窮於能；有功則君有其賢，有過則臣任其罪，故君不窮於名。是故不賢而爲

〔註47〕黃老道家還提出了「君無爲而臣有爲」的政治操作原則，可參閱陳鼓應著，〈道家的社會關懷〉，收錄在陳鼓應主編，《道家文化研究》第十四輯（北京：生活·讀書·新知三聯書局，1998年7月），頁109。

賢者師，不智而爲智者正。臣有其勞，君有其成功，此之謂賢主之
經也。(〈主道〉)

〈難一〉提到仲尼嘆曰：「舜其信仁乎！乃躬藉處苦而民從之，故曰：聖人之
德化乎！」這段是說舜藉由與民同耕來感化百姓。最後〈難一〉論斷：「且夫
以身爲苦而後化民者，堯、舜之所難也；處勢而驕下者，庸主之所易也。將
治天下，釋庸主之所易，道堯、舜之所難，未可與爲政也。」認定「處勢而
驕下者」才是輕鬆治國之道，根本不必與民同耕。所以利用「處勢而驕下者」
原則，君王在保有勢位上的優勢，本來就有管理百官的權位優勢，所以基於
處勢而有君臣之分的行政分工原則，依此行政倫理君治吏、吏治民，上表陳
列的「故聖人治吏不治民」、「是以聖人不親細民，明主不躬小事」都甚爲合
理。有賢德之君之所以「不躬小事」除了「處勢而驕下者」的原則可用之外，
另外一種合理的說法是來自於「智慮不用」的倫理原則，所以「不躬小事」
從屬於前述表列「法道自然」原則下的「去智」主張，意即去智主張的變例。
我們再看以下這一段的說法：

或曰：子產之治，不亦多事乎？姦必待耳目之所及而後知之，則鄭
國之得姦者寡矣。不任典成之吏，不察參伍之政，不明度量，恃盡
聰明，勞智慮，而以知姦，不亦無術乎？且夫物眾而智寡，寡不勝
眾，智不足以遍知物，故因物以治物。下眾而上寡，寡不勝眾，者
言君不足以遍知臣也，故因人以知人。是以形體不勞而事治，智慮
不用而姦得。……老子曰：「以智治國，國之賊也。」其子產之謂矣。

(〈難三〉)

這一段針對「子產之治，不亦多乎？」作回答，針貶子產「不任典成之吏，不
察參伍之政，不明度量，恃盡聰明，勞智慮」。也就是說子產不懂委任「典成之
吏」或「治吏不治民」利用行政分工的道理。因爲「物眾而智寡」、「下眾而上
寡」、「寡不勝眾」，君王一人不可能窮究一己有限的智力來因應繁然雜多的人與
物，所以應該利用眾多官吏的智慮「因人以知人」，藉以充分授權治民。

以上表列「利的衡量」與「不法古」兩項，我們先前已經討論過，故不
再多言了。而「治國必備的要件」下「明君之所以立功成名者四」，其中的「技
能」一項甚爲費解且不知所云。因爲文本並未指明爲君之道應該擁有的技能
之內容，若能清楚得知，或許對於韓非的君德規範的內在之德性，能夠在「身
以積精爲德」與否定式思維的概念之外，進一步瞭解爲君之道該有的內在結

構。因爲關於內在德性的理解，所謂的「虛靜」、「無爲」、「無事」、「無欲」、「不制不形」、「不思」、「不用」的否定式思維，就認識而言，我們似乎無從把握這些概念的具體內容，只能把他們當成一種「所以貴無爲、無思、爲虛者，謂其意無所制也」（〈解老〉）無意向性的「法道自然」原理、原則，或只能是一種難以理解的聖人境界吧！所幸，《韓非子》將這種難以認識、學習的內在德性轉化爲可以在政治上操作的具體倫理原則，即以「治吏不治民」務實的政治綱領或德行彰顯「去智」的內在德性。從《韓非子》「聖人執其見功以處見其形」（〈解老〉）的論道不離理事的認識方法，我們也許能從外顯的德行現象推度其玄虛、無爲之本體，但從存有原理的本體似乎不能直觀得到任何應有的經驗現象。類比於倫理學問題，從人實際上擁有的自然本性或德性似乎無法邏輯必然的推知人應該表現出什麼樣的德行，此爲倫理學上著名的「休謨法則」問題，關於「是」（to be）不能推出「應當」（ought to be）的問題。〔註 48〕在此《韓非子》直接賦予德性與德行必然的邏輯蘊涵關係，即藉由君王的德性應該據此德性而履行德行，因爲務法原則直接保證德性與德行的必然連結。如此顯然也已經觸及「德性無法化爲日常行爲規範」〔註 49〕的倫理學問題，只不過《韓非子》的倫理規範體系已經預設了「君王擁有內在的德性必然可以實踐外在的德行」這樣德性與德行關係的直接跳躍。也許前述我們無從得知的君王自身的「技能」表示的「能力」便能保證擁有德性必然會產生道德行爲的德行，這點從康德的道德行爲蘊含「能力」（ought implies can）的概念得到啓發。我們與《韓非子》文本相關的君德論述還有一些其他細部的政治操作原則，筆者已竭盡心力盡收眼底，以下所列僅供讀者參考，但實在礙於篇幅，故不再贅述了。

總而言之，《韓非子》指名道姓的「聖人」或「聖賢」前後有遠古時代的有巢氏、燧人氏，唐虞的后稷、皋陶、鯀、禹，夏、商的伊尹、比干等，乃至戰國的吳起、商鞅等人共計有四十五位之多，其中不乏經世治國的文官或武將。顯然這些聖、賢之人大部分都有史跡可考，並非憑空杜撰而生，偏重於強調其治國之能臣的入世形象，已經脫離儒家以孔子爲代表的道德崇高或道家以莊子爲代表的清新脫俗、特異不凡之聖人形象。〔註 50〕可見聖人只是

〔註 48〕關於「休謨法則」的相關內容，詳情請見同註 11，頁 88。

〔註 49〕引文同註 44，頁 156。

〔註 50〕關於《韓非子》記載的四十五位聖人或聖賢的詳細情況，可見同註 42，頁 178

《韓非子》借事明義的對象，提供給爲政者一個模仿學習的對象，「聖人」與「明主」幾乎是同義詞。

2. 術的分類——陽謀與陰謀

以上各項分析先針對文本所示與「聖人」或「明主」相關的線索來歸納、分析君王在政治規範上所依循的倫理原則，所以上列表格所列之政治倫理原則實已涵蓋一般所言的法、術、勢三者。而法、術、勢三者彼此相攝，並非完全獨立、無關的概念，所以說：「無『勢』則無『法』、『術』；無『術』則不知『明法』及『任勢』；無『法』則無『術』的實踐及無以保全人主之『勢』。」〔註51〕其中，君王的德行很大的一部分是描述關於道的「是非之紀」的君術，即爲君之道或君王該有的行爲方式，主要的文本內容涉及「術者，因任而授官，循名而責實，操殺生之柄，課群臣之能者也，此人主之所執也」（〈定法〉），這個部分俗稱爲「陽謀」。這裡觸及陰謀與陽謀如何區分的問題，應該以是否涉及法律規範的內容來加以區分。「因任而授官」同理於「明主使法擇人」，可見應該有一套「授官之法」可指導人主用人選才。又如：「人主將欲禁姦，則審合刑名者，言與事也。爲人臣者陳而言，君以其言授之事，專以其事責其功。功當其事，事當其言，則賞；功不當其事，事不當其言，則罰。」（〈二柄〉）顯然人主藉由「審合刑名」以「禁姦」，便是「循名而責實」原則的運用，而「操殺生之柄，課群臣之能者」則「循名而責實」後依法賞、罰，此爲前面提到君王蓄臣之方「臣不得越官而有功」應屬於規範臣下爲官的法律規範。所以，不論「因任而授官」的用人術或「循名而責實」的形名術，實際上都涉及法律規範的內容，而「法莫如顯」（〈難三〉），既然法律規範的內容一定要有明示的效果，我們實在很難說涉及授官與稽核臣下的陳述屬於陰謀之說了。

君術除了陽謀的部分外，另一部分則涉及秘密之術，即「藏之於胸中」、

〜179。道家的聖人，則以《莊子·大宗師》中卜梁倚學聖人之道爲例：「吾猶守而告之，參日而後能外天下；已外天下矣，吾又守之，七日而後能外物；已外物矣，吾又守之，九日而後能外生：已外生矣，而後能朝徹；朝徹，而後能見獨；見獨，而後能無古今；無古今，而後能入於不死不生。殺生者不死，生生者不生。其爲物，無不將也，無不迎也；無不毀也，無不成也。其名爲攖寧，攖寧也者，攖而後成者也。」這樣的聖人行徑根本非凡人所爲，故筆者稱之爲「清新脫俗、特異不凡」之聖人形象。

〔註51〕引文可見同註19，頁265。

「而術不欲見」（〈難三〉）的「帝王心術」部分，這個見不得人的君術俗稱爲「陰謀」。最顯著的例子就屬〈內儲說下〉「國之利器，不可示人」的解釋。此處的「國之利器」指「賞罰者，利器也」，人君必須握有賞、罰二柄的權勢切勿旁落權臣之手。〈內儲說上〉也說：「夫賞罰之爲道，利器也。君固握之，不可以示人。」而且施用賞罰之術的心意之所以必須隱密，是因爲「爲人臣者，窺覘其君心也無須臾之休」（〈備內〉），一旦「君先見所賞則臣鬻之以爲德，君先見所罰則臣鬻之以爲威」，意即人主賞罰的心意爲臣下所窺見，臣下便會假借上意謀取私人的威勢或威德來作威作福。這樣一來「臣得之以擁主」，人主便遭受蒙蔽而看不清臣下的眞面目。因爲「夫事以密成，語以泄敗」（〈說難〉），君主的心思被人看穿，最嚴重者可招致亡國之禍，故曰：「周密淺薄而易見，漏泄而無藏，不能周密，而通群臣之語者，可亡也。」（〈亡徵〉）同理〈八經〉也提到「周密」之術曰：「明主，其務在周密。是以喜見則德償，怒見則威分。故明主之言隔塞而不通，周密而不見。」所以周密之旨要首重「掩其跡，匿其端，下不能原；去其智，絕其能，下不能意」（〈主道〉）。不可示人的帝王心術除了賞罰的國之利器以外，還有必須徹底地掩飾君主個人的好、惡，否則姦臣便可輕鬆地掌握上意，做好迎合君上的準備。這樣一來，「是以好惡見則下有因，而人主惑矣；辭言通則臣難言，而主不神矣。」（〈外儲說右上〉）或「人臣有議當途之失、用事之過、舉臣之情，人主不心藏而漏之近智能人，使人臣之欲有言者，不敢不下適近智能人之心而乃上以聞人主，然則端言直道之人不得見，而忠直日疏。」（〈三守〉）君王不但不能分辨清楚眞實的政治現況，也會因爲與其他大臣議政的內容洩漏出去，造成其他的眾臣也不敢誠實地進言，所以君王深藏不漏的德性非常重要。同理可見〈二柄〉：「去好去惡，群臣見素。群臣見素，則大君不蔽矣。」行獨斷周密之術的具體的例子如：「昭侯能術，故以聽獨寢。」（〈外儲說右上〉）或：「明主之道，在申子之勸獨斷也。……申子曰：『獨視者謂明，獨聽者謂聰。能獨斷者，故可以爲天下主。』」（〈外儲說右上〉）

3.《韓非子》與柏拉圖的對話錄

在此，我們將《韓非子》的聖人與明主之德與柏拉圖《國家篇》（或譯爲《理想國》）、《政治家篇》兩篇對話錄關於哲學王或一個理想的政治家所應具備的美德互相比較，藉以激盪出一些重要的倫理學思想。依照柏拉圖的想法，除非哲學家當國王，否則國家會永無寧日，全人類也不能免於災難，而且也

只有哲學家當國王才能給私人或公眾生活帶來幸福。〔註52〕因爲唯有哲學家才能夠「思考美、正義和善的法則，並在需要的時候，守護這些已經建成的東西。」〔註53〕柏拉圖以哲學家當國王（之後簡稱哲學王），主要理由是因爲哲學家具備思考何謂正義的法則，並且身體力行去守護正義的法則。正義與智慧、勇敢、節制同屬城邦美德中的一種。柏拉圖認爲：「然而在建立我們的城邦時，我們關注的目標並不是個人的幸福，而是作爲整體的城邦所可能得到的最大幸福。因爲我們認爲，在這樣構成的城邦中我們最有可能發現正義，就好像在一個統治得最差的城邦裡最有可能找到不正義一樣。」〔註54〕柏拉圖的正義觀點顯然建立在城邦政治的最大幸福，而非個人的幸福。又說：「當我們建立這個城邦時，從一開始我們就已經確定了一條普遍原則，我想，這條原則，或這條原則的某種形式，就是正義。……正義就是只從事自己的職業而不兼做其他職業。」〔註55〕綜合上述柏拉圖的想法，哲學王「才能給私人或公眾生活帶來幸福」，這樣的幸福觀點來自於哲學王思考「如何才能達到整體城邦的最大幸福」這樣的正義原則，而這樣的正義原則是基於道德普遍律原則的形式規則適用於所有從屬城邦的任何一員而考量。柏拉圖這種以哲學王思考達到最大幸福的普遍正義原則之主張，已經符合規則功利主義最大量化的規則形式之界定，而正義也是哲學王應有的美德之一。

　　對照〈六反〉的公善原則，相同點在於皆訴諸國家共同的規則功利主義爲倫理考量，基於公善的正義原則同屬君王應有的美德。在此引申出一個關於公善動機的問題，即人主爲何應該大加賞賜所謂的「公善宜賞之士」或「耕戰有益之民六」？例如「力作而食，生利之民也」（〈六反〉）究竟爲誰生利？爲己（民）、爲國還是爲君？〈心度〉雖美其名指出「聖人之治民」的目的在於「期於利民而已」，但「公善」、「有益」的對象表面上雖然直指國家概念，畢竟最終不是利於眾民，而是代表國家的人主一人之利，在《韓非子》的政治思想中，象徵國家的公利似乎只能由霸王一人獨得。《韓非子》只是美其名爲「公義」、「公道」、「公善」或「公利」，這些都是法家大力宣傳、提倡的正義原則。至此，本文多次述及《韓非子》所謂的國家公利，似乎指君王一己

〔註52〕哲學家當國王的想法，可參見柏拉圖著、王曉朝譯，《國家篇》（臺北：左岸文化，2007年），頁474。
〔註53〕引文可見同上註，頁337。
〔註54〕引文可見同註52，頁220～221。
〔註55〕引文可見同註52，頁245。

之私利，又以文本顯示的霸王的自利心態爲謀求君王一己之私的明證。就道德動機而言，不禁使人懷疑韓非理想中的君王並未嚴格遵守「禁主之道，必明於公私之分，明法制，去私恩」（〈飾邪〉）的倫理規範，而是假借國家公善之名行一己之私利之實。雖然文本存有關於國君「必明於公私之分」的規定，但君王的私利可否等同於國家的公善、公利或公道？換言之，《韓非子》關於君王的私利是否可謂爲毫無偏私只是一心爲公而爲純粹公善的動機？《韓非子》並無直接的文本證據回答這樣的公私統一的問題。我們也許可以參考《尸子·綽子》作爲補充說明：

> 堯養無告，禹愛辜人，湯武及禽獸，此先王之所以安危而懷遠也。聖人于大私之中也爲無私，其於大好惡之中也爲無好惡。舜曰：「南風之薰兮，可以解吾民之慍兮。」舜不歌禽獸而歌民。湯曰：「朕身有罪，無及萬方；萬方有罪，朕身受之。」湯不私其身而私萬方。文王曰：「苟有仁人，何必周親？」文王不私其親而私萬國。先王非無私也，所私者與人不同也。

在這段論述中，尸子直接回答了韓非所沒有回答的君王己身公、私統一的問題。其中指明「先王非無私也，所私者與人不同也」，肯定君王並非沒有任何的私心，只不過他的私心統一在「聖人于大私之中也爲無私，其於大好惡之中也爲無好惡」，原來「湯不私其身而私萬方」、「文王不私其親而私萬國」，明主只不過把一己之私心轉化爲「私萬方」、「私萬國」的天下、國家之整體的公心了。這樣的說法似乎也十分類似於《春秋公羊傳》的「國君一體」的思想，例如，莊公四年夏傳文書曰：「國君一體也，先君之恥，猶今君之恥也。今君之恥，猶先君之恥也。國君何以爲一體？國君以國爲體，諸侯世，故國君爲一體也。」所謂「國君一體」的思想便是將國與君視爲一體而不可分，如此說來，君之利便是國之利，國之利也是君之利。在國君一體的思想中，國君的一己之私利便直接代表天下、國家之公利了。這樣的說法或許可以補充韓非未盡之處，依照班固的說法，商鞅曾師從於尸子似有師承關係，但畢竟尸子與法家是否有必然的關係，我們已不得而知，但有此尸子之說可作爲補充。

回到《韓非子》與柏拉圖的對話錄之比較，我們可以發現柏拉圖對於正義概念的理解與《韓非子》竟不謀而合。在《國家篇》第四卷中，他一方面主張正義的原則爲結合《韓非子》所說的「聖人權其輕重，出其大利」與「期於利民而已」，而有「我們關注的目標並不是個人的幸福，而是作爲整體的城

邦所可能得到的最大幸福」之功利主義的主張。但另一方面，同樣在《國家篇》第一卷，他也提到：「我確信，正義無非就是強者的利益。」〔註56〕他進一步解釋道：「每一種形式的政府都會按照統治者的利益來制訂法律……他們通過立法對被統治者宣佈，正義就是對統治者有益，違反這條法律就是犯罪，就要受懲罰……正義就是已經建立起來的政府的利益。」〔註57〕以上兩段《國家篇》的片段，我們不得不聯想到《韓非子》的正義論提到的「霸王之道」、「人主之大利」正合乎這兩段的寫照。令人驚訝的是，「正義就是對統治者有益」這樣不方便明說的帝王心術，竟然也能「設之於官府，而布之於百姓」（〈難三〉）成為明確的法律條文。也許與《國家篇》稍有不同之處在於，《韓非子》以「公善」、「公利」訴諸國家利益作為包裝，不直接赤裸裸地將人主的私利搬上檯面，但兩者的正義觀點都能認同「正義無非就是強者的利益」。

　　關於務法原則，即國君應不應該使用法律統治國家的立場上，兩者產生很大的分歧。一般而言，學者對於《國家篇》中法律規範的看法是說：「由於理想國是以公民的善為目標，又由無私的哲學王來管理，他的政治是合乎理性的，是完美的，因此，除了保衛城邦的法律和習慣，不必強調法律的統治。」〔註58〕忽視務法原則的看法同樣出現在《政治家篇》小蘇格拉底與客人的對話中。小蘇格拉底認為良善的政治家若擁有「統治技藝」的這一種知識形式才是良好的政治體制，客人一針見血提問：「一名優秀的統治者能否不要法律而進行統治？」〔註59〕客人進一步指出：「法律從來不能簽署一條對所有人具有約束力的命令，這條命令能使每個人處於最佳的狀態，也不能精確地規定社會每一個成員在任何時刻都知道什麼是好的，怎樣做是正確的。」〔註60〕這裡已經涉及到法理學問題，法的普遍性不可能適用於所有人，也不可能精確地起規範的指導作用。而且「用那些始終保持一致的、不變的東西來處理多變的事物不可能獲得滿意的結果。」〔註61〕在之後的對話中，小蘇格拉底與客人都能同意儘管法律不是一種理想的統治手段，但法律還是有其必要性。在《政治家篇》這部著作中，「柏

〔註56〕引文可見同註52，頁83。
〔註57〕引文可見同註52，頁84。
〔註58〕引文可見蔣重躍，《韓非子的政治思想》（北京：北京師範大學出版社，2000年），頁113。
〔註59〕引文可見柏拉圖著、王曉朝譯，《柏拉圖全集》卷三（臺北：左岸文化，2003年），頁286。
〔註60〕引文請見同上註，頁287。
〔註61〕引文請見同註59，頁287。

拉圖承認，法律的統治雖不及理想國的知識統治，但也應算是第二等最好的，因爲它也是正義和善的。」〔註62〕陳述至此，儘管在理想國的社會因爲哲學王最高超的統治技藝而法律無用，《韓非子》卻認爲中者之君不必待賢，從「人主之大利」的角度，將良善的統治訴諸法律的客觀公平性。雖然《韓非子》也主張不法古甚至變法，要求法律必須合乎現實情況的改變，但法因爲其本質上普遍性原則的限制，不可避免的無法針對理想中的所有個例都給予彈性的調整，《韓非子》似乎沒有意識到這樣的法理學問題。依照柏拉圖的國家體制之分類，《韓非子》的務法原則卻只能是「第二等最好的」。可是我們不要忽略了，在《國家篇》第九卷末的地方，阿狄圖曼說：「但我認爲世界上任何地方都找不到這樣的國家。」蘇格拉底回答說：「也許在天上有這樣一個國家的模型，願意的人可以對它進行沈思，並看著它思考自己如何能夠成爲這個理想城邦的公民。至於它現在是否存在，或是將來會不會出現，這沒有什麼關係。」〔註63〕我們也許能說柏拉圖的理想國或烏托邦太過於理想了，不論過去或現在，根本不存在這樣以哲學王爲首的理想國度。而《韓非子》基於務實而有以法治國的規劃，至少契合柏拉圖在《政治家篇》所承認的，眞正的哲學王尚未出現之前法律應是最好的統治政制。

另外，關於《韓非子》君德論的主張，我們並不能作出如下的斷言：「反對君主擁有知識和美德，只要求他們自私自利，以力爲德，是君主主義的極端形態。」〔註64〕《韓非子》文本中的確有不少要求君王基於法道自然原則而持有的「去智」主張，但這種「去智」的主張，正如先前的分析，只是一種聖人境界意義上的心態或德性上的修養，具體的政治指導原則則表現在「治吏不治民」或「不親細民」、「不躬小事」。但這樣的治國原則必須建立在能夠徹底實行「以法治國」，即明主「以法擇人」或「因任而授官」，臣下「清廉方正以奉法」，眾民「固服於勢」。所幸由於法律規範嚴格的賞、罰作用或許可以保證臣、民一定會履行合於法的行爲。但對於君王而言，法律並無規範與限制，韓非也無從保證君王本身奉行法治的必然性存在。因爲雖然《韓非子》的君德修養論也主張寡欲，同於《國家篇》的節制之美德，但這種美德的實踐，並無任何的必然性可言。同理可證，「去智」的德性之實踐，一樣與

〔註62〕引文可見同註58，頁114。
〔註63〕引文可見同註52，頁527。
〔註64〕引文可見同註58，頁126。

寡欲的美德一樣，不具有必然性可言。一者「處多事之時，用寡事之器，非智者之備也」，又要「權其輕重，出其大利」、「見微以知萌」，說明了君王只能在內在德性上去智，面對「多事之時」的情況，智慮一樣必須作出明確的衡量與判斷。再者，《韓非子》與《商君書》同樣都強調聖人與明主的「聖」與「明」，而「聖」、「明」皆指國君之「智」而言。〔註65〕可見法家理想中的國君並非平庸無能之輩，而是要求以聖人、明主所具有的「智能」爲學習的典範。綜合上述分析，就《韓非子》的文本之論述觀之，中者之君的確只要因循法道自然的客觀、無爲的法儀、規矩或倫理原則即可去智、無知輕鬆治國。但就後設層面看來，去智的德性不見得容易達到，而用智卻無可避免，在這樣的前提下，韓非理想的帝王極有可能並非中者之君而不必待賢，甚至可能只有結合智慧與美德於一身的哲學王可供思慕了！

第五節　道德德目之界說

　　《韓非子》所依循的「道德」，依照第三章的解釋，道有「萬物之始」與「是非之紀」兩方面包含形上學的存有論與人主之道的法術之界說，尤其人主之道偏重在「順道而立法，以術而治眾」。而德則以物質性的精氣概念以及依法賞慶的「利」之概念來界說，這樣截然二分的道、德概念與儒家強調仁義內在德性之道德教化完全不同。簡言之，《韓非子》中的道、德概念是相關聯而又具獨立意義的概念。而文本中結合道與德兩個單獨的概念，形成一個複合概念——「道德」。除了「上古競於道德」（〈五蠹〉）一處，可能符合儒家揖讓之治的倫理意義外，另一處如：「人爲法國者，必逆於世，而順於道德。」（〈姦劫弒臣〉）只是強調「聖人盡隨於萬物之規矩」的客觀規律意義而已。換言之，法家或黃老之學的「道德」標示一切事物的存有狀態，理當涵蓋本文所論的倫理規範，或可謂一切倫理規範的形上基礎。因此，本節所論的道德德目與《韓非子》文本的「道」、「德」兩概念並不可混爲一同，即《韓非子》的「道」、「德」兩概念並非本節所討論的道德德目範圍。這點已有學者清楚區分：「道德，乃道家之宇宙論，非儒家之倫理說也。」〔註66〕再者，本

〔註65〕林義正老師認爲：「《商君書》特別著重『明』與『聖』二字，『明』、『聖』均指國君之『智』言。」引文可見林義正，〈商君書的明主論之研究〉，收錄在《臺大哲學論評》第四期（臺北：國立臺灣大學哲學系，1981年1月），頁262。

〔註66〕引文可見陳啓天，《增訂韓非子校釋》（臺北：臺灣商務印書館，1969年），

節的討論試圖以《韓非子》文本來反省儒家既有的道德德目，呈現出法家與儒家在這些德目上的立場與定義相異之處，並提供另一種不同且已爲儒家的解釋傳統所壟斷的道德詮釋，如此一來，卻也呈現出另一種令人深思的法家價值觀。

一、仁、義、禮

《韓非子》的道德德目，除了德的概念外，對於儒家的諸德目如仁、義、禮等，亦有所因革損益。關於仁、義的主要意涵，已於本章第二節有詳細的介紹。爲求較全面性的理解，本節則再行補充，仁、義分開的定義如下：

> 仁者，謂其中心欣然愛人也。其喜人之有福，而惡人之有禍也。生心之所不能已也，非求其報也。（〈解老〉）

> 義者，君臣上下之事，父子貴賤之差也，知交朋友之接也，親疏內外之分也。臣事君宜，下懷上宜，子事父宜，賤敬貴宜，知交友朋之相助也宜，親者內而疏者外宜。義者，謂其宜也，宜而爲之。（〈解老〉）

樊遲問仁，子曰：「愛人。」（《論語‧顏淵》）孔子提出「愛人」來作爲仁的具體說明。孟子也說：「仁者，愛人。」（《孟子‧離婁》）〈解老〉正確的援引孔子與孟子愛人的說法得到「仁者，謂其中心欣然愛人也」的定義。而「生心之所不能已也，非求其報也」本章第二節已經說明可能取自孟子所舉的實例：「今人乍見孺子將入於井，皆有怵惕惻隱之心。非所以內交於孺子之父母也、非所以要譽於鄉黨朋友也、非惡其聲而然也。」（《孟子‧公孫丑上》）或「孝子仁人之掩其親」（《孟子‧滕文公上》）之例。這些例子都一致強調「眞情流露」的自然天性，或道德情感的自發性傾向。換言之，依照孔孟的界定，道德行爲的產生其起因並非來自外在的任何一項形式規則，而是來自於內心很自然的眞情流露，仁就是指謂這種自然的心理現象之存在。如同柏拉圖對正義原則的思索，得到一些普遍性的形式規則之定義。而這些外在的形式規則並不能適用在任何突發的狀況，如「乍見孺子將入於井」之例，我們的「怵惕惻隱之心」顯然是一種立即作出道德抉擇的心理反應，並不是在理智上，如韓非所說的「以計合也者」（〈飾邪〉）。所以〈解老〉界定的「仁」，主要在於闡述儒家的道德情感之自然流露不假外求，在〈內儲說上〉「成驩謂齊王曰：

頁 702。

『王太仁，太不忍人。』」的例子以「不忍人」界定「仁」也是明證。而眞情的不忍之心，會直接衝擊到法的賞罰之執行，若君王不能依法執行賞罰，則法的權威與公平性無從建立，勢必違法亂紀之事叢生，所以成驪解釋說：「王太仁於薛公，而太不忍於諸田。太仁薛公則大臣無重，太不忍諸田則父兄犯法。」另一方面，本章第一節也指出「慈惠」也是「不忍」的意思。從「卜皮以慈惠亡魏王」（〈內儲說上〉）的例子，也可說明因爲「慈惠」的「不忍心則不誅有過」也會危害法的權威與公平性。所以仁包含慈惠的意涵在內，這也是儒家的思想，從「子張問仁於孔子」（《論語・子張》）的例子可知。孔子提到「能行五者於天下，爲仁矣。」這五者指「恭、寬、信、敏、惠」。對照《韓非子》與《孟子》的說法，仁與惠似乎並無二致，又如「以公財分施謂之仁人」（〈八說〉）以及「分人以財謂之惠」（〈滕文公上〉）。

　　而〈解老〉的「義」，其實指關於人倫或群體互動之間的道德判斷而言，如處理君臣、父子、朋友、親疏內外人倫關係之恰當、合宜。因此，仁與義的差別在於，仁只描述個人的道德情感，而義是一種基於外在事態或行爲而有的道德判斷，涉及個人與他人的互動關係，著重在全體互動關係之協調。將道德判斷訴諸語言文字的外在形式，便形成種種具體的外在形式倫理規範。韓非重法、務法其實就是重視這種外在的形式規範，而根本不重視也不必期待諸如「仁」之類的自發性道德情感產生。孟子說：「人之所以異於禽於獸者幾希，庶民去之，君子存之，舜明於庶物，察於人倫，由仁義行，非行仁義也。」（《孟子・離婁下》）韓非正好與孟子的看法相反。他未曾寄望仁義內在於人的心中，因爲人不見得時時心存仁義，而且舜「由仁義行，非行仁義也」也與他的立場不合。因爲他並不在意道德行爲一定有其內在的善念如孟子所說的「君子以仁存心，以禮存心」（《孟子・離婁下》），意即韓非反而不強調「由仁義行」，而是強調「行仁義」，仁義要訴諸明確的命題或規範形式，遵循外在的形式規範（倫理規範或法律規範）。我們也可以說，道德行爲的善念或內在的價值，在韓非重視利與功用的結果論價值預設之下，必然傾向於肯定規範的工具價值而非內在價值。以義的實際行爲界定爲例，如：「離俗隱居，而以作非上，臣不謂義。」（〈有度〉）由於臣下若「離俗隱居」，根本「不仕則不治，不任則不忠」（〈外儲說右上〉），於是臣不爲君所用，便毫無利用的工具價值了！

　　〈解老〉對於仁、義概念的理解完全與儒家吻合，但韓非實踐道德行爲

的手段卻因爲其內在價值與工具價值之預設而不盡相同。有鑑於此，韓非將仁、義包含主觀的心理現象與客觀群體的人倫關係之道德判斷形成具體的命題化形式規範，以禮的概念來界定仁義便屬命題化的形式規範。但顯然認定仁義應該存有不同於儒家的定義，請參考下文：

> 或曰：桓公不知仁義。夫仁義者，憂天下之害，趨一國之患，不避卑辱謂之仁義。……仁義者，不失人臣之禮，不敗君臣之位者也。（〈難一〉）

按照孔子的說法：「人而不仁，如禮何？人而不仁，如樂何？」（《論語‧八佾》）仁本爲禮的內在基礎，而禮爲仁的外在文飾。如《荀子‧禮論》：「禮者，斷長續短，損有餘，益不足，達愛敬之文，而滋成行義之美者也。……故其立文飾也，不至於窕冶。」韓非結合仁的「中心欣然愛人」與義的「君臣上下之事」的界定，直接改造、簡化成此段所說的「不失人臣之禮、不敗君臣之位」，如此便把仁義整合於禮的概念之下，強調禮的文飾形成了規範命題。另外，禮的具體措施與名號、爵位有關，表現一種區分「君臣上下之事」的等級制度。如「夫立名號所以爲尊也」、「設爵位所以爲賤貴基也」（〈詭使〉）。因爲涉及區分君臣上下的等級差別，所以禮的概念在先秦經典中常常與義合稱。如《荀子‧不苟》：「禮義之謂治，非禮義之謂亂也。」或〈難一〉：「夫爲人臣者，君有過則諫，諫不聽則輕爵祿以待之，此人臣之禮義也。」綜合以上對於仁、義、禮的分析、理解，「我們可以借鑑波普爾（Karl R. Popper）的『三個世界』劃分的觀點，說完整意義上的『道德』（倫理）包括：（1）主觀的、在每個人心裏內在地發生的，只能爲他自己通過反省覺察的道德心理現象；（2）客觀的、可爲他人從外部觀察到的個體或群體的道德行爲現象；（3）作爲一種精神的客觀凝結物的，以誡律、警語、格言、理論或學說等形式表現出來的道德知識現象。」〔註67〕我們可以發現《韓非子》關於仁、義、禮的道德意涵之界定正好符合上述（1）、（2）、（3）的劃分。

再者，文本假借子路與孔子的對話方式，認爲孔子強調各類不同等級秩

〔註67〕引文參見同註112，頁132。關於波普爾（Karl R. Popper）的「三個世界」（three worlds or universes）之說介紹如下：「一、物理對象或物理狀態的世界；二、意識或心理狀態的世界，或者也許是關於行爲傾向的世界；三、思想的客觀內容的世界，特別是關於科學、詩學思想以及藝術作品方面的世界。」引文可見 Karl R. Popper, *Objective Knowledge: an evolutionary approach*, New York : Oxford University Press, 1979., p.106.

序的人員，必須依其身份而「愛」其分內應該愛的範圍，如孔子曰：「夫禮，天子愛天下，諸侯愛境內，大夫愛官職，士愛其家，過其所愛曰侵。」(〈外儲說右上〉) 由此可見，韓非利用禮的等級秩序之分，將儒家的仁愛明確限制在其本分之愛。這種命題化規範的形成可能來自於《韓非子》凡事一貫清楚、明確的性格，如：「言論忠信法術不可以恍惚。恍惚之言，恬淡之學，天下之惑術也。」(〈忠孝〉) 因此，典冠與典衣不得「侵官」、「越官」，如「臣不得越官而有功，不得陳言而不當」(〈二柄〉) 這種賞罰的依據，也應是源自於禮，亦即法的基礎在於禮。總而言之，韓非並非全盤拒斥仁義，而是認為「仁義愛惠之不足用，而嚴刑重罰之可以治國也」(〈姦劫弒臣〉)。《韓非子》正確地理解孔、孟的仁、義內涵，不能否認在人類的社會中的確存在仁、義這兩種分別表示個人與群體的道德情感和現象。只不過不能用在治國方面，因為效用不足的緣故，不能採取仁、義治國的原則，因而在這方面並沒有發展出規範的倫理命題。雖明確貶斥儒家的仁義之說，如：「故有道之主，遠仁義，去智能，服之以法。」(〈說疑〉) 但仁義在文本中偶爾也語帶保留曰：「放父殺弟，不可謂仁；妻帝二女而取天下，不可謂義。仁義無有，不可謂明。」(〈忠孝〉) 另外，治國原則不論是「仁」，還是其相反面的「暴」，都是亡國的可能因素。〈八說〉提到：

> 仁者，慈惠而輕財者也；暴者，心毅而易誅者也。慈惠則不忍，輕財則好與。心毅則憎心見於下，易誅則妄殺加於人。不忍則罰多宥赦，好與則賞多無功。憎心見則下怨其上，妄誅則民將背叛。故仁人在位，下肆而輕犯禁法，偷幸而望於上；暴人在位，則法令妄而臣主乖，民怨而亂心生。故曰：仁暴者，皆亡國者也。

這段話一方面「從健全法制的觀點出發，認為要反對"仁"和"暴"兩種傾向。」〔註68〕另一方面引發筆者思考，在《韓非子》的規範體系中，「霸王會不會在毫無法律規範下逐漸發展成暴君」的問題，或者說有無明確的倫理規範限制霸王因為尚力的價值觀逐步演變成恣意妄為的暴君。因為一般而言，有學者認為韓非的「當今爭於氣力」(〈五蠹〉) 之說，「對力的這種崇尚固然有可能引向暴力原則，但與墨子所謂"賴其力者生"一樣，其內在精神在於高揚主體的力量。」〔註69〕所謂「高揚主體的力量」即為強調「佟而墮者貧，

〔註68〕引文可見谷方，《韓非與中國文化》(貴陽：貴州人民出版社，1996年)，頁100。
〔註69〕引文可見楊國榮，《理性與價值》(上海：三聯書店，1998年)，頁205。

而力而儉者富」（〈顯學〉），依賴自身主體的力量才能在當時競爭激烈的社會環境中生存下去。霸王即為高揚主體力量的象徵，所以霸王常識中使人極易產生必定會使用暴力原則的印象，固然與尚力的價值可能有關，但在〈八說〉中顯然已經建立了一種抵制「仁人在位」、「暴人在位」，並且防範仁、暴之君的產生，形成「仁暴者，皆亡國者也」的規範之說。因為〈八說〉明確指出「暴者，心毅而易誅者也」，然後「易誅則妄殺加於人」導致一連串由於「憎心見則下怨其上，妄誅則民將背叛」，造成「則法令妄而臣主乖，民怨而亂心生」，最嚴重者，則可能亡國。因此，在上述反對國君使用暴力的規範原則限制下，應不致於發展出暴君的政治型態。

《韓非子》雖然明確主張「臣得行義曰壅」（〈主道〉）、「不務德而務法」（〈顯學〉）以及「有術之君，不隨適然之善，而行必然之道」（〈顯學〉），一方面大加宣揚「德治無用論」，另一方面卻也依循孔子「道之以德，齊之以禮」（《論語・為政》）的治國原則，即以「德」與「禮」為治國原則，只不過「德」與「禮」在《韓非子》中的具體內容已經改變了。「德」的具體內容我們先前已經討論過了，在此不再贅述。而「禮」韓非認為：「禮者，所以貌情也，群義之文章也。」禮作為最具形式意義的倫理規範來說，可分為「表達道德情感的禮和體現社會等級關係的禮」。〔註70〕〈解老〉提到：

> 是以父子之間，其禮樸而不明，故曰：禮薄也。凡物不並盛，陰陽是也。理相奪予，威德是也。實厚者貌薄，父子之禮是也。由是觀之，禮繁者實心衰也。然則為禮者，事通人之樸心者也。

這裡所謂的「實厚者貌薄，父子之禮是也」便是指父子之間因為感情深厚，不需要太多形式上的文飾，所以表現出「實厚者貌薄」，因此道德情感的禮則是指「父子之禮」，如此說來禮已融入了仁的道德情感因素。而體現社會等級關係的禮則是指師曠失「人臣之禮」，如〈難一〉：

> 或曰：平公失君道，師曠失臣禮。夫非其行而誅其身，君之於臣也；非其行則陳其言，善諫不聽則遠其身者，臣之於君也。今師曠非平公之行，不陳人臣之諫，而行人主之誅，舉琴而親其體，是逆上下之位，而失人臣之禮也。夫為人臣者，君有過則諫，諫不聽則輕爵祿以待之，此人臣之禮義也。

〔註70〕引文可見江貽隆、陸建華，〈韓非之禮學〉，收錄於《江漢論壇》（武昌：江漢論壇編輯部，2006年1月），頁96。

此處的禮指出晉平公酒後失言，而師曠衝撞晉平公則失禮。此處之禮亦是荀子將禮視爲社會等級（分）的意義所在，即「禮者，法之大分，類之綱紀也」（《荀子·勸學》）。所以韓非雖然強調以法治國，以法治取代德治，但在完整的公佈法、成文法形成之後，仍然不能完全拋去既有的社會規範，必須兼顧禮、法兩方面。〔註71〕在此，禮象徵名分等級的載體，正因爲存在著這樣嚴明的上下君臣之禮，法的實行方有可能。因爲「立名號，所以爲尊也」、「設爵位所以爲賤貴基也」（〈詭使〉），如此方能豎立君王絕對至高無上之勢位。再者，「明主立可爲之賞，設可避之罰」（〈用人〉）、「上設其法，而下無姦詐之心」（〈難一〉），或齊法家「夫生法者，君也」（《管子·任法》），充分顯示法源的唯一依據只在君王一人。若名分不立、貴賤不分，君王如何立法而令行？可見禮的區分社會等級意義實爲立法、行政的基礎，不可偏廢。另外，韓非關於禮所表現的倫理規範不僅止於君臣、父子之間，如〈十過〉中記載「行僻自用，無禮諸侯，則亡身之至也」以及「國小無禮，不用諫臣，則絕世之勢也」，足見國際上的外交禮儀亦十分重要。

二、忠

一般而言，《韓非子》所描述的「忠」，與儒家的忠君思想相同，同樣指謂臣侍奉君的德性與德行兩方面。例如「忠臣之所以事君也」（〈內儲說下〉），以及《論語·八佾》提到：「定公問：『君使臣，臣事君，如之何？』孔子對曰：『使臣以禮，臣事君以忠。』」所以在君臣關係上，韓非與儒家的思想都含有「臣事君以忠」的思想，只不過儒家的忠並不限於君臣關係，可以擴大到人與人之間的關係上。如孟子定義：「教人以善謂之忠。」（《孟子·滕文公上》）或曾子曰：「吾日三省吾身，爲人謀而不忠乎？」（《論語·學而》）按照朱熹的註解爲：「盡己之謂忠」。用在君臣關係上，「盡己」就是竭盡所能做好自己的本分侍奉君上。《韓非子》也是這個意思，故曰：「人臣守所長，盡所能，故忠。」（〈用人〉）或曰：「臣聞：『不知而言，不智，知而不言，不忠。』爲人臣不忠當死，言而不當亦當死。」（〈初見秦〉）其中的「知而不言，不忠」

〔註71〕〈外儲說左上〉提到齊桓公伐蔡必須師出有名的正當性，是因爲「楚之菁茅不貢於天子三年矣」的失禮行徑，足見《韓非子》亦肯定禮的重要。典故如下：「仲父曰：必不得已，楚之菁茅不貢於天子三年矣，君不如舉兵爲天子伐楚，楚服，因還襲蔡曰：『余爲天子伐楚而蔡不以兵聽從，因遂滅之。』此義於名而利於實，故必有爲天子誅之名，而有報讎之實。」

即是「盡其本分」的意思。而爲臣之本分便指「爲人主忠計，爲天下結德者，利莫長於此。故君人者無亡國之圖，而忠臣無失身之畫。」（〈守道〉）而臣事君以忠，君代表國家的象徵，務力事君而無私便稱爲「公忠」，如：「群臣持祿養交，行私道而不效公忠，此謂明（名）劫。」（〈三守〉）《管子・五輔》也有此說法：「爲人臣者，忠信而不黨。」

此外，「忠」的概念，韓非也有其不同於儒家的特殊見解。例如：「君臣之利異，故人臣莫忠，故臣利立而主利滅。」（〈內儲說下〉）就儒家的想法，忠君愛國本基於義務而不計名利、權位，可是到了韓非，基於義務的忠心便轉變爲計較君臣之利異，所以其「公忠」的說法，其主張動機以「人主之大利」爲唯一考量，相對地，必然解消人臣之私利。其實，韓非不講究人臣之忠，主要的原因在於臣利已包含在於君利之中，或可謂收納臣之利於君之利中。《韓非子》的忠概念最大的特色，還是在於著重「盡力守法」爲忠臣的思想。如下諸例：

> 孝子之事父也，非競取父之家也；忠臣之事君也，非競取君之國也。……故人臣毋稱堯、舜之賢，毋譽湯、武之伐，毋言烈士之高，盡力守法，專心於事主者爲忠臣。（〈忠孝〉）
> 人主使人臣雖有智能不得背法而專制，雖有賢行不得踰功而先勞，雖有忠信不得釋法而不禁，此之謂明法。（〈南面〉）
> 法令所以爲治也，而不從法令、爲私善者，世謂之忠。（〈詭使〉）
> 詐說逆法，倍主強諫，臣不謂忠。（〈有度〉）

同理，忠臣不得「不從法令」、「釋法而不禁」，更不可以「詐說逆法」。甚至最後應該超越「忠君」的概念，而說：「爵祿生於功，誅罰生於罪，臣明於此，則盡死力而非忠君也。君通於不仁，臣通於不忠，則可以王矣。」（〈外儲說右下〉）所謂「則盡死力而非忠君也」、「臣通於不忠」是說，臣吏只需了解一切作爲皆依照法令來論功、罪，行賞、罰，其內心應該「從主之法，虛心以待令而無是非也」（〈有度〉），根本不再需要時時心存忠君之信念，而是單純作一個奉公守法的公僕。正所謂：「賢者之爲人臣，北面委質，無有二心，朝廷不敢辭賤，軍旅不敢辭難，順上之爲，從主之法，虛心以待令而無是非也。」（〈有度〉）

另外，「投君所好」也可稱爲忠，只不過是小忠。〈十過〉提到「行小忠則大忠之賊也」，而何謂「小忠」？晉楚戰於鄢陵，司馬子反因爲其麾下的小臣穀陽爲了幫他解渴，以酒代水投其所好。但司馬子反卻因喝酒解渴而延誤

戰事，楚共王「於是還師而去，斬司馬子反以爲大戮」。穀陽因爲投上所好堪稱「小忠」，但卻導致延誤軍機，「是亡楚國之社稷而不恤吾眾也」，因而喪失大忠。故曰：「行小忠則大忠之賊也。」再者，「魏王遺荊王美人」之例，王曰：「夫人知我愛新人也，其悅愛之甚於寡人，此孝子所以養親，忠臣之所以事君也。」（〈內儲說下〉）在此，「忠臣之所以事君也」的臣下爲忠之道竟然也包含「投君所好」在內。

三、信

〈說林下〉講到「齊伐魯，索讒鼎，魯以其鴈往」的故事，樂正子春說：「臣亦愛臣之信。」顯示臣下也有愛惜自己信譽的德性。但信的概念涉及主客兩方面的互動關係，除了有「我應不應該讓別人信任我」的問題，也還有「我應不應該信任別人」的問題。樂正子春的例子證實了前者「我應該讓別人信任我」，即應該維護個人的信譽，取得別人的信任，這樣的信譽規範顯然適用於君、臣、民各階層而成爲普世的價值。君有「有信而無詐」（〈安危〉）之「安術」，也有管仲「不欺」之臣，如「若使桓公之任管仲必知不欺己也，是知不欺主之臣也」（〈難二〉），民亦有「布衣相與交，無富厚以相利，無威勢以相懼也，故求不欺之士」（〈五蠹〉）。君王的信譽在《韓非子》中，大部分表現在「信賞必罰」的倫理原則方面。如「賞罰敬信，民雖寡，強。」（〈飾邪〉）君王必須不斷地累積信用，最詳實的證明如下典故：

> 小信成則大信立，故明主積於信。賞罰不信，則禁令不行。說在文公之攻原與箕鄭救餓也。是以吳起須故人而食，文侯會虞人而獵。故明主表信，如曾子殺彘也。患在厲屬王擊警鼓與李悝謾兩和也。
> （〈外儲說左上〉）

所以「信賞必罰」的主要原因是便於禁令的推行。韓非顯然基於執行法律規範的觀點而推動「信賞必罰」的倫理原則，而講究「信賞必罰」只是因爲推行法治之後可產生最快與最大的實效，由此人主可得大利之故。因此韓非從重視效益的觀點呼籲「明主積於信」，並非著眼於孔子所說的「人而無信，不知其可也。大車無輗，小車無軏，其何以行之哉？」（《論語·爲政》）將信視爲人之所以爲人的本質意義。其他關於信的說明，如「設法度以齊民，信賞罰以盡民能」（〈八經〉）亦爲同理。

在「君王應不應該信任別人」的問題方面，韓非主張：「故明主之道，一

法而不求智，固術而不慕信，故法不敗，而群官無姦詐矣。」(〈五蠹〉)此外，
〈備內〉說：

> 人主之患在於信人，信人則制於人。人臣之於其君，非有骨肉之親
> 也，縛於勢而不得不事也。故爲人臣者，窺覘其君心也無須臾之休，
> 而人主怠惚處其上，此世所以有劫君弒主也。爲人主而大信其子，
> 則姦臣得乘於子以成其私，故李兌傅趙王而餓主父。爲人主而大信
> 其妻，則姦臣得乘於妻以成其私，故優施傅麗姬，殺申生而立奚齊。
> 夫以妻之近與子之親而猶不可信，則其餘無可信者矣。

〈備內〉的作者直接指出「人主之患在於信人，信人則制於人」，顯然君主不
應該相信任何人，包含自己的妻、子至親都不能相信。所以信的概念在此，
一樣落入政治的運作原則中，目的在於避免姦臣利用君王的妻、子來達成其
私人的政治目的。因爲君王爲了維護其勢位或權力，獨制而制人，不能受制
於人，爲人所控制。所以一旦將此原則（「人主之患在於信人，信人則制於人」）
擴大解釋及於所有人，關於君王的用人唯才的任賢原則，會導致「任賢與不
任賢」的矛盾產生。君王厲行「因任而授官」的用人唯才之原則，主要由於
相信賢臣的才能而任用爲各級官吏，達到主逸臣勞的效果。所以說：「且官職
所以任賢也，爵祿所以賞功也，設官職，陳爵祿，而士自至，君人者奚其勞
哉！」(〈難二〉)又曰：「夫欲追速致遠，不知任王良；欲進利除害，不知任
賢能；此則不知類之患也。」(〈難勢〉)再者，「故賢者勸賞而不見子胥之禍」
(〈用人〉)。由此可知，任賢是治國的根本原則，顯然韓非也會同意孟子「不
信仁賢，則國空虛」(《孟子·盡心下》)的說法。但另一方面，〈制分〉指出
「夫治法之至明者，任數不任人。是以有術之國，不用譽則毋適，境內必治，
任數也；亡國使兵公行乎其地而弗能圉禁者，任人而無數也。」足見《韓非
子》有意以法數取代賢人。〈二柄〉又主張任賢爲人主之患，而說：

> 人主有二患：任賢，則臣將乘於賢以劫其君；妄舉，則事沮不勝。
> 故人主好賢，則群臣飾行以要君欲，則是群臣之情不效；群臣之情
> 不效，則人主無以異其臣矣。故越王好勇，而民多輕死；楚靈王好
> 細腰，而國中多餓人。……今人主不掩其情，不匿其端，而使人臣
> 有緣以侵其主，則群臣爲子之、田常不難矣。故曰：去好去惡，群
> 臣見素。群臣見素，則大君不蔽矣。

原因在於，君主「好賢」已經顯露出其心中的好、惡，則群臣爲了迎合君王

個人的好、惡，必定掩飾眞正的實情以求取君王的寵愛，這樣人主便無法辨別出群臣的好壞。所以才說，爲君之道應該去除個人的好、惡而「掩其情」、「匿其端」，這樣群臣才能顯露出實際的情況，使得君王不被蒙在鼓裡。而「任賢，則臣將乘於賢以劫其君」就是指姦臣利用君王相信其賢能而不作任何防備來劫持君主。綜合上述任賢與任賢爲人主之患兩種衝突的主張，突顯君王在用人這方面的矛盾心態，一方面希望授官以賢，另一方面卻又擔心因爲任賢而「臣將乘於賢以劫其君」。於是關於用人的道德衝突問題，似乎在《韓非子》的思想體系中難以解決。

再者，關於信的問題，《韓非子》也觸及《春秋公羊傳》桓公十一年傳文「權者反於經，然後有善者也，權之所設，舍死亡無所設」的經權思想，意即道德判斷不可能一致普遍適用於所有的情況而有其他例外的可能。且看〈難一〉晉文公將與楚人戰，召舅犯與雍季詢問對策。而舅犯曰：「臣聞之，繁禮君子，不厭忠信；戰陣之閒，不厭詐僞。君其詐之而已矣。」雍季對曰：「焚林而田，偷取多獸，後必無獸；以詐遇民，偷取一時，後必無復。」最後晉文公「以舅犯之謀與楚人戰以敗之。歸而行爵，先雍季而後舅犯」。上述舅犯與雍季兩人分別提出應戰的對策，兩人的爭議點在於「詐僞」之術的選取與否。最後舅犯指出：「『繁禮君子，不厭忠信者』，忠，所以愛其下也，信，所以不欺其民也。夫既以愛而不欺矣，言孰善於此？然必曰出於詐僞者，軍旅之計也。」韓非表明雖然對敵應「不厭詐僞」，對民才是「不厭忠信」，亦即忠、信施用的對象與情境應該有所不同。在平時，當然應該使用「繁禮君子，不厭忠信」或「信，所以不欺其民也」的原則對待百姓。但在戰爭狀態下，敵人並非百姓，所以忠、信並不適用，而應該使用「詐僞者，軍旅之計也」的權宜之計，使用忠、信對待敵人根本無用。忠、信原則是經，詐僞原則則是權，而戰爭狀態爲非常狀態，應該使用權而非經，韓非這樣權衡的考慮又回到所謂「待萬世之利在今日之勝，今日之勝在詐於敵，詐敵，萬世之利而已。」換言之，之所以採取詐僞之權，完全基於「萬世之利」的公利考量之結果。總而言之，《韓非子》希望別人信任君王而積極主張「信賞必罰」，但君王本身卻不信任別人，這種單向的人我關係，不符合道德的普遍律原則，當然其中涉及「去好去惡，群臣見素」的帝王密術，也只能適用於治國圖利的君術方面，據此分析，我們不得不說這是一種狹隘的道德觀。

第五章　法律規範

　　本章專門探討《韓非子》法律規範背後隱含的法理學思想。一般說來，英語系國家所說的「法理學」（jurisprudence）又稱爲「法哲學」或「法律哲學」（philosophy of law 或 legal philosophy）。﹝註1﹞依照德國新康德主義法學家拉德勃魯赫（Gustav Radbruch, 1878～1949）區分「法律哲學」與「法律科學」之不同，他說：「『法律哲學』的特徵是研究法律文化的價值。『法律科學』的特徵是研究法律文化的事實。」﹝註2﹞參照如上的法律哲學與法律科學的區分，本章試圖開發以西方英語系國家將法理學與法律哲學通用的意義，來檢視《韓非子》所述法律規範的原理、原則預設的哲學價值。然而，《韓非子》之法的定義，並非僅僅泛指一般的法律或刑法。「實爲以法治國之理論，既非純粹之法理論，亦非純粹之政治論，而是參合法理於政治之中，以適應戰國時勢之一種新理論。」﹝註3﹞而且是結合「務法原則」的倫理學以及本章的法理學，而倫理學與法理學思想則爲求其政治目的而設，則可統攝於其政治哲學中。《韓非子》以法治國的目的還是以其達到最大利益爲考量，法律的施行最終可達到國家成員整體的福祉，例如：「正明法，陳嚴刑，將以救群生之亂，

﹝註1﹞ 在德文中「Recht」譯爲中文的「法」，而「法律」在德文中有另外一詞「Gesetz」意義與 Recht 並不相同。楊日然先生界定說：「Gesetz 限於經立法程序制定之成文法律，而 Recht 不限於成文法律，範圍較廣泛，包括習慣法、法律思想、法律秩序、法律理念等在內。」所以嚴格說來，依照德文的用法「法哲學」不同於「法律哲學」。引文可見楊日然，《法理學》（臺北：三民，2005年），頁4。

﹝註2﹞ 轉引自沈宗靈，《法理學》（臺北：五南，2007年），頁10。

﹝註3﹞ 引文可見姚蒸民，《韓非子通論》（臺北：東大圖書股份有限公司，1999年），頁165～166。

去天下之禍，使強不陵弱，眾不暴寡，耆老得遂，幼孤得長，邊境不侵，君臣相親，父子相保，而無死亡係虜之患。」（〈姦劫弒臣〉）法的施行除了可以「救群生之亂，去天下之禍」達到福國利民的效果，君王若「舍己能，而因法數，審賞罰」（〈有度〉），採用法數、賞罰的法律規範來治國也可收得輕鬆治國的功效。

第一節　法的定義

《韓非子》對於法的文本定義如下：

> 法者，編著之圖籍，設之於官府，而布之於百姓者也。（〈難三〉）
> 法者，憲令著於官府，刑罰必於民心，賞存乎慎法，而罰加乎姦令者也，此臣之所師也。（〈定法〉）

以上這兩段直接述說法的定義，其中「編著之圖籍」是指法的要件必須訴諸文字的形式形成明確的法律條文，故圖籍為成文法之具體表現形式。而「設之於官府」與「憲令著於官府」則表示作為成文法意義的圖籍存放在官府裡，一者可能表示法律具有不可侵犯的權威性，再者表示不可任意更改的公信力。「布之於百姓」則代表公佈法的形成意義，而法律公佈之後一段時間法律的效力便開始生效。另外，因為「主有令而民以文學非之，官府有法民以私行矯之，人主顧漸其法令，而尊學者之智行，此世之所以多文學也。」（〈問辯〉）法、令分別代表官府與君主所訂的規範，可是民卻「以文學非之」、「以私行矯之」。〈六反〉記載所謂「文學之士」是「學道立方，離法之民也」，〈八說〉也說：「息文學而明法度，塞私便而一功勞，此公利也。錯法以道民也而又貴文學，則民之所師法也疑。」〈顯學〉指出：「藏書策、習談論、聚徒役、服文學而議說，世主必從而禮之。」所以「文學之士」應指儒、墨之徒善於私下藏書、談論、聚會。所以民「以文學非之」、「以私行矯之」，應該指一種與官府代表的「公法」相對抗的「私行」，意即民眾採取儒、墨之徒的學說為依據私下議論法律條文的內容，行為更是不服從法律的規範。於此理解，「憲令著於官府」表示法不容私下解釋，官府不採用民間如儒、墨學者的學說立場作為人民行為規範的依據，而是以官府才有法令的唯一解釋權，來實行國家或君王的意志，統一人民的思想。所以設之於官府的法令也代表以法律規範拒斥儒、墨顯學的倫理規範。此外，商鞅也說：「主法令之吏有遷徙物故，輒使學者讀法令所謂，為之程式，使數日而知

法令之所謂；不中程，爲法令以罪之。有敢剟定法令，損益一字以上，罪死不赦。」(《商君書‧定分》)「由此可見官府法令之絕對標準化與客觀性，而不容許主觀之私意影響法令。」〔註4〕

　　《韓非子》另外一個關於法的定義說：「明主之國，令者，言最貴者也，法者，事最適者也。言無二貴，法不兩適，故言行而不軌於法令者必禁。」(《問辯》)《說文》解釋「令」字曰：「發號也。」所以此處的「令」，當指君上所發之號，意即「君上之號令最貴」的意思。「事最適者也」是說法的直接規定必須完全合乎現實的某種事態，不容許任何法的規定與現實事態的不一致或脫離實際的情況。這裡涉及《韓非子》對於名實相應的問題之主張。法可理解爲名的表現形式，而事即爲實的表現形式。所以「法者，事最適者也」即爲名實對應之說的具體應用，要求法律條文的內容必須切合外在的事態，務求不能與現實脫離。而《韓非子》的法道自然的理想在於，明君「虛靜以待令，令名自命也，令事自定也」、「有言者自爲名，有事者自爲形，形名參同，君乃無事焉」(《主道》)。君王依據臣下之名言制訂法律或政令，然而法律或政令的制訂必須依照一名對應一實的原則，如此方能實行「形名參同」與因時制宜。但現實生活中，時常發生多名對應一實，或多實對應一名的情況；以法律與事態的對應關係而言，則會產生一項法律可以同時規定、適用於不同事態的情況。在此「法律適不適用於某項事態」的問題，涉及法律的解釋。理想中，必須務求一名對應一實，或一法對應一事。但由於法律的解釋者之認知觀點的不同，可能出現對於法律條文的解釋或事實的認定發生歧義的混亂問題，爲求避免上述的認知混亂的問題，法律條文的訴諸文字必須務求一法對應一事，故曰：「法者，事最適者也。言無二貴，法不兩適。」在法律的解釋上不能允許同樣的法律竟然可以適用於不同、甚至互相衝突的兩種行爲事態的解釋。總而言之，「法者，事最適者也」的概念爲所謂「罪刑法定原則」的先驅，即依據「成文法爲適應某種事實而制訂某種法律，法無明文規定的不罰，而無動輒違法的顧慮，不成文法則否。」〔註5〕我們現今刑法中所說的「罪刑法定原則」已經被視爲保障人權的象徵，在《韓非子》中「故明主使其群臣不遊意於法之外，不爲惠於法之內，動無非法」(《有度》)也可視爲罪

〔註4〕　引文可見李增，《先秦法家哲學思想──先秦法家法理、政治、哲學》(臺北：國立編譯館，2001年)，頁490。

〔註5〕　引文可見李步雲主編，《法理學》(北京：經濟科學出版社，2001年)，頁114。

刑法定原則，但《韓非子》的罪刑法定原則主要指「動無非法」，要求一切的行為皆須符合法的規範，強調法的客觀、明確可供遵循的準則意義，在此似乎無意涉及「保障人權」的概念，而是強調刑罰的威懾作用。關於《韓非子》是否有「人權」的概念這個問題，我們可以參考以下這段論述：

> 故其治國也，正明法，陳嚴刑，將以救群生之亂，去天下之禍，使強不陵弱，眾不暴寡，耆老得遂，幼孤得長，邊境不侵，君臣相親，父子相保，而無死亡係虜之患，此亦功之至厚者也。(〈姦劫弑臣〉)

上述提到的「正明法，陳嚴刑」的最終目的在於「救群生之亂，去天下之禍」。其中的「使強不陵弱，眾不暴寡」正是今日憲法保障諸多人權中所謂的「平等權」，而「耆老得遂，幼孤得長，邊境不侵，君臣相親，父子相保，而無死亡係虜之患」則是指「生存權」而言。可見「正明法，陳嚴刑」可以確保人民的「平等權」與「生存權」，使人民免於恐懼與死亡的威脅，《韓非子》的法律確實具有保障人權的作用在內。

綜合上述法、令的定義，《韓非子》每每法、令並稱，如「然而法令之所以備，刑罰之所以誅」(〈備內〉)、「法令所以為治也」(〈詭使〉)、「故下明愛施而務賕紋之政，是以法令墮」(〈八經〉) 等，似有以法律為君王意志之表現而形成命令的形式，即「法律規範」的意思。我們可以將《韓非子》的法等同視為奧斯丁（John Austin）的法律命令說，他認為：「法律是一種責成個人或群體的命令……法律和其他命令被認為是優勢者宣布的，並約束或責成劣勢者。」﹝註6﹞〈問辯〉的令與法的規定顯然表示擁有政治上優勢地位的君王的命令具有法律規範上的優先性，「言行而不軌於法令者必禁」則明確具有奧斯丁所說的「約束或責成劣勢者」的意思在內。再者，奧斯丁分析作為一種命令意義的法律，實際上包括三項意涵：「(1) 某人設想他人應該行為或不為的願望或意欲；(2) 如果後者拒絕將會出現來自前者實施的惡果；(3) 意志用語言或其他標記來表達或宣布。」﹝註7﹞奧斯丁的第二點分析主要指法律代表發出命令的權威者意志之具體表達，對抗法律的不受約束者，會施予痛苦的刑罰。所謂的「刑罰必於民心，賞存乎慎法，而罰加乎姦令者也」(〈定法〉)正合此意。而第三點說明法律所彰顯權威者的意志必須訴諸語言或文字來佈

﹝註6﹞ 引文可見劉星，《法律是什麼》(北京：中國政法大學出版社，1998 年)，頁19。

﹝註7﹞ 引文同上註，頁19。

達，這點合乎「編著之圖籍，設之於官府，而布之於百姓者也」（〈難三〉）的法律定義。故《韓非子》的法律規範之規則實際上即爲一種「法律命令」，而這種法律命令說構成法律的核心或本質。《韓非子》的成文法、公佈法的出現揭櫫法律命令說的形成，最重大的法理學上的意義爲宣告習慣法、秘密法的時代之終結。此外，還存在另一種有別於法律命令說的法律主張，即埃利希（Eugen Ehrlich, 1862～1922）的社會學法學之法律概念。此流派將法律視爲：「由社會成員所遵守的安排、日常慣例以及正義原則的集合體，而不是主權者所發佈的命令之總和。」〔註8〕這派將法律理解爲一種「社會秩序」，而不是來自主權者佈達的「命令」或法院強制執行的判決，這種法律稱爲「活法」（living law）。〔註9〕因此，《韓非子》的法律命令說已經不是以慣例的習慣法爲準則的禮治時代，因爲儒家的禮治即爲埃利希所說的「由社會成員所遵守的安排、日常慣例以及正義原則的集合體」。

關於「什麼是法？」這樣的定義問題，在西方現代的法理學中，一直爭論不已，各種學派的定義更是呈現出十分混亂的情況。〔註10〕甚至英國的法理學家，新分析實證主義法學的創始人哈特（H. L. A. Hart）先生認爲亞理斯多德以來藉由「種屬」與「種差」的定義形式「是最簡單的，並且對某些人而言是最令人滿意的，因爲它總是提供能夠替代被定義之語詞的語詞形式給我們。但是我們並不總是能夠找到這種定義，即使找得到，我們所找到的定義也非總是一清二楚的。」〔註11〕簡單說來，傳統的定義方式藉由種屬的類概念與種差的同類事物間的差異概念來區分事物之間的界線，雖然可以藉由此直觀的區分形式來把握對於事物的定義或理解，但是關於法的定義我們找到的種屬概念似乎只是含糊的概念。因爲藉由種屬概念的區分，我們只知某個法律的概念隸屬於某項更高類的概念之下（哈特稱爲「事物家族」），這樣對於法律概念的本質認識顯然毫無幫助。所以哈特進一步解釋：「對法律的定義而言，最有可能被用來作爲這個一般範疇的就是『行爲規則』的一般性家族；然而誠如我們看到的，規

〔註8〕　引文可見博登海默（Edgar Bodenheimer）著、鄧正來譯，《法理學：法律哲學與法律方法》（北京：中國政法大學出版社，1998年12月），頁329。

〔註9〕　埃利希區分法律爲國家制訂的「國家法」與關於「社會秩序」本身的「活法」兩種，可參閱同註2，頁266、267。

〔註10〕關於「法的定義」，西方的法理學家都有不同的理解，可參閱同註2，頁32、33。

〔註11〕引文可見哈特（H. L. A. Hart）著，許家馨、李冠宜譯，《法律的概念》（臺北：商周出版，2000年），頁20。

則的概念與法的概念本身一樣是令人困惑的，因此以確認法律是規則的一個種類作爲出發點的定義，通常無法增進我們對法律的進一步理解。」〔註12〕他舉例說明，許多熟悉法律的人因爲上述的這種傳統定義方式的認知，雖然他們宣稱知道法律，但對於許多關於法律的本質之理解根本無法解釋清楚、也無法全然理解。他以大象的定義之例說明：「當我看到一隻大象時，我可以認出牠，但是我無法定義牠。」又引奧古斯丁（St. Augustine）關於時間的某段名言：「什麼是時間？如果沒有人問我，我是知道的。如果我希望向問我的人釋明它，那我就不知道了。」〔註13〕依照哈特認爲「法的本質無法定義」這種說法與立場，他選擇放棄任何定義的嘗試。〔註14〕

　　前述關於《韓非子》對於法的定義，筆者以爲成文法、公佈法、刑法的罪刑法定原則，以及法律命令說等觀點的揭露，雖然其法理學或法律哲學的理論深度不亞於西方，但就「法的定義」相關的法之本質的探索，其理論深度似乎不足。正如哈特明確指出：「成文法是法律的來源，但不是法律本身的部份。」〔註15〕換言之，上述根據《韓非子》文本對於法的直接定義，並不是嚴格意義上的關於法律本質的定義。我們所得到的文本線索，只能說可以歸屬於與法相關的事物家族概念，只有法律命令說涉及法的本質之界定範圍。但很遺憾地，法律命令說也只能是筆者詮釋下的後設性觀點，《韓非子》各篇章的作者似乎無意於反省法的定義其最根本的本質爲何的問題。其他細部關於法律的定義如：「法也者，官之所以師也。」（〈說難〉）這是說要求官吏學習法的內容，等同於「以法爲教」，涉及法律規範的作用而非法的定義。另外，以下這段論述提到所謂「王之本也」的定義，似乎已經觸及法的定義。

　　　夫國事務先而一民心，專舉公而私不從，賞告而姦不生，明法而治
　　　不煩，能用四者強，不能用四者弱。夫國之所以強者，政也；主之
　　　所以尊者，權也。故明君有權有政，亂君亦有權有政，積而不同，

〔註12〕引文可見同上註，頁20。
〔註13〕以上所舉關於大象與時間的例子，可參閱同註11，頁18。
〔註14〕美國著述最豐富的聯邦法官波斯納（Richard A. Posner）也同樣認爲：「法律是什麼？斗膽說來這個問題實際上沒意義。"法律"是一個詞，與"宗教"、"時間"、"政治"、"民主"和"美"都一樣，都是可以使用、不會造成嚴重的理解問題，但卻又是不能界定的，除非你理解了定義的目的。」引文可見波斯納著、蘇力譯，《法理學問題》（北京：中國政法大學出版社，2001年），頁276。
〔註15〕引文可見同註11，頁18。

其所以立異也。故明君操權而上重，一政而國治。故法者，王之本
也；刑者，愛之自也。(〈心度〉)

這段指出「國之所以強，政也」，而爲政之道首重「以法治國」，此爲《韓非
子》法治論的最核心概念。而「夫國事務先而一民心，專舉公而私不從，賞
告而姦不生，明法而治不煩」爲「能用四者強」，其實都與法的施用與執行有
密切的關係。最後得到「法者，王之本也」的結論，意即法律是領導天下的
根本。這種以法治國的說法充斥在《韓非子》全書中，例如：「故當今之時，
能去私曲就公法者，民安而國治；能去私行行公法者，則兵強而敵弱。」(〈有
度〉)配合西方的法理學觀之，純粹法學的代表人物漢斯・凱爾森(Hans Kelsen,
1881～1973)就認爲：「法的定義有政治定義和科學定義之分。法律的政治定
義就是使法律概念服從特定的政治、道德理想。……純粹法學所講的法律定
義必須是科學的定義，法律和正義是兩個不同的概念，它僅研究實證法概念。」
〔註16〕換言之，《韓非子》的法根本只爲達到其富國強兵的政治目的與人主之
大利的道德理想而設，並非凱爾森堅守的純粹法學所研究的科學定義。所以，
「法者，王之本也」，法律只是滿足帝王的政治目的而設，只是統治者所利用
的工具或手段而非唯一的目的。這樣的法律定義雖然不同於凱爾森的科學定
義，但卻也不失爲法家法律的特質之展現。

第二節　法的性質

一、穩定性與變動性

先秦各家思想莫不以「治亂」爲當務之急，韓非則「寄治亂於法術，託
是非於賞罰，屬輕重於權衡」(〈大體〉)，欲建立客觀的法律標準衡量是非並
維持穩定的社會秩序。韓非的道與法的規律、規範思想作爲穩定社會秩序的
工具，須格外要求法的穩定性與變動性。道的穩定性表現在：「群臣守職，百
官有常，因能而使之，是謂習常。」(〈主道〉)意味群臣、百官行使職能時，
必須謹守一些恆定不變的道理，「常」原指道的「恆定性」，但在韓非之思想
中則援道入法，恆定性直接指「法度」而言。〔註17〕故韓非的法也表現出強

〔註16〕引文可見同註2，頁163。
〔註17〕陳奇猷曰：「韓非主張法之條文下詳以有常之事例，是有常之事例所以輔法之
　　　　不足，故其爲用與法有同等功效。」引文可見陳奇猷校注，《韓非子新校注》

烈的穩定性，如「法莫如一而固」（〈五蠹〉）、「法禁變易，號令數下者，可亡也」（〈亡徵〉）。或重視「常法」的主張，例如：「語曰：『家有常業，雖饑不餓。國有常法，雖危不亡。』夫舍常法而從私意，則臣下飾於智能，臣下飾於智能則法禁不立矣。是妄意之道行，治國之道廢也。」（〈飾邪〉）君上使用固定不變的法律可以防堵臣下私自「好以智矯法」的陋習，所以一套固定不變的法律可以禁絕臣下的私意、私行。故曰：「好以智矯法，時以行褻公，法禁變易，號令數下者，可亡也」（〈亡徵〉）。並且也以「鏡」、「衡」類比於「法」來說明法的穩定性，曰：「故鏡執清而無事，美惡從而比焉；衡執正而無事，輕重從而載焉。夫搖鏡則不得爲明，搖衡則不得爲正，法之謂也。故先王以道爲常，以法爲本。」（〈飾邪〉）再者，法之所以須具備穩定性切勿「法禁變易，號令數下」，除了穩定社會秩序外，還有其他功利的考量。例如：

> 工人數變業則失其功，作者數搖徙則亡其功。一人之作，日亡半日，十日則亡五人之功矣。……凡法令更則利害易，利害易則民務變，務變之謂變業。……治大國而數變法則民苦之，是以有道之君貴靜，不重變法。（〈解老〉）

顯然注重法的穩定性是因爲欲使人民在穩定的法律規範下確立「天天相同的行爲模式」（業），[註18] 如此一來可獲較高的「功效」。《韓非子》反對「變業」，正是要確立人民天天相同的行爲模式，以求最大的功利。因此，法的穩定性功能，一方面可以穩定社會秩序，另一方面還可在社會秩序穩固下人民安居樂業以致於產值大增。在這樣的意義下，法的穩定性考量，歸根究底，還是在求致「國家普遍的效益」，因而功利主義色彩更加濃厚。

　　韓非援道入法的方式，有鑑於道「與時生死」（〈揚權〉）的存在表現，法爲配合道因「時」的「自然」狀態的改變，亦須有一相應的調整，此「調整」意味法具有「變動性」。〈心度〉說：

> 故治民無常，唯治爲法。法與時轉則治，治與世宜則有功。故民樸而禁之以名則治，世知維之以刑則從。時移而治不易者亂，能治眾而禁不變者削。故聖人之治民也，法與時移而禁與能變。

（上海：上海古籍出版社，2000 年），頁 72、73。

[註18] 美國法理學家博登海默認爲：「由於法律力圖增進社會的秩序價值，因此它就必定注重連續性與穩定性的觀念。正如我們所知，社會生活中的秩序所關注的是建構人的行動或行爲的模式，而且只有使今天的行爲與昨天的行爲相同，才能確立起這種模式。」引文可見同註 8，頁 326。

這裡提出立法須「因時制宜」的原則，如此法才能符合時代的需要。〈問辯〉指出「法者，事最適者也」、「法不兩適」，表示法具有高度的「客觀性」，能充分反應事物的本質。但此客觀性仍然依人的主觀意志所訂立，經過長時間人、事、物的變遷，法往往無法繼續「切合」（適）人、事、物變動過後的本質，因而產生「適法性」的問題，並進而修正、調整法的規範內容。所以美國社會學法學家羅斯柯・龐德（Roscoe Pound, 1870～1964）才說：「法律必須是穩定的，但不可一成不變。」〔註19〕

在法的「穩定性」與「變動性」思想兩方面，或許直觀地令人引發《韓非子》思想涉及的「常與變」的問題。常與變在《韓非子》書中並非不可兩立，而是指適用解釋的對象不同。《韓非子》的道，可以指存有的樣態（萬物之所然也），亦指一最整全的普遍概念（萬理之所稽也）。既屬普遍的抽象概念，就不能限於個別的殊相，故曰：「而常者，無攸易，無定理，無定理非在於常所，是以不可道也。」（〈解老〉）但是道必須以現象的方式呈現，故曰：「不得不化，故無常操。」（同前）因此，所謂的「常」與「無常」，只是道以存在樣態的不同，或可謂在「理想、普遍的概念界」或「個別、特殊的現實界」之別而已。因此，座落於解釋的對象不同，其內涵亦有不同，不能說是理論上的不一致。同樣地，韓非主張變古，如「是以聖人不期脩古，不法常可」（〈五蠹〉），卻也主張「必以先王之法爲比」（〈有度〉）；要人君主道，卻排斥「先王之道」認爲「亂國之俗，其學者則稱先王之道」（〈五蠹〉），究竟先王之道或先王之法代表的「常」可行或不可行？《韓非子》在「常與變」的問題上，其實已經作了回應。它說：「不知治者，必曰：『無變古，毋易常。』變與不變，聖人不聽，正治而已。然則古之無變，常之毋易，在常古之可與不可。」（〈南面〉）可見「古之無變，常之毋易」其理由完全在於「常古之可與不可」，意即若古例確實可取，則不須全盤否定，反而可以繼續沿用。由此可見，《韓非子》在主要的論點上，並不致於產生矛盾，反而留有許多調整的機制，法的穩定性與變動性可並存即是一例。

二、普遍性

法的普遍性是指法有「一般性」與「連續一致性」的兩種性質。而且「都是由那些旨在型構或裁定大量人類行爲的模式或尺度構成的，而不是由那些處

〔註19〕引文可見同註8，頁325。

理單一的個別情形的瞬變且具體的指令所構成的。」〔註20〕亦即法律的構成不適用於特定的時、空、人、事狀態，而是形成一般性的規則，因此，法的普遍性蘊含「規則」（rules）概念。意即法律規則適用於所有社會的成員，所有的規則皆爲約束行爲、調整行爲的標準。我們可以從自然法內含的「事物自然的條理」找出自然規則的概念。西方所謂的自然律（the laws of nature）或「自然齊一律」（principle of uniformity）表現出規則的「連續一致性」。因爲根據經驗上的歸納結果，過去的經驗會呈現出與未來的經驗相似而且一致的結果。這樣連續一致性的自然規則即爲《韓非子》的普遍、客觀規律的道了，原來道只是描述性的規則，但因爲「因自然」的倫理原則，道便形成規約性的規則而有應然原理的意義。到了法的形成，直接仿效因道自然的客觀規律，賦予法也有自然齊一律的連續一致性，表示法的效力不只是適用於所有人，還適用於所有不同的時、空、事態，儘管、時、空、事態不同或已經改變，但法的內容還是維持其連續一致性。前述「法禁變易，號令數下者，可亡也」表現出法的不容輕易更改的穩定性，其實也是爲了維持不同的時、空、事態下，法還是維持其一貫的連續一致性，所以法的普遍性其實來自於法的穩定性而言。簡言之，法適用於一般人，而非特定人士，如「法不阿貴，繩不撓曲。法之所加，智者弗能辭，勇者弗敢爭。刑過不避大臣，賞善不遺匹夫。」（〈有度〉）而普遍性蘊含「公平性」或「平等性」概念，因爲若法僅止於適用特殊的對象或情況，則產生偏私而不公的情形，公平性必然遭受質疑，又如「不辟親貴，法行所愛」（〈外儲說右上〉）。但文本提到「人主者，守法責成以立功者也」（〈外儲說右下〉），但這只是倫理規範非法律規範的主張，不具有強制力，法律規範只適用於臣民甚至太子，但並不適用於君王本身。所以依照法律的普遍性原則來看所謂「法律之前人人平等」，根本把君王排除在法律的規範範圍之外，如此不能說法律具有充分的普遍性與公平性，如以保障民權的觀點而言，這顯然是《韓非子》法學爲了保障君王之利而存在的一個不能說的缺陷。不過相較於今日對於一國元首的法律規範而言，現代民主國家的元首亦擁有「刑事豁免權」，我們如今的法律規範也不能完全稱得上「法律之前人人平等」。

三、強制性

當西方法理學在談論法的構成要素或本質時，必定會要求法律規範必須

〔註20〕引文同註8，頁234～236。

含有強制性，例如目的法學派的德國法學家耶林（Rudolf von Jhering, 1818～1892）宣稱：「沒有強制力的法律規則是『一把不燃燒的火，一縷不發亮的光』。」〔註21〕強制性除了構成法律的本質或要素，還經常被視為法律與道德的唯一區分要素。但強制性或強制力並非區分法律與道德的唯一標準，托馬休斯（Christian Thomasius, 1655～1728）提出新的界定：「即法律調整人們的外部關係，而道德則支配人們的內心生活和動機。」〔註22〕根據此一界定，我們可以說法律規範只是一些外部獨立於動機之外的行為規則，人們只需依循這些形式上的外部規範而生活，法律不管其行為背後的動機為何的問題。而道德的考量則與法律相反，它考量的重點反而在於內在的動機或良心是否合乎純粹的善念。因此，後來「新康德學派學者則認法律與道德之區別，非在強制性，而是在於法律之外在性（規範人的外部行為），與道德之內在性（規範人心裡內部之動機）。」〔註23〕

　　《韓非子》的強制性主張表現在「明其法禁」與「必其賞罰」兩方面。例如：

> 公私不可不明，法禁不可不審，先王知之矣。（〈飾邪〉）
> 明其法禁，察其謀計。（〈八說〉）
> 使周、衛緩其從衡之計，而嚴其境內之治，明其法禁，必其賞罰，盡其地力以多其積。（〈五蠹〉）
> 法之所加，智者弗能辭，勇者弗敢爭。刑過不避大臣，賞善不遺匹夫。（〈有度〉）

一般說來，法律規則或法律規範有三要素：假定、行為模式與法律後果。「假定又稱假定條件，是指法律規則中有關適用該規則的條件和情況的部分。」〔註24〕假定條件通常指法律規則實際上並非放諸四海而皆準，而是需受限於特定的時間、空間、人或特殊狀況的特定條件下才適用。「行為模式是指法律規則中規定人們如何具體行為或活動之方式或範型的部分，是法律規則中的核心部分。……法律規則中的行為模式分為三種：（1）可為模式，指在假定條件下，人們"可

〔註21〕引文同註8，頁110。
〔註22〕引文同註8，頁371。
〔註23〕引文同註1，頁37。
〔註24〕引文參見舒國瀅主編，《法理學導論》（北京：北京大學出版社，2006年6月），頁103。

以這樣行為"的模式。(2) 應為模式,指在假定條件下,人們"應當或必須這樣行為"的模式。(3) 勿為模式,指在假定條件下,人們"禁止或不准這樣行為"的模式。」〔註25〕《韓非子》的法治理論充斥著第三項的「勿為模式」,即法律規則以「禁令」的方式表達,此為「法禁」之意義。「法律後果是指法律規則中規定人們在假定條件下作出符合或者不符合行為模式要求的行為時應承擔相應的結果的部分,是法律規則對人們具有法律意義的行為的態度。」〔註26〕法律後果又可分為「肯定性的法律後果」與「否定性的法律後果」兩種。前者又稱為合法後果,指依照規則而行為可得肯定,具有激勵的作用。而後者又稱為違法後果,即指因違法遭到法律的制裁,具有懲罰的作用。這兩種法律後果簡而言之即《韓非子》的「賞」與「罰」,於本章第五節將另闢專文討論。以上三項法律規則具備的三要素,《韓非子》文本中大概只符合「行為模式」與「法律後果」兩項。但這只是從文本的線索來看,文本中並未直接提到明確的法律條文之細節,而只是關於法的一般性描述。通常假定條件因為法律的行文必須力求扼要、明瞭,所以不見得可以直接從法律條文看出假定條件的預設。必須訴諸文字的內在意涵推導出條文背後的假定條件。所以就算《韓非子》文本只符合法律規則後面兩項的要素,因其只闡明以法治國的原則性主張,並未明示具體的條文內容,因而不代表《韓非子》的法學不存在假定條件的預設。

　　強制性的「法禁」表示法律有「禁令」的強制效力,表現在《韓非子》的「令行禁止」、「不得」、「不可不刑」等語詞。「令行禁止」、「禁令」的相關引文如下:

> 過法立智,如是者禁,主之道也。禁主之道,必明於公私之分,明法制,去私恩。夫令必行,禁必止,人主之公義也;必行其私,信於朋友,不可為賞勸,不可為罰沮,人臣之私義也。(〈飾邪〉)

> 凡治天下,必因人情。人情者,有好惡,故賞罰可用;賞罰可用則禁令可立而治道具矣。君執柄以處勢,故令行禁止。(〈八經〉)

> 夫凡國博君尊者,未嘗非法重而可以至乎令行禁止於天下者也。(〈制分〉)

> 襄子有君臣親之澤,操令行禁止之法,而猶有驕侮之臣,是襄子失

〔註25〕引文同上註,頁 104。
〔註26〕引文同上註,頁 104。

罰也。(〈難一〉)

以及「不得」、「不可不刑」相關的文本闡述如下：

> 故明主之畜臣，臣不得越官而有功，不得陳言而不當。越官則死，
> 不當則罪，守業其官所言者貞也，則群臣不得朋黨相爲矣。(〈二
> 柄〉)

> 人主使人臣雖有智能不得背法而專制，雖有賢行不得踰功而先勞，
> 雖有忠信不得釋法而不禁，此之謂明法。(〈南面〉)

> 是故大臣之祿雖大，不得藉威城市；黨與雖眾，不得臣士卒。故人
> 臣處國無私朝，居軍無私交，其府庫不得私貸於家。(〈愛臣〉)

> 夫垂泣不欲刑者仁也，然而不可不刑者法也，先王勝其法不聽其泣，
> 則仁之不可以爲治亦明矣。(〈五蠹〉)

以上所述，我們可以歸納出強制的項目或內容：舉凡一切與私人有關的「私
恩」、「私義」、「私意」(越官)、「私德」(智能、忠信)、「私威」、「私朝」、「私
交」、「私貸」，所有偏私的部分皆需搜入禁絕之列，《韓非子》稱爲「禁姦」。
因此，「明於公私之分」是《韓非子》判斷是否合法或違法的基本標準，但明
於公私之分必須訴諸君王直觀的分辨能力，所謂「公私不可不明，法禁不可
不審」(〈飾邪〉)、「明主審公私之分，審利害之地」(〈八經〉)。大臣一樣也必
須有辨別公、私之分的能力，方能遵守所有與「不得」語詞相關規範的強制
禁令。百姓則不必分辨公、私之別，只需依法辦事，聽任君上的指示與行事
安排。例如〈有度〉說：「先王之法曰：『臣毋或作威，毋或作利，從王之指；
無或作惡，從王之路。』古者世治之民，奉公法，廢私術，專意一行，具以
待任。」另外，法禁的具體內容有：「故明主之國，無書簡之文，以法爲教；
無先王之語，以吏爲師；無私劍之捍，以斬首爲勇。是境內之民，其言談者
必軌於法，動作者歸之於功，爲勇者盡之於軍。」(〈五蠹〉)「無書簡之文，
以法爲教」指強力禁止思想自由，以法統一民眾的思想，法爲指引思想的唯
一內容與準則。「無先王之語，以吏爲師」即曰不准法古，禁止談論歷史事跡，
此爲禁錮言論自由之表徵。因「俠以武犯禁」、「犯禁者誅，而群俠以私劍養」
(〈五蠹〉)，禁止民間所稱的俠士私下械鬥一再衝擊法的強制力，禁止私下擁
劍自重，將「私劍之捍」轉化爲「斬首爲勇」，剝奪了民眾可以自由集會結社
(群俠)的人身自由。此項法禁的內容有如民國七十四年制定的「檢肅流氓

條例」，立法的目的爲「動員戡亂時期，爲防止流氓破壞社會秩序、危害人民權益，特製定本條例」。〔註27〕

再者，韓非所設的「禁姦之法」欲達到「太上禁其心，其次禁其言，其次禁其事」（〈說疑〉）、「上宜禁其欲、滅其迹而不止也」（〈詭使〉）、「禁其行，破其群，散其黨」（〈詭使〉）。〔註28〕由以上所述可知，法強力禁止的範圍包含個人內心的意念與欲望、外在的言論與行爲，甚至群體的集會結社都在禁止的範圍內。就法律與道德的外在性與內在性之區分，此處法律禁止的範圍僅在於外在的規範形式，如言論、行爲可以作爲法律規範的具體對象，但個人的意念與欲望則關乎道德的內在性，法律根本無從干涉，更無從禁止。因爲法律的強制力之執行或展現必須依據外在行爲的具體事實，無法考慮到內在的動機。也許可以從人的外顯行爲來推測其動機予以設置禁令，但內在的動機或意念、欲望，不見得一定會顯現在外在的言論、行爲方面。意即動機與行爲之間根本沒有必然的因果聯繫，法律缺乏這種因果聯繫的證明，從動機或意念來看，根本無從取得賞罰所依賴的明確證據。在此，法律無從「禁其心」、「禁其欲」，這種主張不是法律主張，而是國君自然之私欲，是一種基於爲政所需的道德主張。而「無私劍之捍」此項檢肅流氓的法律之規定雖然可彰顯國家拘提流氓的強制力，但以今日憲法所稱的保障民權觀點而言，流氓也有人權，實在戕害人權甚深！不過也許我們不應該「以今來非古」，現今世界上的民權、民主思想在韓非其時，實在無法想像。以上論述足見法的強制性只爲了導向「言談者必軌於法，動作者歸之於功，爲勇者盡之於軍」，一切僅以「耕戰有益」爲目的，可謂爲禁止思想、言論、人身以及一切私權利的軍國主義國家。

第三節　法源依據

《韓非子》提到：「韓者，晉之別國也。晉之故法未息，而韓之新法又生；先君之令未收，而後君之令又下。」（〈定法〉）韓自三家分晉後分出，當時法之紛亂，呈現出新舊法銜接、統合的情形，但也只能確定法令由君王所佈達，而不知法源之究竟。依照「明主立可爲之賞，設可避之罰」（〈用人〉）、「上設

〔註27〕引自「檢肅流氓條例第一條」。
〔註28〕此段依據〈詭使〉修改，而文本原貌爲：「而不禁其行，不破其群，以散其黨，又從而尊之，用事者過矣。」（〈詭使〉）

其法，而下無姦詐之心」（〈難一〉）以及「故度量之立，主之寶也」（〈揚權〉）
三處之記載，我們可以清楚推測法源之依據應只在君王一人。就立法者的權
力來源而言，韓非法學似乎近於「主權說」。主權說「以法爲主權者的命令，
或法是國家主權的表現的學說」。〔註29〕新分析實證主義法學派哈特「所講的
最終承認規則就是指國家的立法權，也就意味法的本質在於國家權力。」〔註
30〕而所謂的主權者的命令或國家的立法權都清楚指向君王一人，君王本身即
是現代西方法學所說的國家權力的執行者。這裡所謂的「主權」專指立法者
制定法律的專擅權，賦予立法者依其意志而生的權力。肯定君王爲唯一法源
依據，加上「明主之表易見，故約立；其教易知，故言用；其法易爲，故令
行。」（〈用人〉），明主之「表」指君王所立之儀表，引申爲客觀的法度、規
範之意，或以命令或法律規則的形式形成準則。「約立」並不意味法的形成由
君王與人民相互約定的社會契約說。「約」爲準則、規則或法律命令，與其後
的「故令行」相呼應，等同於「凡畸功之循約者難知」（〈制分〉）的「約」之
意涵。因此，《韓非子》的法律命令說以法爲主權者的命令無庸置疑。

　　而其擁有司法的主權，表現在「法」與「勢」同時並立的關係上。君王
實際上是以賞、罰二柄爲後盾來「處勢」，藉以宣示其擁有主權並提升政治地
位，規定臣民奉公守法。故曰：「君執柄以處勢，故令行禁止。柄者，殺生之
制也；勢者，勝眾之資也。」（〈八說〉）又曰：「抱法處勢則治，背法去勢則
亂」（〈難勢〉）。而所謂的「勢」，韓非已表明並強調「吾所爲言勢者，言人之
所設也」（〈難勢〉），可見「人設之勢」比「自然之勢」重要。陳啓天先生認
爲：「韓非的勢論，就是西洋所謂『主權論』。……而勢是國家統治人民的一
種權力……近代關於主權，或分爲對外主權與對內主權。對內主權，即統治
權，又多分爲立法權、行政權與司法權。在韓非的學說中，對於勢尚未如此
細分，惟特別詳言司法權中的賞罰權，賞罰爲勢的有力表現。勢須操於君，
則賞罰亦須操於君。」〔註31〕所謂「聖王之立法也，其賞足以勸善，其威足
以勝暴，其備足以必完法」（〈守道〉）則表現出君王擁有立法的主權。君王擁
有立法權似乎已符合西方主權說的形式條件，但主權說如拜占庭皇帝查士丁

〔註29〕引文可見美濃部達吉著、林紀東譯，《法之本質》（臺北：臺灣商務，1992年），
　　　　頁65。
〔註30〕引文可見同註2，頁33。
〔註31〕引文可見陳啓天，《增訂韓非子校釋》（臺北：臺灣商務印書館，1969年），頁
　　　　948～950。

尼所說的「凡是君王希望的便具有法律的效力」，〔註32〕據此君王可以單憑己意隨意立法，「否定在其背後有普遍的正義思想的存在」，〔註33〕關於這一點根本與韓非立法的「守成理，因自然」（〈大體〉）或「順於道德」（〈姦劫弒臣〉）的正義思想相違背。雖然法的制定《韓非子》並無指出一定的立法程序，然而君王立法必須遵循一定的原則，並非如西方主權說所言，可以任憑君王一己之私意而立法，關於這方面的論述涉及自然法說，即立法有其客觀基礎與限制的原則，留待下一節有詳細的說明。另一方面，至高無上的勢位有賴於眾人之支持。如：「人主者，天下一力以共載之，故安；眾同心以共立之，故尊。……故古之能致功名者，眾人助之以力，近者結之以成，遠者譽之以名，尊者載之以勢。」（〈功名〉）所以，人設之勢的形成背後也必有其因眾人之助的正義思想存在。簡言之，韓非法學兼顧西方的自然法說與主權說這兩種內涵極端對立的學說，若深入分析其法的本質或法理學思想，則愈能顯現其法學相異於西方法學的特殊性。

第四節　立法原則

　　一般說來，《韓非子》的立法原則包含幾個面向的考量：一、立法應該考慮其功利性，必以利多於弊爲前提。二、法令必須統一，並保持相對的穩定性。三、法令必須適應人的性情，切合時勢，容易了解，便於實行。四、法應詳盡明白。五、訂定法律時，必須貫徹厚賞重罰的原則，使法律眞正起到賞善罰惡的作用。〔註34〕筆者於本節將第三項修改爲「法的客觀基礎」，而第二項上一節已有論及，在此省略。

　　《韓非子》指出立法的目的在於廢私道，故曰：「夫立法令者以廢私也。法令行而私道廢矣，私者所以亂法也。」（〈詭使〉）與廢私道相對立的公利，如「息文學而明法度，塞私便而一功勞，此公利也」（〈八說〉），即反應出立法的首要任務應考慮謀求國家之整體公利排除個人之私利，故法應爲公利之所在。誠如上一章所論，韓非的倫理思想並不相應於西方的倫理利己主義概

〔註32〕引文可見同註6，頁16。
〔註33〕引文可見同註29，頁72。
〔註34〕這五項立法的原則來自於統合張覺與姚蒸民兩位先生的看法，可參閱張覺，《《韓非子》選評》（上海：上海古籍出版社，2004年），頁66〜71。以及同註3，頁177〜181。

念，而是規則功利主義的理論思維架構。但「夫令必行，禁必止，人主之公義也」則是基於規則功利主義而形成的立法指引原則，因為公義等同於公利皆相對於私道而言，可見《韓非子》的立法原則與其以促進公利為考量的主張有關。如何得到最大的公利？奧斯丁也認為立法應考慮其功利性原則：「有可能建立一種基於功利原則即最大幸福原則之上的立法科學，它會給予立法者指引。」〔註35〕這裡顯然與立法者必須仔細衡量立法過程中所遭遇到的各種利害、輕重，並作出道德抉擇。〈八說〉提到：

> 法所以制事，事所以名功也。法有立而有難，權其難而事成則立之；事成而有害，權其害而功多則為之。無難之法，無害之功，天下無有也。是以拔千丈之都，敗十萬之眾，死傷者軍之乘，甲兵折挫，士卒死傷，而賀戰勝得地者，出其小害計其大利也。夫沐者有棄髮，除者傷血肉，為人見其難，因釋其業，是無術之事也。

前面提到「法者，事最適者也」，主要說明法的制定必須最切合實際的事態。所以一切的法律規範都要合乎各種時事的發展，藉以確保各種事態都合於國家的秩序。所以，法可以規範各種人事的發展，使之合於秩序。而任何的事態的背後都蘊含一定的事功，即謂實際的人事可能產生的各種影響或效果，此謂「法所以制事，事所以名功也」。舉例說明，以〈二柄〉所述「臣不得越官而有功，不得陳言而不當。越官則死，不當則罪」的法律條文來說，其中「越官則死」這條行政法規主要針對「越官」這樣的事而有的規範，此為「法所以制事」。而「事所以名功」則指「越官」這樣的事表現出侵犯其他人職權而可能造成不利行政體制運作的結果。而立法的過程中，必然會遭遇許多的困難，尤其新舊法的整合因民性好利「利在故法前令則道之，利在新法後令則道之」（〈定法〉）會有法令不統一導致行為的選取不一致的問題，產生「利在故新相反，前後相勃」（〈定法〉）的利益衝突。換言之，對於新舊法可能存有一者有利、一者有害的利害如何取捨的困難。而君王立法的困難，便在於需仔細通盤考量、整合國家公利與民眾的私利，設法統一、調整新、舊法的利害衝突，使民的行為選取有一共同的法律規範可遵循。故立法之首要原則在於「權其害而功多則為之」、「出其小害計其大利也」，將倫理上的功利主義原則應用在立法的技術上，謀求、評估立法過後的最大功效。所以立法的原

〔註35〕引文可見戈爾丁（Martin P. Golding）著，廖天美、結構編輯群編譯，《法律哲學》（臺北：結構群文化事業有限公司，1991年），頁33。

則，最終還需訴諸利、害之算計的道德選擇。其他的立法原則，如「法應詳盡明白」主要的目的，在於避免因爲條文的簡省而造成過多的模糊空間，以致於對於法律的解釋與認知造成爭議。所謂：「書約而弟子辯，法省而民訟簡。是以聖人之書必著論，明主之法必詳事。」（〈八說〉）而貫徹「厚賞重罰」的原則，使法律眞正起到賞善罰惡的作用，如「聖王之立法也，其賞足以勸善，其威足以勝暴，其備足以必完法。」（〈守道〉）此項原則涉及「法律制裁」的概念，雖說立法必須貫徹「厚賞重罰」原則，但在《韓非子》的法律制裁概念中，似乎特別強調「公孫鞅之法也重輕罪」（〈內儲說上〉）的罰更勝於賞的原則，我們留待下文「法律後果」一節再行深入探討。

　　以下本節論述的重點將深入探討「立法的客觀基礎」，筆者認爲這項立法原則應是諸原則中最爲重要者。因爲其中的「因人情」與「因自然」原則，已觸及法理學中的自然法、法實證主義與正義概念之間複雜的關係。上個世紀以來，《韓非子》的法學屬性在學界並未引起廣泛的注意與討論，而且普遍的看法都認爲其法學的屬性應爲實定法或法實證主義，其主要的立論依據來自於西方法理學的分析法實證主義的影響。雖說：「凡治天下，必因人情。人情者，有好惡，故賞罰可用；賞罰可用則禁令可立而治道具矣。」（〈八經〉）法律之制定必因人情主要考慮「立法時應考慮到它的通俗性和可行性」。〔註36〕因爲「禁令可立」的前提是「賞罰可用」，而賞罰可用的前提條件則爲「有好、惡之分的人情」。而治天下的前提則指「禁令可立」的立法意義。所以立法必因人情之好、惡，對應爲賞、罰可用作爲邏輯上的中介概念，而賞、罰可用實指「明主立可爲之賞，設可避之罰」（〈用人〉），「可爲」、「可避」則爲立法的通俗性和可行性，此爲人情好、惡之考量，並不是說立法必須考量人民的情緒、感受或內在的需求。同理，〈制分〉也指出「其法通乎人情，關乎治理也」，即所謂「人情」實指因畏懼連坐法而表現出來的種種人性之實情。引文如下：

> 是故夫至治之國，善以止姦爲務。是何也？其法通乎人情，關乎治理也。然則去微姦之道奈何？其務令之相規其情者也。則使相闚奈何？曰：蓋里相坐而已。禁尚有連於己者，理不得相闚，惟恐不得免。有姦心者不令得忘，闚者多也。如此，則慎己而闚彼。發姦之密，告過者免罪受賞，失姦者必誅連刑。如此，則姦類發矣。姦不容細，私告任坐使然也。（〈制分〉）

〔註36〕引文可見張覺，《《韓非子》選評》（上海：上海古籍出版社，2004年），頁68。

這段話乍看之下通於「禮者，因人之情，緣義之理，而爲之節文者也。」(《管子・心術上》) 即將「禮者，因人之情，緣義之理」轉化爲「其法通乎人情，關乎治理也」。此處的「其法通乎人情」也無關於立法是否必須切合人民之需求與感受的問題，此處的「人情」則指「去微姦之道」的「其務令之相規其情者也」。亦即法的設立必須能達到「蓋里相坐」的連坐法效果，使得「有姦心者不令得忘，闚者多也」，徹底達到「善以止姦爲務」。由此觀之，立法因人情之好、惡的考量爲韓非利用人性自然的觀點設置可爲之賞、可避之罰，或者利用人民因畏懼連坐法而踴躍「發姦之密」的人性，故此「人情」等同於「夫安利者就之，危害者去之，此人之情也。」(〈姦劫弑臣〉)。我們並不能據此而說「因人情」之說爲韓非的正義觀點，因爲君王對於人性的利用，應爲君王基於爲求達到富國強兵的目的而有的一己之私利，故曰：「明主者，通於富強則可以得欲矣。」(〈八說〉) 君王的私欲表露無遺。簡而言之，「因人情」既爲滿足君王之私利，便不能視爲大公無私的正義觀點。另外，法律上的賞、罰作用含藏能力的概念。所以不只是倫理規範蘊含能力的概念，法律規範也必須蘊含能力的概念，故又曰：「明主之表易見，故約立；其教易知，故言用；其法易爲，故令行。」(〈用人〉)。

　　由上述可知，法的正義思想並非來自於「因人情」之說，而是來自黃老道家「順於道德」的「因自然」之說。請參見以下這一段論述：

> 故安國之法，若饑而食，寒而衣，不令而自然也。先王寄理於竹帛，其道順，故後世服。今使人去饑寒，雖賁、育不能行；廢自然，雖順道而不立。強勇之所不能行，則上不能安。上以無厭責，己盡，則下對無有，無有則輕法，法所以爲國也而輕之，則功不立、名不成。(〈安危〉)

上述的「安國之法」亦即「使天下皆極智能於儀表，盡力於權衡」(〈安危〉) 中的「儀表」、「權衡」，亦爲法之「號令」。「安國之法」表現出「其道順，故後世服」的自然條理，如此符合自然法說以爲法的存立之基礎基於天道自然的條理意義。所需注意一點，道以「自然」爲表現的形態，既然〈解老〉以爲「道者，萬物之所然也，萬理之所稽也」，所以道應包含「人之情」在內，正所謂「百姓皆謂我自然」(《老子・六十四章》)，人也應包含在自然之內，所以君王的立法原則不能悖離「人情」、「治理」這兩方面的自然法則。其自然法則即法的客觀基礎，或等同於韓非其學歸本於黃老的形上基礎——道、

德、理。這點從〈大體〉可知，如：

> 守成理，因自然。禍福生乎道法，而不出乎愛惡。……故至安之世，
> 法如朝露，純樸不散，心無結怨，口無煩言。……因道全法，君子
> 樂而大姦止。澹然閒靜，因天命，持大體，故使人無離法之罪，魚
> 無失水之禍。

可見法與「守成理」、「因自然」、「純樸不散」、「因天命」、「持大體」所比喻
的道具有同構性關係。即法與道彼此相即相因。韓非時常以「道法」相稱，
如「道法萬全」（〈飾邪〉）、「進善言、通道法而不敢矜其善」（〈說疑〉），即顯
示道作為法的客觀基礎。《黃帝四經》甚至明言：「道生法。法者，引得失以
繩，而明曲直者也。故執道者，生法而弗敢犯也，法立而弗敢廢也。」（《經
法·道法》）《黃帝四經》與《韓非子》同樣都認同立法的根源與基礎來自於
自然的道，差別只在於《黃帝四經》更進一步將法的適用範圍也擴及至高無
上的君王，反觀《韓非子》似乎無任何明確且專對君王行為的法律規範可言。
立法的客觀基礎還表現在「度量衡」的方面，《管子·七法》：「尺寸也、繩墨
也、規矩也、衡石也、斗斛也、角量也，謂之法。」因為這些度量衡工具本
身無知、無情也屬於因自然的一部份，竟然無知、無情便不受任何事物的影
響，可以保持絕對的客觀、公正，所以作為規範的基礎最為客觀，可以象徵
法的超然與無私。〈八說〉同樣有以度量衡的「衡石」為例，說明法如自然之
物一樣不受人為的影響，因而治國的效用最大。故曰：

> 先聖有言曰：「規有摩，而水有波，我欲更之，無奈之何！」此通權
> 之言也。是以說有必立而曠於實者，言有辭拙而急於用者，故聖人
> 不求無害之言，而務無易之事。人之不事衡石者，非貞廉而遠利也，
> 石不能為人多少，衡不能為人輕重，求索不能得，故人不事也。明
> 主之國，官不敢枉法，吏不敢為私，貨賂不行，是境內之事盡如衡
> 石也。

立法的因自然原則也表現在必須切合時勢方面，因相應於其「世異則事異」、
「世異則備變」的歷史觀而有的「法與時轉則治，治與世宜則有功」（〈心度〉）
的變法觀。因此，法的制定來自「因人情」與「順於道德」兩方面，韓非稱
作「其法通乎人情，關乎治理也」（〈制分〉）。前述已經詳細從文本脈絡分析
指出立法應「因人情」，即說立法應利用人性的好、惡，與畏刑的心理設置賞、
罰，則可天下大治。但這種說法其主要的原因或動機並非指立法的原則必須

建立在民眾的需求與感受，《韓非子》絕無此意可言，當然據此推斷《韓非子》的立法精神並無立基於民意之所需的古代民主。「因人情」之說雖非直指古代民主，但可謂古代民主的餘緒——民本思想，即立法應考慮前述人情可以接受的通俗性與可行性。雖然「明主之道忠法，其法忠心（人心），故臨之而法，去之而思。」（〈安危〉）「其法忠心」的「心」可以理解爲「民心」或「君心」，但有幾點理由，我們不得不排斥「其法忠於民心」的可能性。首先，我們從公、私之分的主張可知，「奉公法，廢私術」（〈有度〉）、「貴私行而賤公功者」（〈亡徵〉）、「行私道而不效公忠」（〈三守〉）所表現的「公道」，其一致性的目的皆爲去臣民之私，而且「明主使其群臣不遊意於法之外，不爲惠於法之內，動無非法」（〈有度〉），「私意」、「私惠」皆應依法杜絕。由此觀之，基於私的民心在本質上與「公忠」相對立，而且「禁主之道，必明於公私之分」（〈飾邪〉）、「知臣主之異利者王」（〈八經〉），因臣主之利益上的衝突而明於公私之分不可兩立。故民心、民利與公心、公利本質上也不可兩立，故韓非的君心不可能將民心列入考量，反而是「刑罰必於民心」（〈定法〉）。若有一絲的可能，大概也僅剩前述「利用人性的好、惡，與畏刑的心理」吧！再者，曰：「聖人之治民，度於本，不從其欲，期於利民而已。」（〈心度〉）或曰：「聖人爲法國者，必逆於世，而順於道德。知之者，同於義而異於俗；弗知之者，異於義而同於俗。天下知之者少，則義非矣。」（〈姦劫弒臣〉）都充分顯示聖人立法、治民唯一的考量只在「順於道德」的「因自然」，根本上還是逆於俗情、不從民欲。不從民欲的具體例子，從〈八姦〉反對「民萌」與「威強」可得知。請見如下解釋：

> 何謂民萌？曰：爲人臣者散公財以說民人，行小惠以取百姓，使朝
> 廷市井皆勸譽己，以塞其主而成其所欲，此之謂民萌。（〈八姦〉）

> 何謂威強？曰：君人者，以群臣百姓爲威強者也。群臣百姓之所善
> 則君善之，非群臣百姓之所善則君不善之。（〈八姦〉）

可見《韓非子》根本反對「散公財以說民人，行小惠以取百姓」，以及「群臣百姓之所善則君善之，非群臣百姓之所善則君不善之」這種譁眾取寵的行爲。

　　依據上一段的分析，法的訂立有其客觀基礎（道），單憑道是「萬理之所稽也」此項意義即符合廣義的自然法所包含法的正義內容。在此，我們應該更清楚地理解何謂自然法？何謂正義？自然法說的內容指「法是基於事物的自然條理，或普遍的正義而存在的思想……法的概念，明明包含有『正』的

要素。」〔註 37〕法的訂立依照人情、治理這兩種自然法則已無疑問，但「普遍的正義」是一個難以定義的概念。我們可以回到西方傳統對「正義」的界定藉以進一步找尋《韓非子》自然法的基礎。西方哲學或法理學中的主要傳統將「正義」的核心意義與「平等」（equality）概念相聯繫。〔註 38〕「平等」意味著「公正無私」，而《韓非子》中法與「公」、「正」概念的聯繫十分明顯，又以「公正」、「公心」定義「直」。例如：「所謂直者，義必公正，公心不偏黨也。」（〈解老〉）而「正質之道」也代表公利，例如：「夫君臣非有骨肉之親，正直之道可以得利，則臣盡力以事主；正直之道不可以得安，則臣行私以干上。」（〈姦劫弒臣〉）《韓非子》尤其突出明於公私之分的倫理原則，及謂君王對於大公無私的正義概念必須有相當的體認而曰：「禁主之道，必明於公私之分，明法制，去私恩。」（〈飾邪〉）所謂的公、私之分的具體內容爲「能去私行行公法者」（〈有度〉）、「奉公法，廢私術」（〈有度〉）、「貴私行而賤公功者」（〈亡徵〉）、「行私道而不效公忠」（〈三守〉）、「群臣朋黨比周以隱正道、行私曲而地削主卑者」（〈飾邪〉）、「夫舍常法而從私意，則臣下飾於智能」（〈飾邪〉）、「私義行則亂，公義行則治」（〈飾邪〉）、「好用其私智而棄道理」（〈解老〉）、「則私行立而公利滅矣」（〈五蠹〉）。可進一步整理爲「公法」與「私行」、「公法」與「私術」、「公功」與「私行」、「公利」與「私行」、「公忠」與「私道」、「正道」與「私曲」、「常法」與「私意」等幾組對比的公、私之別。由以上的幾組公、私對比的概念可知，「公」表示群體、社會、國家所代表的法律規則、公共利益、公共效能，甚至爲「正道」的正義表現。故基於群體、社會、國家而有的「公」，必然排斥統稱爲「私意」之下的「私善」、「私惠」、「私心」、「私欲」、「私譽」〔註 39〕等概念。

〔註37〕引文可見同註 29，頁 71。

〔註38〕「正義」以「平等」概念來界定，戈爾丁說：「可以追溯到亞里士多德，他告訴我們說，正義就在於平等地對待不平等，不平等地對待不平等。」引文可參見同註 35，頁 194。另外，我們往往將正義譯爲「公正」，西季威克則認爲：「公正的法律最明顯的、普遍承認的特徵在於他們是平等的。至少在某些立法領域，公正的常識概念似乎最充分地表達在平等概念之中。」引文可見西季威克（Henry Sidgnick）著、廖申白譯，《倫理學方法》（北京：中國社會出版社，1997 年 6 月），頁 284。

〔註39〕〈八說〉提到君王不可任用八種擁有私譽的人，此八譽之人可謂具體行私的八種典型。因爲「此八者匹夫之私譽，人主之大敗也。反此八者，匹夫之私毀，人主之公利也。」（〈八說〉）顯見相對於「匹夫之私譽」的「公利」，實指「人主之公利」。在此，《韓非子》顯然也類同於西方法理學將法律正義的

　　《韓非子》的公、私之分引發一個耐人尋味的法理學問題,「公法」概念的出現是否意味著也可能存在與「公法」相對立的「私法」概念?參佐「夫立法令者以廢私也,法令行而私道廢矣。私者所以亂法也。……故《本言》曰:『所以治者法也,所以亂者私也;法立,則莫得爲私矣。』」(〈詭使〉)可推知,《韓非子》的法的確有「公法」之說,但並無西方羅馬法學家蓋尤斯(Gaius,117~180)的「私法」之說。西方所謂的「私法」相當於今日的「民法」,主要規範、保障人民享有的權利。而公法偏重法律責任的確實履行,以刑罰爲後盾。這裡涉及中西法律觀念之權利與刑罰所取偏重各有不同的特質,「故羅馬法之權利觀念,即古希臘人之公平觀念。……中國人所謂法律,多偏指刑罰言之。中國『刑法』二字之語原,雖亦均有平等之涵義,然中國人對於刑法之觀念,則毋寧謂其偏於罪惡之懲罰,而不在於權利之保障。」〔註40〕或曰:「如果說中國的"法"字以公、罰、禁爲基本含義,那麼西方的"法"字則是以私、權利、正義爲基本含義。在羅馬法體系、查士丁尼法典體系以及拿破崙諸法典中,私法總是重於公法的。」〔註41〕綜合以上所述,《韓非子》的公法偏重於爲確保履行君主所立的法律規範而設的刑罰,而不重視保障民眾的私人權利,從「誅莫如重,使民畏之;毀莫如惡,使民恥之。然後一行其法,禁誅於私。家不害功罪,賞罰必知之,知之道盡矣。」(〈八經〉)的「公法」之提倡主要在於以誅罰強力遏止「私術」、「私行」,由此可呼應中國法律重懲罰而輕權利,甚至在《韓非子》的法學體系中,似乎較少涉及私法的概念而言。如此說來,《韓非子》的法因公而有絕對的客觀性,又因刑罰「不可不刑」的強制性而有絕對的必然性。這樣以刑罰保障正道的公法正義觀,自然有別於西方以私法保障權利的私法正義觀不同了。

　　另外,法具有「正」的意涵則表現在「搖衡則不得爲正,法之謂也」(〈飾邪〉)或「度量雖正,未必聽也」(〈難言〉)。此處言明規矩、衡石、尺寸等度量衡工具都有「正」的「規範標準」含意。另外,就法的字源觀之,法即等同於正義,因爲法內含「平」、「正」概念。《說文》定義:「灋,刑也,平之如水,從水;廌,所以觸不直者去之,從去。」這裡的「刑」,表示處罰須如

目的訴諸公共利益,只不過藉由壓制私譽而有公利之美名,公共利益的概念被轉移到君王的身上。
〔註40〕引文可見錢穆,《政學私言》(臺北:臺灣商務印書館,1996年),頁206。
〔註41〕引文可見呂世倫主編,《西方法律思想史論》(北京:商務印書館,2006年),頁301。

水般的「均平」，而「觸不直者去之」即以刑「正之」的意思。因此，《韓非子》的法概念確屬自然法說。與西方斯多葛學派不同之處在於，韓非雖肯定人有理性（計會）的能力，但缺乏斯多葛學派（the Stoic school of philosophy）將理性視爲神內在於自然中的所謂的「神聖的理性」。斯多葛學派認爲人們應該遵從自然而生活，「遵從自然而生活，就是要使人們的行動符合理性、符合邏各斯。……斯多葛學派認爲宇宙的邏各斯既表現於人類的理性中，也同樣表現於低級的本能中。」〔註 42〕而「神聖的理性」時常被稱爲自然、宙斯或邏各斯（logos），所以相同點在於，《韓非子》的「道」類似於芝諾（Zeno）的「自然」概念，「所謂自然，按他們的理解，就是支配性原則（ruling principle），它遍及整個宇宙，並被他們按泛神論的方式視之爲神。這種支配性原則在本質上具有一種理性的品格。……因此在他看來，自然法就是理性法（law of reason）。」〔註 43〕此外，《韓非子》的道也類似於赫拉克利特（Heracleitus）的「神聖理智」（邏各斯）。赫拉克利特說：「我們依照對神聖理智（λογος）的分享而作一切事，想一切事。所以我們必須"僅只"遵從這個普遍的理性。但是許多人生活著，好像他們有一種自己的理智；但是理性不是別的，只是對於宇宙的安排（結構）的方式之闡明。」〔註 44〕由此可見作爲自然法的理性是一種支配性原則，遍及整個宇宙，《韓非子》的道也正是如此。如下所示：

> 萬物各異理，萬物各異理而道盡。稽萬物之理，故不得不化；不得不化，故無常操；無常操，是以死生氣稟焉，萬智斟酌焉，萬事廢興焉。天得之以高，地得之以藏，維斗得之以成其威，日月得之以恆其光，五常得之以常其位，列星得之以端其行，四時得之以御其變氣，軒轅得之以擅四方，赤松得之與天地統，聖人得之以成文章。道與堯、舜俱智，與接輿俱狂，與桀、紂俱滅，與湯、武俱昌。以爲近乎，遊於四極；以爲遠乎，常在吾側；以爲暗乎，其光昭昭；以爲明乎，其物冥冥；而功成天地，和化雷霆，宇內之物，恃之以成。（〈解老〉）

韓非的道雖然如泛神論的方式存在於宇宙之中，但仍化於「自然之理」，與斯

〔註 42〕 引文可見梯利（Frank Thilly）著、葛力譯，《西方哲學史》（北京：商務印書館，2000 年），頁 119。

〔註 43〕 引文可見同註 8，頁 13。。

〔註 44〕 引文可見黑格爾著，賀麟、王太慶譯，《哲學史講演錄（一）》（臺北：谷風出版社，1987 年），頁 315。

多葛學派將自然視爲神究竟不同。

　　討論至此，在立法的客觀基礎方面，《韓非子》因自然的道與芝諾、赫拉克利特的自然、邏各斯、理性都基於自然的條理、規律而來，而其相異之處則在於《韓非子》少了將自然、神、理性等同爲一的「神聖性」。依照斯多葛學派對於自然的理解，法律、正義、平等、公正這些類似的概念，也都合於自然而存在，而人們只是運用其自身的理性分享邏各斯的普遍理性進而順應自然而生活，從而得到這些自然的概念。此爲古希臘時期自然法的原初意義，我們可以發現自然法中已預設神、自然、邏各斯這些形而上學的存有概念，以及人應該依照作爲人的理性本質，順自然而過著和諧的生活，依照人的理性順其自然而生活，同時也是最符合神意的生活方式。並且人的正義概念，包含平等、公正概念，透過理性皆可以直觀得到這些正義感，因此自然的生活方式可謂古希臘哲學中的倫理或道德學說。因此，自然法顯然預設了許多形而上學與道德的範疇在內，但形而上學與道德正是法實證主義所極力排除的概念。〔註45〕哈特描述法實證主義法學的基本思想爲：「(1) 主張法律是人類的命令。(2) 主張法律與道德之間，或法律是什麼與應該是什麼之間，並沒有必然的關聯。(3) 主張法律概念的分析（或意義的學習）是：(a) 值得探求的，且 (b) 其不同於從歷史面探求法律的起因與源流，亦不同於從社會面探求法律與其他社會現象的關係，更不同於以道德、社會目標、功能……等角度出發，對法律所作的批評或評估。(4) 主張法律系統是一『封閉的邏輯系統』正確的法律決定可用邏輯方式，從預先決定好的規則中導出，而不涉及社會目標、政治、道德標準。」〔註46〕其中第一項即奧斯丁分析法學法律命令說的主張，也和《韓非子》關於法的定義十分雷同。西方法理學界將第二項視爲法實證主義與自然法最大的分野。〔註47〕第三項與第四項則說明法

〔註45〕法實證主義可分爲「分析實證主義法學」與「社會實證主義法學」，本文所使用的「法實證主義」專指「分析實證主義法學」而言。其基本的思想爲源自法國哲學家孔德（A. Comte）認爲其哲學以「實證的事實」作爲根據，而不是以傳統的唯心論與唯物論所代表的形而上學爲根據。另外，也受到邏輯實證主義者的影響，嚴格區分「實際上是這樣的法律」和「應當是這樣的法律」之不同，否認法律與道德之間的關聯性。所以嚴格意義上的法實證主義思想，必定排除形而上學與道德的概念。以上論述可參閱同註2，頁143。

〔註46〕引文可見麥克勞德（Ian Mcleod）著、楊智傑譯，《法理論的基礎》（臺北：韋伯文化國際，2005年），頁18。

〔註47〕沈宗靈先生也指出：「一般說來，分析實證主義法學的基本思想是：嚴格分開

律概念的分析可以直接從法律規則的內容運用邏輯分析、推理的方法導引出其他的法律規則。而實證法的內容就由這些規則所決定，不需要透過歷史、宗教、哲學等領域的方法來分析法律規範的內容。換言之，實證法的所有規則可由其本身「封閉的邏輯系統」分析、遞衍而出，與自然法本身預設的形而上學主張無必然的關連。這個部分，很清楚來自於維也納學派的邏輯實證主義之應用。

依據上述法實證主義的核心主張檢視《韓非子》，關於其法與令之區分結合刑罰的強制性或制裁的概念顯示君王的意志或國家權力作爲法源的唯一依據，由此看來，在法律規範以法律的命令或規則的形式呈現在《韓非子》文本中，也十分符合狹義的分析實證主義法學的特質，即實已符合奧斯丁法律命令說的主張。在論及法律與道德的關係方面，立法依據因自然的倫理原則內含了「規矩」、「衡石」的正義概念，充分顯示其法律規範之絕對客觀的基礎，另從法具有「公」、「正」的意涵，公法的概念以刑罰爲核心，具有平等的概念，無疑特別強調法律與正義的聯繫，將法律與正義混合而不分，這也是自然法的最佳明證。總之，《韓非子》在「以法治國」的前提考量下，提出一些法律的規範，這種作法本身就是將法律等同於正義，是「政治的」而不是「科學的」，因而自然法的意味濃厚。〔註48〕在論及其學歸本於黃老道術一貫採取援道入法的道法同構性關係看來，立法必須考量「因自然」的客觀基礎，如此必然涉及形上學的理念與預設，其自然法的特質實已無可否認了。或有學者以爲《韓非子》的公佈法所代表的法家法律意義乃指奧斯丁的法律定義，不同於「儒、墨、道家之法律思想及自然法學派，所謂之法律，乃存在於大自然宇宙秩序中，或人之理性中，普遍存在、自生自存。」〔註49〕這種說法其實忽略了「道法萬全」(〈飾邪〉)、「因道全法」(〈大體〉)以及《黃

『實際上是這樣的法律』和『應當是這樣的法律』；強調對法律概念的分析，依靠邏輯推理來確定可適用的法律；以及否定法律和道德之間的必然聯繫。」引文可見同註2，頁143。

〔註48〕凱爾森只肯定純粹法學是一門科學，而所有的正義理論則是政治的意識型態或自然法學說，並非法律科學探討的範圍。可參閱同註2，頁158～159。

〔註49〕引文可見耿雲卿，《先秦法律思想與自然法》(臺北：臺灣商務印書館，2003年)，頁128。目前學界普遍都認爲法家的法爲法實證主義的觀點，因法家法律之效力直接來自代表國家主權的君主意志，而不求助於天道觀念，或任何的價值理念。法家的法實證主義觀點，則可詳閱戴東雄，《從法實證主義之觀點論中國法家思想》(臺北：三文印書館有限公司，1989年)，頁41～47。

帝四經》中的「道生法」(《經法・道法》)之說，忽略了其以道為規準的法之歸本於黃老道家的自然法本質，而僅注意到法家公佈法的法實證主義意義。再者，雖然韓非也透過「不務德而務法」的主張回答了法律應該是什麼的問題，極力劃分法律與道德的關係，又因為法與正義的道德觀念脫離不了關係，所以最終法律還是離不開道德，即謂離不開自然法。《韓非子》的法就立法的客觀基礎或其學歸本於黃老而言，確實為自然法的主張。而就法的定義或法的內容而言，則呈現法實證主義或實證法的思想特點。所以，我們可以論斷《韓非子》的法之屬性結合了自然法與實證法兩種似乎格格不入的法學論述。於此結合的方式，我們可謂《韓非子》的法學竟然呈現出法實證主義與自然法的統合關係，以西方法理學的觀點來看，這種統合與協調的關係不可不謂為在法理學思想上的一大進步。誠如《韓非子》以「稱俗而行」的倫理標準來作為刑罰的標準，如前面倫理的規範討論聖王雖有「議多少、論薄厚為之政，故罰薄不為慈，誅嚴不為戾，稱俗而行也。故事因於世，而備適於事。」(《五蠹》)在法的規範上，須以民情之風俗習慣的倫理考量為誅、罰的標準，也確認了法實證主義無法與自然法完全分離。事實上，連同新分析實證主義法學派的哈特也承認：「我們無法否認，任何社會或時代的法律發展，事實上都會受到特定社會群體裡約定俗成的道德和理想深遠的影響。」他也承認了法實證主義存在「自然法的最低限度的內容」。〔註50〕所以，事實上，自然法與法實證主義在現代西方法理學的發展中也並非彼此兩種完全不可相容的理論。

第五節　法律後果

一、賞、罰的基本內容

法律後果又可分為「肯定性的法律後果」與「否定性的法律後果」兩種，即可謂《韓非子》的「賞」與「罰」兩方面的論述。「賞」依照法理學的解釋又稱為「合法後果」，指依照規則而行為可得肯定，具有激勵的作用。而「罰」又稱為「違法後果」，即指因違法遭到法律的制裁，具有懲罰的作用。《韓非子》中賞、罰施用的對象為普通的官吏與人民，而並非施用於「輕爵祿、不

〔註50〕引文可見同註11，頁238、246。

進仕」的「太上士」與「危害於治者」的「太下士」這兩種社會上的極端份子。〔註51〕故曰：「天下太平之士，不可以賞勸也；天下太平之士，不可以刑禁也。然爲太上士不設賞，爲太下士不設刑，則治國用民之道失矣。」（〈忠孝〉）賞、罰顯見爲人主所執任官、馭民的最佳利器，藉以達國治之目的，所以賞、罰二柄本質上爲政治操作的工具。正所謂「官治必有賞、罰」（〈解老〉）、「聞古之善用人者，必循天順人而明賞、罰」（〈用人〉），以及「賞、罰者，利器也。君操之以制臣，臣得之以擁主。故君先見所賞則臣鬻之以爲德，君先見所罰則臣鬻之以爲威。故曰：『國之利器，不可以示人。』」（〈內儲說下〉）賞、罰又稱爲「德」、「刑」，實指「慶賞」與「殺戮」，〈二柄〉有如下之定義與解說：

> 明主之所導制其臣者，二柄而已矣。二柄者，刑、德也。何謂刑德？
>
> 曰：殺戮之謂刑，慶賞之謂德。爲人臣者畏誅罰而利慶賞，故人主自用其刑德，則群臣畏其威而歸其利矣。

明主又如何利用賞、罰二柄「導制其臣」？具體的方式即使用形名術來循名責實，如：「言已應則執其契，事已增則操其符。符契之所合，賞罰之所生也。故群臣陳其言，君以其言授其事，事以責其功。功當其事，事當其言則賞；功不當其事，事不當其言則誅。」（〈二柄〉）這是十分嚴屬的公務人員懲戒法規，依照官吏所言要求其事功，言與事功符合則賞，反之則罰（誅）。而賞、罰對於人民而言，在於「設法度以齊民，信賞罰以盡民能」（〈八經〉），所以賞罰的最終目的在政治上還是在於要求事功與「盡民能」的政治效益。

二、執法原則

（一）信賞必罰

另外，賞、罰不可恣意使用，而曰：「故明君無偷賞，無赦罰。賞偷則功臣墮其業，赦罰則姦臣易爲非。」（〈主道〉）「無偷賞，無赦罰」其實是說賞、罰必須符合「信賞必罰」的公平性原則，如「信賞必罰，其足以戰」（〈外儲說右上〉）、「賞罰不信，則禁令不行」（〈外儲說左上〉）、「慶賞信而刑罰必」（〈難一〉）。因爲嚴格執行「信賞必罰」的原則，除了顯示執法者的公平，還可樹立法的權威性與一致性，也可發揮法律的預先警告作用，阻止犯罪的情事發

〔註51〕關於「太上士」與「太下士」的解釋，陳奇猷先生理解爲「輕爵祿、不進仕」之人，以及「危害於治者」的從橫家之流，可參考同註17，頁 1160、1161。

生。如「夫嚴刑者，民之所畏也；重罰者，民之所惡也。聖人陳其所畏以禁其邪，設其所惡以防其姦」（〈姦劫弒臣〉）。賞罰的公平性還表現在除了君王以外的各式各樣的人，所謂「法不阿貴，繩不撓曲。法之所加，智者弗能辭，勇者弗敢爭。刑過不避大臣，賞善不遺匹夫。」（〈有度〉）正是此意。

（二）賞、罰的標準

除了信賞必罰，賞、罰也必須符合一定的是、非標準，從「安術：一曰、賞罰隨是非。」（〈安危〉）、「託是非於賞罰」（〈大體〉）可得知。而《韓非子》所謂的認知上的是、非標準，實以人事上的功、過爲評判之唯一依據。「有功者必賞，有罪者必誅」（〈飾邪〉）以及「是故誠有功則雖疏賤必賞，誠有過則雖近愛必誅。近愛必誅，則疏賤者不怠，而近愛者不驕也。」（〈主道〉）由此可見，有功爲理智上肯定的「是」，有過則理智上否定的「非」。《韓非子》顯然將知識上的客觀是、非標準，轉換爲人事上之功、過爲法之賞罰規範之基礎，如此一來，知識上的是、非判斷便與人事上或政治上的功、過判斷混爲一談了。賞、罰基本上包含激勵勸功與威懾親法兩種效果或作用，故曰：「故先王明賞以勸之，嚴刑以威之。」（〈飾邪〉）或：「故明主之治國也，明賞則民勸功，嚴刑則民親法。」（〈心度〉）何種行爲該賞？何種行爲該罰？諸如此類的問題則涉及「法律責任」的設定。〔註52〕法律責任因功、過的標準而設定，可相應於功、過的客觀標準來執行賞、罰的法律後果。依照客觀的賞、罰標準，則爲依循理智上肯定爲「是」的有功之行爲該賞，而理智上否定爲「非」的有過之行爲則該罰。具體說來，賞、罰的客觀標準又需回到規則功利主義的「公善」倫理原則，即謂法律賞罰的行爲之典範依循倫理行爲的典範或社會公義原則。所以賞的對象爲〈六反〉所言「公善宜賞之士」或「耕戰有益之民六」，罰的對象則爲「私惡當罪之民」或「姦僞無益之民六」。我們也許能夠透過這些賞、罰的具體事例，推知《韓非子》的法律規範之可能的條文內容。

（三）適、足效果

〈飾邪〉說：「賞罰無度，國雖大，兵弱者，地非其地，民非其民也。」依循功、過的法律責任而行賞、罰，還需訂立相應的賞、罰準則，意即賞罰

〔註52〕「責任」的概念包含兩種含意：「一是應作的分內之事，從某種角度依某種標準，人們應該從事某種行爲。二是沒有做好應該作的事，要承擔的某種後果。」引文可見同註24，頁162。

的執行還必須切合功、過的等級使其有度，且合於所度而得當、合宜，切勿發生過與不及的情形，此爲執法的公義原則。有關於此，《韓非子》有豐富的論述：

> 無功者受賞則財匱而民望，財匱而民望則民不盡力矣。故用賞過者失民，用刑過者民不畏。有賞不足以勸，有刑不足以禁，則國雖大，必危。（〈飾邪〉）

> 夫有施與貧困，則無功者得賞；不忍誅罰，則暴亂者不止。（〈姦劫弒臣〉）

> 凡治之大者，非謂其賞罰之當也。賞無功之人，罰不辜之民，非所謂明也。賞有功，罰有罪，而不失其人，方在於人者也，非能生功止過者也。（〈說疑〉）

> 有賞不足以勸，有刑不足以禁，則國雖大，必危。（〈飾邪〉）

> 聖王之立法也，其賞足以勸善，其威足以勝暴，其備足以必完法。（〈守道〉）

> 發矢中的，賞罰當符，故堯復生，羿復立。（〈用人〉）

> 夫刑當無多，不當無少，無以不當聞，而以太多說，無術之患也。（〈難二〉）

綜合以上所述，賞罰不但要有客觀的標準，執行賞罰時也還必須要求相應於賞罰的標準而施以「賞罰之當」、「賞罰當符」且發揮「其賞足以勸善，其威足以勝暴」的適、足效果。賞罰得當、得足的適足效果，旨在說明藉由實質上物理層面的賞、罰可達到心理層面的激勵、威懾的效果。至於賞、罰必立基於客觀的標準，如何訂立客觀的標準以達適足之效？此點與道德判斷或道德直觀相關，因爲顯然不同的時代背景或社會發展模式，會有不同的風俗民情，因而百姓對於賞罰的正當性會有不同的感受與認知。以現今的標準，我國的「公務人員懲戒法」所訂立的賞、罰標準便與《韓非子》大不相同，意即對於賞、罰的正當性概念的認知根本不同。以「公務人員懲戒法第九條」「公務員之懲戒處分」的內容爲例，公務人員違法或失職的處分只包含「撤職、休職、降級、減俸、記過、申誡」六項，而且本條法令加註「前項第二款至第五款之處分於政務官不適用之」，這樣關於賞、罰的規定相較於《韓非子》而言便過於寬鬆，違背「重輕罪」的原則。因爲顯然古代的政務官必須爲其推行的政策負完全的法律責任，

而不只是現今的政治責任而已，最嚴重違法者則處以「功不當其事，事不當其言則誅」（〈二柄〉）。換言之，政務官負完全的政治責任與法律責任，最嚴重者可處以死刑，這遠比現今的懲戒處分更加嚴厲。因此，法家嚴刑峻罰的正當性不足可能因為賞、罰的設立只來自於君王一人，所以其賞罰的適足性，並不符合自然法或人之理性的普遍正義原則。

（四）質與量的原則──厚賞重刑與少賞重刑

在賞罰的程度或質的方面，《韓非子》採取「厚賞重刑」原則，而在賞罰的頻率或量的方面，則依循「少賞重刑」原則。在刑罰或法律制裁方面，一律採取商鞅「重輕罪」的重罰原則。例如：

> 愛多者則法不立，威寡者則下侵上。是以刑罰不必則禁令不行。其說在董子之行石邑，與子產之教游吉也。故仲尼說隕霜，而殷法刑棄灰；將行去樂池，而公孫鞅重輕罪。（〈內儲說上〉）

> 公孫鞅之法也重輕罪。重罪者人之所難犯也，而小過者人之所易去也，使人去其所易無離其所難，此治之道。夫小過不生，大罪不至，是人無罪而亂不生也。（〈內儲說上〉）

> 是以君人者分爵制祿，則法必嚴以重之。夫國治則民安，事亂則邦危。法重者得人情，禁輕者失事實。（〈制分〉）

原來採取商鞅「重輕罪」的重罰原則，目的在於保障法律確實可順利執行，因富有法律的強制性而確保法律實效性的用意，意即確保〈顯學〉篇所示「用人不得為非」的「行必然之道」，亦指《韓非子》深信刑罰的威懾效果必然可保障其實效性而言。而「殷法刑棄灰」的例子主要的立論動機來自於「此殘三族之道也，雖刑之可也」（〈內儲說上〉）的「治民者禁姦於未萌」（〈心度〉）見微知著之術，從小過就需杜絕，諸如「夫棄灰於街必掩人，掩人人必怒，怒則鬪，鬪必三族相殘也」（〈內儲說上〉）一連串的連鎖反應，使之避免成為大罪，但這樣的三段論式推論其各項語句之間的涵蘊關係實在很有問題。〔註53〕因此，重刑可以促成「且夫小過不生，大罪不至，是人無罪而亂不生也」（〈內儲說上〉）

〔註53〕但這樣簡單的三段論證曾經引起懷疑而說：「灰弄髒了人，人們可能爭鬥，但也不一定爭鬥，這是一個不可靠的推論；人們如果發生爭鬥，也不一定發展到械鬥，這又是一個不可靠的推論；何況械鬥也不一定發展到全族出來械鬥，甚至三族都受到傷殘，這又是建築在不可靠的第二步推論上的第三步推論。」引文可見施覺懷，《韓非評傳》（南京：南京大學出版社，2001年），頁394。

或「行刑，重其輕者，輕者不至，重者不來，以刑去刑」（〈飭令〉），可見《韓非子》的刑罰理論不是講求對於受害者或其家屬本身「應償付之債務」的「應報論」（retributivism）或「報仇論」（vindictive theory），而是一種基於功利主義考量的「威懾論」（deterrent theory）。使民畏懼法之重刑可以避免受刑者本人與可能犯罪的他人未來再次發生觸法受罰的機會，防止大亂滋生並促進國家、社會的穩定。〔註54〕

除了重刑的原則以外，也應兼顧「厚賞」的原則。法家十分贊同實施商君之法，而曰：「斬一首者爵一級，欲爲官者爲五十石之官；斬二首者爵二級，欲爲官者爲百石之官。」（〈定法〉）如此說明商君之法力主「官爵之遷與斬首之功相稱也」（〈定法〉）的厚賞原則，因爲法家爲求農戰富國，則必須著重軍功之利以便施予厚賞，所謂斬首可得「爵一級」、「爵兩級」與「五十石之官」、「百石之官」皆爲平時晉爵升官難以獲得的厚賞。可見如下記載：

> 此其所以然者，匿罪之罰重，而告姦之賞厚也。此亦使天下必爲己視聽之道也。（〈姦劫弒臣〉）

> 賞厚而信，人輕敵矣；刑重而必，失人不北矣。（〈難二〉）

> 賞厚而信，刑重而必。（〈定法〉）

> 是以賞莫如厚而信，使民利之；罰莫如重而必，使民畏之；法莫如一而固，使民知之。（〈五蠹〉）

此外厚賞可用的例子也可參見〈內儲說上〉「吳起欲攻秦亭」的故事。〈六反〉也提到「是故欲治甚者，其賞必厚矣；其惡亂甚者，其罰必重矣」因爲厚賞可「使民利之」，而重刑則「使民畏之」而得害。但厚賞、重刑並非只是表面上「賞功」、「罪人」而已，因爲「且夫重刑者，非爲罪人也」，而且「若夫厚賞者，非獨賞功也」。其最終目的與效果在於表明法律規範的指導、懲戒、教育與預測作用，如以一人的賞功、罰罪爲範例明示「重一姦之罪而止境內之邪，此所以爲治也」與「若夫厚賞者，非獨賞功也，又勸一國」或「是報一人之功而勸境內之眾也」。這裡顯然又涉及「所以爲治也」的功利主義之考量。

再者，又另外提出「少賞重刑」，意即反對「賞繁」量方面的原則。可見如下所示：

〔註54〕關於兩種主要的刑罰理論（應報論與威懾論）的相關論述，可參見同註35，頁114、133。

> 故其與之刑，非所以惡民，愛之本也。刑勝而民靜，賞繁而姦生，
> 故治民者，刑勝，治之首也；賞繁，亂之本也。(〈心度〉)

> 重刑少賞，上愛民，民死賞。多賞輕刑，上不愛民，民不死賞。利
> 出一空者，其國無敵；利出二空者，其兵半用；利出十空者民不守。
> 重刑明民大制使人則上利。行刑、重其輕者，輕者不至，重者不來，
> 此謂以刑去刑。罪重而刑輕，刑輕則事生，此謂以刑致刑，其國必
> 削。(〈飭令〉)

上述「刑勝」可以等同於「刑繁」而視之，即謂要求君王施以頻繁的刑罰之
意。從〈難二〉說：「晏子之貴踊，非其誠也，欲便辭以止多刑也，此不察治
之患也。夫刑當無多，不當無少，無以不當聞，而以太多說，無術之患也。」
此亦爲主張「刑勝」或「多刑」的明證。「勝」字的解釋可依照〈姦劫弒臣〉
的理解，曰：「姦私之臣愈眾，而暴亂之徒愈勝，不亡何待？」此處的「暴亂
之徒愈勝」對照前文「姦私之臣愈眾」來看，「勝」字也有爲數「眾」、「多」
的意思。而「刑勝而民靜，賞繁而姦生」實指「刑勝則民畏刑而不敢犯法，
故靜。賞繁即〈飭令〉篇『多賞』，多賞則無功者欲得，欲得則生姦宄之心。」
〔註55〕「無功者欲得」可謂爲「夫施予貧困，則無功者得賞」(〈姦劫弒臣〉)
或「夫使民有功與無功者俱賞者，此亂之道也」(〈外儲說右下〉)，由此可見
賞繁會帶來「無功者得賞」的不公義現象，因而導致亂象叢生。再者，「利出
一空」到「利出十空」一段應出自《商君書・靳令》曰：「利出一空者，其國
無敵；利出二空者，國半利；利出十空者，其國不守。」指爲君之道應該統
合私利與公利，訴諸同一個求賞得利的統一管道（一空），亦即統合個人私利
訴諸國家公利，使民務求同一的公利價值觀。另一種主張少賞的理由爲「無
功者受賞則財匱而民望，財匱而民望則民不盡力矣」(〈飾邪〉)，此種說法認
爲多賞會直接導致國家的財政匱乏，但人民還是希望得賞卻懶於立功，故曰
「民不盡力」。

三、賞、罰的理論意義

「法」的古字書寫爲「灋」，可分解爲「水」、「廌」、「去」三部分的意涵。
其中「廌」「在古代傳說上是一種獨角神獸，於人纏訟不清時能知其不直者觸
而去之。……是故以刑爲法則是狹義的定義，是附庸於『神道設法（教）』的

〔註55〕引文可見同註17，頁1177。

宗教刑。」而「去」字有「審判定罪而去之，即是在於刑」的意思。〔註56〕由上述分析可知，「法」在字源的解釋方面確實包含「刑」的意思在內。《韓非子》的法也偏重在於刑罰的「重刑」部分，如〈內儲說上〉所舉的「而殷法刑棄灰」與「將行去樂池」兩例可知。《韓非子》之法非但不重視保障人民權利的私法，相對地，大力強調「厚賞重刑」與「少賞重刑」，但因爲國家財政之考量，爲了免於匱乏最終仍舊屬意刑比賞更有效用，甚至忽略賞而只選用罰。理論的演變過程，除了「厚賞」，還應「少賞」，最後甚至主張「不賞」而只用罰，所以刑罰在《韓非子》的認定上最具規範上的優先性，甚至可謂明君治國最有用的功利論、正義論。另外，重刑不賞的明證如下典故：

> 魯人燒積澤，天北風，火南倚，恐燒國，哀公懼，自將眾趣救火，左右無人，盡逐獸而火不救，乃召問仲尼，仲尼曰：「夫逐獸者樂而無罰，救火者苦而無賞，此火之所以無救也。」哀公曰：「善。」仲尼曰：「事急，不及以賞，救火者盡賞之，則國不足以賞於人，請徒行罰。」哀公曰：「善。」於是仲尼乃下令曰：「不救火者比降北之罪，逐獸者比入禁之罪。」令下未遍而火已救矣。（〈內儲說上〉）

上述典故假借孔子之口，闡述以賞救火的不及，強調「救火者盡賞之，則國不足以賞於人，請徒行罰」的棄賞而只用罰主張方可救火，暗喻「只罰不賞」方爲治國之良方。不過在刑罰的相關問題方面，顯然〈難二〉說：「刑當無多，不當無少，無以不當聞，而以太多說，無術之患也。」可見「執行刑罰的當與不當」比起「是否重視施用刑罰的多少」在《韓非子》的理論體系所佔的地位更爲重要。

另外，在道德與法律的關係上，《韓非子》要求毀譽必須與賞罰一致。「這所謂『毀譽』原係指社會上自然形成的評價，而『賞罰』卻代表著國家爲實現政治目的而制定之法律。」〔註57〕「名號、賞罰、法令三隅」（〈八經〉）對於百姓而言都同等重要，毀譽即爲輿論所給定的「名號」，顯然「譽莫如美，使民榮之；誅莫如重，使民畏之；毀莫如惡，使民恥之」（〈八經〉）。《韓非子》已經觀察到人有因旁人美譽、毀惡的榮譽心、羞恥心，這也是人性自然實情的一部份，而且人們也已活在這樣的社會輿論氛圍中。《韓非子》曰：

〔註56〕以上兩段關於「廌」與「去」字的引文解釋可參閱同註4，頁266、267。
〔註57〕引文可見楊日然，〈韓非法思想的特色及其歷史意義〉，收錄在《法理學論文集》（臺北：月旦出版社股份有限公司，1997年），頁35。

> 毀譽、賞罰之所加者相與悖繆也，故法禁壞而民愈亂。(〈五蠹〉)
>
> 刑之煩也，名之繆也，賞譽不當則民疑。(〈八經〉)
>
> 譽輔其賞，毀隨其罰，則賢不肖俱盡其力矣。(〈五蠹〉)
>
> 利所禁，禁所利，雖神不行；譽所罪，毀所賞，雖堯不治。(〈外儲
> 說左下〉)
>
> 以譽爲賞，以毀爲罰也，則好賞惡罰之人，釋公行、行私術、比周
> 以相爲也。(〈有度〉)
>
> 故名賞在乎私惡、當罪之民，而毀害在乎公善、宜賞之士，索國之
> 富強，不可得也。(〈六反〉)

韓非想要「譽輔其賞，毀隨其罰」以毀譽來輔助賞罰，即以道德評價來輔助
法律規範的推行，所以兩相比較，法律規範的理論價值顯見在道德評價之上。
不過也反應戰國末期「毀譽、賞罰之所加者相與悖繆也」這種社會普遍的價
值觀與當時的法律規範嚴重脫節，造成社會嚴重失序，甚至「刑之煩也，名
之繆也，賞譽不當則民疑」。因爲毀譽名稱的評價謬誤，造成刑罰的煩亂，太
多毀譽與刑罰的不一致，會造成人民對法律賞罰的正當性之懷疑。這種法律
與道德的脫序關係，主要的原因還是在於一般人民與當時各國國君的價值觀
乃至於與韓非的價值觀大相逕庭所致。國君的價值觀問題，主要發生在「法
之所非，君之所取；吏之所誅，上之所養也。法趣上下四相反也，而無所定，
雖有十黃帝不能治也。」(〈五蠹〉)君上對於如何選才、用人方面總是任用些
法令所否定的人，或可說君王胸中總無定見，而且常常與法不容。國君的政
治價值觀亦可從《韓非子》暢談「明主之道」與「聖人之治」的相關言論，
或對於商鞅、申不害思想不完備的批評與肯定慎到的相關篇章可窺知其詳。
而人民的價值觀與韓非的價值觀之衝突特別表現在韓非對於五蠹與六反之民
的深惡痛絕方面。發人深省的問題接踵而至，究竟是當時據以評價的價值觀
出了問題，還是當時的法令已不合時宜？筆者以爲兩方面都出了問題，所以
在法律與道德兩方面都呈現混亂的情形，韓非才極力主張要變法，以力、利
的法治價值觀取代當時儒、墨之徒的「文學之士」爲主的德治價值觀。甚至
索性以法的強制性禁絕一切不合法的行爲、言語與思想，改爲只需依循代表
絕對客觀標準的法爲一切行爲與思想的唯一準則。

第六章　邏輯規範

　　中國古代並未出現「邏輯」一詞，嚴復先生首創將英語「Logic」譯為「邏輯」，但他並未大量將「邏輯」推廣在他的邏輯思想譯著上，而改以「名學」見稱，如其大作《穆勒名學》與《名學淺說》。除了採用直接以音譯的方式指稱西方邏輯，還有學者使用「論理」、「理則」指稱西方邏輯。如孫中山先生使用「理則」一詞指稱邏輯曰：「然則邏輯究為何物？當譯以何名而後妥？作者於此，蓋欲有所商榷也。凡稍涉獵乎邏輯者，莫不知此為諸學、諸事之規則，為思想行為之門徑也。人類由之而不知其道者眾矣，而中國則至今尚未有其名，吾以為當譯之為『理則』者也。」〔註1〕現今的各種邏輯學教本採用「邏輯」一詞的用法，便是對於英語「logic」的直接音譯。然而關於中國古代邏輯思想的範圍與學科名稱之界定，在二十世紀三〇年代以前，學界一直沒有統一且明確的定義。實際上，為了反應西學東漸的風氣，引進西方邏輯學的基本思想，學界在十九世紀末、二十世紀初紛紛開始在中國既有的概念解釋系統下找尋相應於西方「logic」一詞的中文意譯。但此一以中國古典的字詞之命名指稱西方邏輯的方式，可謂命名上的「西學為體，中學為用」，即謂以中國的名、辯學之名稱為用，而本質上以西方傳統邏輯為體，皆以譯著的方式介紹西方邏輯的概念，還尚未關注到中國古代邏輯思想的內容，直到胡適先生《先秦名學史》的出現，才有第一部關於中國邏輯史的斷代史專著。換言之，在二十世紀三〇年代以前，大部分的邏輯思想著作皆以

〔註1〕 引文可見孫中山，〈建國方略——孫文學說（心理建設）〉，收錄在學術論著編纂委員會主編，《國父全集》第一冊（臺北：中華民國各界紀念國父百年誕辰籌備委員會出版，1974年），頁參－131。

名學或辯學的命名方式出現，幾乎皆爲引介西方傳統邏輯思想的譯著，少有中國邏輯思想方面的專著。所以「名學」與「辯學」最初都在指稱西方邏輯，而在三〇年代以後，才成爲專指中國古代邏輯思想的專門用語。之所以會使用「名」、「辯」學來專指中國古代邏輯思想，大概由於西方邏輯學的根本旨趣在於論述思維之有效的推論形式，其中涉及構成一個完整的論證型式所包含的概念、判斷與推理，或可說涉及語言與思維的有效性問題之研究。於是很自然地名學研究字詞的概念之定義，而辯學則與古希臘的詭辯術或論辯術相類似，同樣涉及論辯的型式和語言使用的規則。因此，以名、辯學作爲 logic 的中文譯名以及指稱中國古代邏輯，便十分的自然與貼切了。

第一節　名、辯與邏輯

從名、辯學發展的歷史來看，中國最早的邏輯思想譯著應爲明代南京工部員外郎李之藻（1565～1630）所著的《名理探》，但不用「名學」的名稱。「名學」此一名稱最早出現在 1824 年的一本西方邏輯譯著——《名學類通》，但以現存的研究資料顯示，我們無從得知其作者本身的相關資訊，所以《名學類通》應爲使用「名學」此一術語的濫觴。進入二十世紀後，便逐漸出現以「名學」爲譯名的相關譯著，如 1903 年楊蔭杭先生翻譯的《名學教科書》，同年，嚴復先生將英人彌爾（John Stuart Mill）的大作 A system of Logic: Ratiocinative and Inductive 譯成《穆勒名學》。1909 年，嚴復先生翻譯英人耶芳斯（William stanley Jevons, 1835～1882）的 Primer of Logic 爲《名學淺說》。1913 年，陳文先生著《名學講義》。1929 年屠孝實先生撰《名學綱要》。自此，學界才大量以「名學」指稱中國邏輯。如胡適先生於 1917 年留美時用英文撰寫的博士論文《先秦名學史》，直到 1983 年才由以李匡武先生爲首的中國邏輯史研究會譯成中文出版，便是本國學者一致公認的第一本中國邏輯史專著。此階段對於中國古代邏輯思想的發展之旨趣，實際上基於西學東漸，其主要翻譯的內容都以亞里士多德的西方傳統形式邏輯爲主。所以，「他們所使用的"名學"一詞，實際是指西方的傳統邏輯或亞里士多德邏輯。」〔註2〕另外，關於「辯學」名稱的使用，英國傳教士艾約瑟（Joseph

---

〔註2〕　引文可見林銘鈞、曾祥云，《名辯學新探》（廣州：中山大學出版社，2000 年 10 月），頁 16。

Edkins, 1823～1905）也於 1896 年將耶芳斯的邏輯大作 Primer of Logic 譯出，名爲《辯學啓蒙》。王國維先生則於 1908 年將耶芳斯所著 Elementary Lesson in Logic: Deductive and Inductive 譯爲《辯學》。而「艾約瑟和王國維譯著中的"辯學"則是指西方的傳統邏輯。」〔註3〕

　　由上述所言可知，名學與辯學在二十世紀三〇年代以前，都是專指引進西方傳統的邏輯而言，特別是亞里士多德的邏輯學。但在三〇年代以後，除了以名學來指稱中國古代邏輯外，「許多學者都是在"辯學"即"名學"的前提下使用"辯學"一詞以指稱中國古代邏輯的。」〔註4〕首先使用「辯學」一詞作爲書名來指稱中國邏輯學而非西方亞里士多德邏輯學，當屬 1932 年郭湛波先生的《先秦辯學史》，書中直接主張說：「形名學是什麼？就是中國邏輯學。」〔註5〕可見辯學的實際內容是包含形、名學在內的辯學。自此，名學與辯學都十分顯著地指稱中國古代的邏輯思想。例如，林仲達先生於 1936 年出版《論理學綱要》，除了涉及西方邏輯思想的介紹外，還把《墨辯》與「古典論理學」、「現代符號論理學」、「因明」共同列入所謂的「形式的論理學」之中。〔註6〕且於 1940 年《論理學》一書中指出，「墨者的辯學爲我國古代有完整體系的一種名學。」〔註7〕由此可見，所謂「辯學」應指墨者「能談辯者談辯」（《墨子·耕柱》）的論辯規範所包含的名、辭、說與對於論辯的本質之界說而言，但辯學從屬於名學之一類，是在名學的範疇內使用「辯學」一語。事實上，中國古代的「名」，以《公孫龍子》的名實論爲例，重在透過論辯之術彼此詰難的過程，徹底釐清語意的實指概念，主要著重在語言的表述與思維之間的關係，且兼涉形上學的概念思考如關於「物」、「實」、「位」、「正」等概念。《荀子·正名》則純粹就名、辭、說的語句的組成因素與心、道的符合關係來說明概念的使用。另外，還涉及語言的功能

〔註3〕 引文可見同上註，頁 17。

〔註4〕 引文可參見周云之，《名辯學論》（瀋陽：遼寧教育出版社，1995 年），頁 21。而名學到辯學的發展概況可詳閱周云之，《名辯學論》，頁 11～23。此外，名學到辯學的發展概況也可詳見同註2，頁 15～18，或可參閱崔清田主編，《名學與辯學》（太原：山西教育出版社，1997 年），頁 1～4。

〔註5〕 引文可見中國邏輯史研究會資料編選組，《中國邏輯史資料選·現代卷（下）》（蘭州：甘肅人民出版社，1991 年），頁 161。

〔註6〕 可參見中國邏輯史研究會資料編選組，《中國邏輯史資料選·現代卷（上）》（蘭州：甘肅人民出版社，1991 年），頁 248。

〔註7〕 引文轉引自周云之，《名辯學論》（瀋陽：遼寧教育出版社，1995 年），頁 14。

與謬誤、概念的定義與分類、制名之原則等。而「辯」在《墨辯》中，明確指出論辯之術的本質、作用以及所依循的準則。不過《墨辯》所代表的辯學不僅止於論辯術的討論，還擴及名學所討論的名、實論，如概念的分類與定義、命題或判斷（辭）的本質，以及七種推理的形式（或、假、效、辟、侔、援、推）。因此，以《墨辯》作爲辯學的代表性研究，實際上的理論深度已可媲美於西方的形式邏輯。有鑑於上述從名學到辯學的發展歷程，從而「當代學者更主張將中國古代邏輯稱作"名辯學"」〔註8〕是以「名辯學」在現今的學界直接指稱中國古代的邏輯思想，甚至統合名學與辯學，而成爲「中國古代邏輯學」的代名詞了。再者，「名辯學」的出現，也象徵中國古代邏輯思想之研究已達系統性的科學研究標準，足以標示中國古代高度的精神文明，與西方傳統的形式邏輯、西方當代的數理邏輯、印度古代的因明邏輯可以等賢而視之。

　　整體說來，「名與辯的討論，則是關於表達思想、論證眞知的思維規律之理論。」〔註9〕《韓非子》形名參驗的必知之術雖然也是「論證眞知的思維規律之理論」，但並非純爲邏輯知識而立論，而是在「務爲治者也」的治國前提下產生的任官、用人之術。而其辯說的規範之內容在「辭辯而不法，心智而無術，主多能而不以法度從事者，可亡也」（〈亡徵〉）的警示下，僅止於向君王獻策、進說的規範準則，卻無關於如《公孫龍子》、《墨辯》提倡藉由論辯過程澄清己意，進而發展出辯學的邏輯學說。又由於《韓非子》並未形成像《墨辯》那樣完整的論辯體系，所以本文只能從《韓非子》的一些篇章中整理出其「名辯思想」藉以指稱其存有的邏輯思想，而不敢輕易論斷《韓非子》的邏輯思想的精確性，更遑論是否存在著完整的邏輯體系。《韓非子》有形名術與〈說難〉、〈問辯〉的辯論守則，大體而言，其中的名、辯思想，僅觸及刑（形）、名、辯、語言與名稱、名實關係、矛盾概念等之論述。因此，本文所探討的邏輯規範問題直接以《韓非子》的「名」、「辯」概念爲研究線索，而「名」的概念即是下文第二節探討的「形名」，而「辯」的概念應該隱含「言」或「說」的部分，即第三節所示的「辯說規範」。另外，值得一提的一點，韓非應爲中國古代邏輯史上首先明確提出「矛盾」概念的第一人。

〔註8〕 引文同上註，頁24。
〔註9〕 引文可見張岱年，《中國哲學大綱》（臺北：藍燈文化事業股份有限公司，1992年），頁606。

第二節　形名關係

一、刑名與形名

　　《韓非子》關於「名」的陳述，即邏輯學上的「概念」界說，而「形」（或「刑」）則是指與概念（「名」）所對的外在認識的對象，文本中通常又可稱爲「實」，如「名實相持而成，形影相應而立」（〈功名〉）。所以《韓非子》的形名關係之論述，其實就是名實關係的討論。形與名這組概念的意涵有幾種，例如：「用一之道，以名爲首。名正物定，名倚物徙。故聖人執一以靜，使名自命，令事自定。」（〈揚權〉）此處的「名」指謂一般事物的「名稱」或荀子的「散名之加於萬物者」（《荀子·正名》）的「散名」而言，在此單純只是規範「名正物定，名倚物徙」。名與物好似自然天成，彼此之間毫無關係，我們於此則無從瞭解究竟名與物之間的存在關係爲何，因而這裡引發了名與實何者較爲優位的問題。因爲「上以名舉之，不知其名，復脩其形」（〈揚權〉）這樣的說法，再加以名必須是對應於根本上先存有物實的對象，意即先有物實的出現，才基於物實而後有名稱的產生。基於上述兩點理由，我們可以推知形（或實）比名在存在的本質方面更爲優位。因此，「名正物定，名倚物徙」應理解爲「名正於物定，名倚於物徙」而非「名正則物定，名倚則物徙」。〔註10〕前者強調實比名在存在上較爲優位，後者則爲名比實較爲優位。又名與實的存在根源於黃老學的「執一以靜」所表現出的「自然」之道，則有「使名自命，令事自定」，名與事皆爲自然形成，所以名與實都同樣具有實在性。〔註11〕這點與歐洲中世紀的唯名論者（nominalists）否定共相概念的實在性大不相同，他們認爲這些名稱在自然界中找不到完全符合或對應的實在物。〔註12〕韓非以名爲自然之道，如此描述實然世界的名實一致的情形，在人事中蘊含名、實概念而對應有「言」、「事」這

〔註10〕「名正於物定，名倚於物徙」的解釋可參考崔清田主編，《名學與辯學》（太原：山西教育出版社，1997 年），頁 74。

〔註11〕黃老學關於名實問題的規定多有涉獵，如《管子·心術下》有言：「凡物載名而來，聖人因而財之，而天下治。」《管子·心術上》：「物固有形，形固有名。此言不得過實，實不得延名。」《尸子·發蒙》：「名實判爲兩，合爲一。是非隨名實，賞罰隨是非。」因此，黃老學大致上呈現出「以物載名」、「名實相稱」的名實思想。

〔註12〕中世紀唯名論者否定共相概念的實在性，可參閱博登海默（Edgar Bodenheimer）著、鄧正來譯，《法理學：法律哲學與法律方法》（北京：中國政法大學出版社，1998 年 12 月），頁 32。

組概念。如：「有言者自爲名，有事者自爲形，形名參同，君乃無事焉，歸之其情。」（〈主道〉）即「言」與「事」蘊含「名」與「物」的形名對應關係。所謂「狹義的『形』和『名』指『事』和『言』，廣義的『形』和『名』指『物』和『名』」。〔註13〕在此，「名」已經不是單純的「名稱」，而是從單一的名稱發展成具有命題或語句形式的「言辭」。言辭相對應於「事功」的概念，事功爲形的表現。然後人主要求臣下依據陳言而產生相應的實效，可謂從言與事相當到事與功相當的「形名參同」或「審合刑名」之術。正如：

> 人主將欲禁姦，則審合刑名者，言異事也。爲人臣者陳而言，君以其言授之事，專以其事責其功。功當其事，事當其言，則賞；功不當其事，事不當其言，則罰。故群臣其言大而功小者則罰，非罰小功也，罰功不當名也。群臣其言小而功大者亦罰，非不說於大功也，以爲不當名也害甚於有大功，故罰。（〈二柄〉）

韓非的形名關係，最主要的旨趣與實際的操作方式則是「君以其言授之事，專以其事責其功」，把「名」的概念意涵表現爲「言」的語言表述，即上述任官、用人之術，所以又稱爲「形名術」，這也就是所謂「形名家」與「名家」最大的差異所在。名家論述形名關係便著眼於「名與物」的概念與實在之間關係，而形名家則強調「言與事」的命題與事態之間的關係。而言與事所表示的名與形之符應關係，實際上的應用，便是以名爲「法」，以形爲「行」；即名轉化爲法條之文，而形則轉化爲依法辦事的具體行爲。故曰：「人主雖使人必以度量準之，以刑名參之，以事；遇於法則行，不遇於法則止。」（〈難二〉）《韓非子》的「名」，除了指事物的名稱、法律條文，尚包含依法行賞所規定的「功名」、「爵位」或「名號」。所以名號的產生是名與法結合的結果，故曰：「功名所生，必出於官法。法之所外，雖有難行，不以顯焉；故民無以私名。……名號、賞罰、法令三隅。」（〈八經〉）又曰：

> 聖人之所以爲治道者三：一曰利，二曰威，三曰名。夫利者所以得民也，威者所以行令也，名者上下之所同道也。……夫立名號所以爲尊也，今有賤名輕實者，世謂之高。設爵位所以爲賤貴基也，而簡上不求見者，世謂之賢。（〈詭使〉）

> 衛君入朝於周，周行人問其號，對曰：「諸侯辟疆。」周行人卻之曰：

〔註13〕引文見黃秀琴，《韓非學術思想》（臺北：華僑出版社，1962年），頁71。

「諸侯不得與天子同號。」君乃自更曰「諸侯燬」而後内之。仲尼
聞之曰：「遠哉禁偪，虛名不以借人，況實事乎！」（〈外儲説右下〉）
這裡所説的「名者上下之所同道也」是指各級上下官吏都應遵循依法授以的
爵位、名號所規定的職務應有的責任範圍，等同於「功名所生，必出於官法」。
另外，「諸侯不得與天子同號」的名號其實代表禮的展現，表示各種等級次序
的尊貴之别，足見《韓非子》的形名術也包含依據官吏的實際表現，而授以
相當的官位或名號，這一方面其實也與儒家重視禮制的精神不謀而合。

　　依法辦事的「形名參之」又如何達到效果？具體的方法便指如上所言的
「功當其事，事當其言，則賞；功不當其事，事不當其言，則罰」或「功當
其言則賞，不當則誅；以刑名收臣，以度量準下」（〈難二〉）。韓非對於要求
形、名對應的言、事彼此之間的符應或相當的程度非常嚴格，亦即構成刑罰
的條件十分嚴苛，主張「其言大而功小者則罰」、「其言小而功大者亦罰」。換
言之，陳言與事功之間的符應程度要完全符合，而非部分或原則上符合，以
此作爲刑罰成立的絕對標準。以今天行政效能上的話語來説，即謂施政的進
度絕對不允許有絲毫的落後，依據官吏自己所提出的施政時間表而要求百分
之百的妥當率、達成率，否則就罰，甚至「功不當其事，事不當其言則誅」（〈主
道〉）。韓非關於形名所標示的名實問題界定似乎無意停留在廣義的名與物的
關係，而是強調作爲法術之用的狹義的事與言關係。正因存在著這樣名實蘊
含「名與物」或「言與事」這兩組概念的關係，所以才有普遍認爲「形名」
與「刑名」同義的看法。〔註14〕追根究底，形名與刑名並不盡相同，仔細考
察這兩組概念的發展史，其實「刑名」的概念發展竟先於「形名」。〔註15〕韓
非主要的目的在於強調「君操其名，臣效其形，形名參同，上下和調也」（〈揚
權〉）。「形名參同」就是「審合刑名」，由此可見，韓非要求君主「形名參同」
或「審合刑名」，根本目的爲利用賞、罰二柄來「禁姦」。形名關係涉及賞、

〔註14〕在學界，普遍的學者都認爲「形名」等同於「刑名」。因爲形、刑二字，在古
　　　　書上都通用。而譚戒甫先生卻認爲「形名非刑名」，因爲「實則《漢書·藝文
　　　　志》，形名入諸名家，刑名入諸法家，截然二事，不相混也。」引文可見其著，
　　　　〈論晚周形名家〉，收錄在同註5，頁452。
〔註15〕王曉波老師認爲：「『刑名』起自於出現了『刑書』、『刑鼎』的公佈法後，爲
　　　　使罪刑與罪名相符的判決，而漸擴大爲『名』（概念）與『形』（實在）之間
　　　　關係的討論，而有『刑名』或『名實』，甚至有『言行』問題的討論。」引文
　　　　可見王曉波，《道與法：法家思想和黄老哲學解析》（臺北：國立臺灣大學出
　　　　版中心，2007年），頁84。

罰的方式，所以韓非才強調「刑名」而非一般名實問題的「形名」。而對於「刑」的禁令表述，則以「法」的「度量」規範意義爲準，如〈難二〉曰：「人主雖使人必以度量準之，以刑名參之。」依法刑賞的具體審核、觀察的對象則稱爲「事」或「行」，於是，理論表述的刑名關係，便具體轉化爲語言與事功（言與事）的對應關係。因此，實際上《韓非子》的「刑名」蘊含「形名」的名實對應關係，顯示其邏輯思想只是作爲形成工具論的規範原則之基礎，韓非對於概念與世界的認識，實在無意專注在純粹認識論上的名實關係，而是欲透過語言與實際人事的行爲表現結果，來提供實際政治運作上可援引並操作的規範原則。

二、參驗的眞理觀

（一）循名責實與以實檢名

人主施以臣下依據陳言而產生從言與事到事與功皆完全相當、符應的「形名參同」或「審合刑名」之術，這種形名術的主要目的在於確保名實的完全相當、符應，並稽核官吏使其不敢徇私、枉法，同時也是一種獲知眞相、檢驗臣下陳言可行性的一種方法，韓非稱之爲「必知之術」。如：「明主之國，官不敢枉法，吏不敢爲私，貨賂不行，是境內之事盡如衡石也。此其臣有姦者必知，知者必誅。是以有道之主，不求清潔之吏，而務必知之術也。」（〈八說〉）韓非規範君王「形名參同」或「審合刑名」的必知之術實務上的操作程序爲「君操其名，臣效其形」（〈揚權〉）或「以其所出，反以爲之入」（〈揚權〉）。其中「君操其名」或「以其所出」其實就是「聽言之道」，而「臣效其形」或「反以爲之入」便指「君以其言授之事，專以其事責其功」（〈二柄〉），此操作過程即謂「循名責實」。又前者代表名，後者代表形，而「參同」、「審合」、「參驗」的方法必須以後來的形驗證之前的名；即以後來的事功驗證之前的陳言，或可稱爲「以實檢名」的方法，故曰：「偶參伍之驗以責陳言之實，執後以應前，按法以治眾，眾端以參觀。」（〈備內〉）或曰：「循名實而定是非，因參驗而審言辭。」（〈姦劫弒臣〉）另外，其聽言之道與參驗之術，爲求所得陳言資訊的眞實、客觀，韓非採用《荀子·解蔽》「虛壹而靜」的觀物之道，使其「有言者自爲名，有事者自爲形」（〈主道〉），例如：「彼自離之，吾因以知之。是非輻湊，上不與構。虛靜無爲，道之情也；參伍比物，事之形也。參之以比物，伍之以合虛。」（〈揚權〉）是故君王保持「虛靜無爲」或「伍之

以合虛」，因陳言而不與構，使其言與事自動如實的呈現。

（二）對應論與實用論

　　《韓非子》參驗的必知之術要求形、名之間的符應，是一種眞理對應理論（correspondence theory），又被稱爲符合論、符應論。對應論主張：一個命題是眞的，其充分必要條件是它對應於事實或事態。但對應的概念是指命題與事實之間的關係，或語句（sentence）、陳述（statement）與事實之間的關係，則主張各有不同。我們以亞里士多德的對應說與維根斯坦的圖像理論（picture theory）爲例與《韓非子》的形名對應說作比較。亞里士多德的對應說大概是現存西方最古老的眞理理論。他說：「在對立的陳述之間不允許有任何居間者，而對於一事物必須要麼肯定要麼否定其某一方面。這對定義什麼是眞和假的人來說十分清楚。因爲一方面，說存在者不存在或不存在者存在的人爲假；另一方面，說存在者存在和不存在者不存在的人則爲眞。因而說事物存在或不存在的人，就是以其爲眞實或者以其爲虛假。但是存在者不能說成不存在，不存在者也不能說成存在。」〔註16〕這段話很清楚的表示眞、假來自於外界的客觀存在物的存在屬性與思維中的肯定存在或否定存在之判斷是否一致，即認識的內容與外界客觀對象的存在是否一致、符合，兩者符合爲眞，不符合爲假。維根斯坦則認爲一般的命題是透過一些邏輯連結的賦值所構成。一個基本命題是由一些簡單的符號所組成的，這些符號就是我們平常使用的名稱，而這些名稱依照事物呈現的方式而形成。維根斯坦的對應說所謂的對應（correspondence）是指名稱與外界事物的對應，名稱、外界的對象與其間的邏輯結構因而成爲其對應說的中心概念。維根斯坦在其《邏輯哲學論》中說：「命題是現實的圖像，所以如果我瞭解一個命題，則我知道命題表現出的情況是什麼，……如果現實是眞的，一個命題就會顯出如同現實所表現的那樣。」〔註17〕他所說的的圖像（picture）表象出一種可能的情況，圖像描繪出的事物狀態與命題相對應，若是一致則爲眞；反之則爲假。他認爲命題與現實之間存在一種同構性關係，這說明了命題反映（mirror）了現實，命題與事實之關係可比喻成鏡子中之映照關係。於是眞理建立在這種認識的內容與

〔註16〕引文可見苗力田主編，《亞里士多德全集Ⅶ》（北京：中國人民大學出版社，1997年），頁107。

〔註17〕引文譯自 Wittgenstein, Ludwig, *Tractatus logico-philosophicus*, ed. D.F.Pears and B.F.McGuinness, London: Routledge and Kegan Paul, 1961., 2.202～2.222.

外界事物的關係之下。

第三章第二節在闡述道與邏輯規範相關的文本方面，我們可以從中發現道、名、實之間有一層同構的一致性關係，意即名與實所代表的語言與世界間存在同樣的邏輯結構關係。而「用一之道，以名爲首」則指出這個名實共同的邏輯結構就是道，同理，「道者，萬物之所然，萬理之所稽」不就是道爲物之形、物之理的邏輯結構。所以「形名參同」、「審合形名」、「因參驗而審言辭」其目的在於「以實檢名」，檢查名、實或形、名之間的符應性，這種符應性因其同構性關係使得參驗的檢證原則成爲可能獲致眞理的方法。韓非的參驗必知之術的形、名參同的同構性關係雖然與維根斯坦的「對應」意涵相同，但關於眞理的載體之看法則不盡相同。聽言之道其實指命題或語句的獲得，「因參驗而審言辭」是說參驗的先決條件爲「審言辭」，而「審言辭」則把對於一般具體事物的名、實符應問題轉向人事的命題化立辭之考察。但「言辭」除了可以是具有眞假值意義的「命題」外，顯然指「明君之道，臣不陳言而不當」（〈主道〉）中的「陳言」，而「陳言」即是邏輯上的「語句」。所以在眞理的載體這方面的主張，《韓非子》表現出以語句概念作爲載體，不過《韓非子》並無意嚴格區分命題與語句的不同。大體而言，「因參驗而審言辭」則是考察言與事，即命題與事態之間的符合關係，然後依其符合與否給予功、過的判斷，由於其所審的言辭都以語句的形式表達，而且都可以依照一定的標準給予是非的判斷，若判斷爲是者，便代表陳言爲眞，判斷爲非者，便代表陳言爲假，在此意義上，所有陳言的語句便是具有眞假可言的命題了。而其賞、罰所依據的功、過標準，可回歸到法律明確的規範，君王依據臣下陳言的語句內容施予檢驗而有「是」、「非」判斷之分。謂爲依循理智上肯定爲「是」的有功之行爲該賞，而理智上否定爲「非」的有過之行爲則該罰。將純粹判斷知識的是、非判斷與帶有價值評價的功、過判斷混爲一談。若以亞氏的對應論判斷眞、假以認識的內容與外界客觀對象的存在是否一致、符合的判準來看，韓非檢驗臣下的陳言是否得當爲其陳述的眞、假之依據，所謂的眞假、是非、功過，都在實用的觀點下混同爲一了。

形名術的操作原則爲「聽言之道」與「參驗」，而參驗即爲排比、驗證言與事符合程度的檢證原則，其中內含「功用」的概念，可見〈外儲說左上〉「是以言有纖察微難而非務也」、「論有迂深閎大非用也」、「言而拂難堅确非功也」。亦可見以下敘述：

> 聽不參則無以責下，言不督乎用則邪說當上。……有道之主，聽言、
> 督其用，課其功，功課而賞罰生焉，故無用之辯不留朝。……無故
> 而不當爲誣，誣而罪，臣言必有報，說必責用也，故朋黨之言不上
> 聞。(〈八經〉)

君王聽言目的在於參驗而責下，所以「言不督乎用則邪說當上」、「聽言、督
其用，課其功」、「說必責用也」這些主張都指出「功用」的重要。除了臣下
之陳言以外，《韓非子》要求所有的一切人事之作爲都必須要求「功用」，甚
至擴大到辯說與行爲都要以功用爲唯一的指導原則。或曰：

> 今聽言觀行，不以功用爲之的彀，言雖至察，行雖至堅，則妄發之
> 說也。(〈問辯〉)

> 明主聽其言必責其用，觀其行必求其功，然則虛舊之學不談，矜誣
> 之行不飾矣。(〈六反〉)

> 是以天下之眾，其談言者務爲辯而不周於用，故舉先王言仁義者盈
> 廷，而政不免於亂；行身者競於爲高而不合於功，故智士退處巖穴、
> 歸祿不受，而兵不免於弱，政不免於亂，此其故何也？(〈五蠹〉)

參驗是一種君王「聽其言必責其用，觀其行必求其功」檢驗眞理的方法，其
中「功」似指行爲，而「用」則就言論而言，意即檢驗陳言的眞、假以行爲
後果產生的「功用」爲依據，這種形名術的使用以功用的實用主義爲方法，
強調眞實的思想必須訴諸有用的概念。而形名術是一種對應論的眞理觀，再
加以結合形名符合必須以其陳言是否對應有相應的事功之效果，所以其對應
論的眞理觀還預設了一個更優位的規範概念——「以功用爲之的彀」。亦即《韓
非子》的眞理觀結合了對應論與功用論兩種理論型態。正如同美國實用主義
者詹姆士所定義的「符合」概念而說：「眞理是我們某些觀念的一種性質；它
意味著觀念和實在的『符合』，而虛假則意味著與『實在』不符合。」〔註18〕
在此說明眞理意味「觀念和實在的符合」正是《韓非子》言與事所代表的名
實之間對應論的符合關係。而所謂的「符合」除了蘊含「滿意」概念外，另
指「證實」與「使有效」。〔註19〕此點亦即《韓非子》的「參驗」之說的「驗」

〔註18〕引文詳見威廉・詹姆士著，陳羽綸、孫瑞禾譯，《實用主義：一些舊思想方法
　　　　的新名稱》(北京：商務印書館，1997 年)，頁 101。
〔註19〕「證實」與「使有效」這兩個概念的實用主義意義爲對應說的符合觀念，可
　　　　參閱同上註，頁 103。

之檢證方法，「驗」乃具有證實的意思。故詹姆士曰：「眞觀念是我們所能類化，能使之生效、能確定、能核實的；而假的觀念就不能。這就是掌握眞觀念時對我們所產生的實際差別。」〔註20〕

工具論者認爲，當某一命題擁有「有用」（usefulness）這一個特徵，此一命題即是眞的。換言之，當一命題或信念，實際上是有用的（work in practice）他就擁有眞理的特徵。深一層來看，有用的信念包含「事實獨立於人心之外」這種實在論觀點，意即眞的信念必須在外界有一實存的事實。以良善的治國方略爲例：「是以天下之眾，其談言者務爲辯而不周於用，故舉先王言仁義者盈廷，而政不免於亂。」顯然〈五蠹〉的例子「舉先王言仁義者盈廷」是一個假的陳言或命題，因而不是良善的治國方略。因爲「偃王行仁義而喪其國」，事實證明徐偃王行仁義根本無用且經不起功用上的檢驗。很明顯，工具論並無法爲實用論的眞理論提出有力的證成。因爲有用、無用的考量涉及個人心理上的主觀滿意程度，極有可能太過於主觀，以致於可能因爲不同人的滿意心理需求不同同時存在許多的標準，而眞理的標準若是有很多個可同時並存，必然會導致有多個眞理，這對於「眞理」此一概念造成一大矛盾。因爲眞理的標準在理性的認知上只能有唯一的標準，我們的理智實在無法允許多個以上的眞理標準同時存在。再者，並非所有的命題或信念都蘊含「有用」的概念。以存在命題「牛有兩隻角」而言，根本上與有用、無用概念完全無關。「有用」是一種主觀的價值判斷，而知識的眞假則爲客觀的事實判斷，或必有一客觀的知識判準可供依循。於是關於客觀知識的理解，不必涉及主觀的價值判斷。所以《韓非子》實用主義的眞理觀就純粹眞知識的取得而言很有問題，因爲「可以存在有好的、有用的但不具有眞理性的觀念、信念。有用的、好的信念未必就是眞理。」〔註21〕不過，我們也許可以爲《韓非子》辯駁，不論其形名術的對應論或實用論，本質上只爲政治目的服務，而主要旨趣並非專指純粹爲知識而知識的哲學認識論。

三、同名異實與同實異名

在《韓非子》的思想體系中，理想上採取黃老自然之道，讓名與實自然存在，故曰：「虛靜以待令，令名自命也，令事自定也。」（〈主道〉）又任萬

〔註20〕引文詳見同註18，頁103。
〔註21〕引文可見鄔焜、李建群主編，《價值哲學問題研究》（北京：中國社會科學出版社，2002年），頁140。

物自然發展如：「天得之以高，地得之以藏，維斗得之以成其威，……萬物得
之以死，得之以生；萬事得之以敗，得之以成。」（〈解老〉）名與實的存在意
義呈現平行的位階關係，並無何者較爲優位的問題。但現實的所有名號並非
全然自然形成，必須藉助人爲的命名而產生諸如事物的名稱、法令的條文，
與一切大小官吏的爵位等級之名號。〈難勢〉提到的自然之勢與人設之勢之
分，從韓非重視人設之勢更勝於自然之勢可說明人爲命名勢位的活動之重要
性。《韓非子》理想上強烈要求一名必須對應一實，〈備內〉：「有主名而無實，
臣專法而行之，周天子是也。」或〈安危〉：「故齊，萬乘也，而名實不稱，
上空虛於國內，不充滿於名實，故臣得奪主。殺天子也，而無是非，賞於無
功。」但是事實上隨著事物的自然演變與戰國末期各式各樣諸子學說的盛行，
名稱的內涵與外延起於人爲的命名活動而賦予意義，就可能因爲人們逐漸因
認知或價值選擇的不同而賦予同樣的名稱卻有不同的指謂對象，即同名卻可
以對應到不同的實，或同實卻可以對應到不同的名。在此時代充斥各種學說
的背景下，產生同名異實與同實異名的認知混亂現象，於是導致名實的連結
不一定一一對應的問題。會有同名異實的問題發生，主要對於名稱的內涵發
生了價值觀念上的變化，就如毀譽與賞罰不一致的問題。〈姦劫弒臣〉已指出
社會上充斥著同名異實的情形：「俱與有術之士，有談說之名，而實相去千萬
也，此夫名同而實有異者也。」同名異實造成的毀譽與賞罰不一致的具體情
形除了〈六反〉所載的「有能之士」、「磏勇之士」等名稱的認知嚴重的落差
以外，還包含〈五蠹〉所說的「賢者」、「智者」：「且世之所謂賢者，貞信之
行也。所謂智者，微妙之言也。微妙之言，上智之所難知也。」也可見如下
描述：

> 夫立名號所以爲尊也，今有賤名輕實者，世謂之高。設爵位所以爲
> 賤貴基也，而簡上不求見者，世謂之賢。威利所以行令也，而無利
> 輕威者，世謂之重。法令所以爲治也，而不從法令、爲私善者，世
> 謂之忠。官爵所以勸民也，而好名義、不進仕者，世謂之烈士。刑
> 罰所以擅威也，而輕法、不避刑戮死亡之罪者，世謂之勇夫。（〈詭
> 使〉）

以上所指出的「世謂之高」、「世謂之賢」、「世謂之忠」、「世謂之烈士」以及
「世謂之勇夫」，都強烈表現出韓非對於上述這些美名有不同的實質上的認
定，即諸如「高」、「賢」、「忠」、「烈士」、「勇夫」韓非也使用同樣的名稱，

但卻賦予這些美名有不同於世俗之見的定義。如以「盡力守法，專心於事主者爲忠臣」（〈忠孝〉）、「無私劍之捍，以斬首爲勇」來重新定義「忠」、「勇」的概念，此爲一般人因爲其選擇的價值學說與韓非不同，而在認知上的觀點也竟與韓非完全不同的「同名異實」的實例。

而「同實異名」的情形，則可見以下這一則故事：

　　楊朱之弟楊布衣素衣而出，天雨，解素衣，衣緇衣而反，其狗不知
　　而吠之。楊布怒，將擊之。楊朱曰：「子毋擊也，子亦猶是。曩者使
　　女狗白而往，黑而來，子豈能毋怪哉！」（〈說林下〉）

以上提到的「素衣」和「緇衣」是兩種衣服的不同概念或可比喻爲不同的別名，但卻同樣可以穿在同一人身上，造成狗對於楊布衣這個人的實體認知有差距，因而造成誤解。另外〈八說〉也同樣提到這種同實異名的情形：「人臣肆意陳欲曰俠，人主肆意陳欲曰亂；人臣輕上曰驕，人主輕下曰暴。行理同實，下以受譽，上以得非，人臣大得，人主大亡。」這裡說的「行理同實」，指人臣與人主在欲望與態度的行爲表現都一樣，但世人的觀感與評價在毀譽與賞罰方面卻大不相同。

　　《韓非子》理想中要求君王務必做到「審名以定位，明分以辯類」（〈揚權〉），即嚴加區辨同名異實與同實異名的辯類能力。但解決這樣名實無法一一對應的思想混亂問題，還必須使君王堅持一套以法治作爲分類標準的辦法，以法取代所有的世俗價值，並使境內之民「其言談者必軌於法，動作者歸之於功，爲勇者盡之於軍」（〈五蠹〉）。畢竟，人民沒有與君王一樣的能力可以「審名以定位，明分以辯類」，所以，要求「一民之軌，莫如法」（〈有度〉）以法取代各種不同的學說將同名異實與同實異名這種造成人民中心思想混亂的情形一併統一在法律規範之下，嚴格回到一名對應一實的正常狀態，如此便更有其理論上的迫切需要了。故曰：「法者，事最適者也。」（〈問辯〉）其中法爲名，事爲實，法律規範的內容務求與外在的事態一一符應。總之，《韓非子》的形名關係衍生出「道的缺口」這樣的問題，[註22] 以法彌補這樣認知上的缺口，根本上還是以法律規範作爲最後的一道防線，以澄清其邏輯規範上的混亂。原來「毀譽、賞罰之所加者相與悖繆也」（〈五蠹〉），倫理規範

〔註22〕詹康先生認爲「素衣與緇衣之喻」引發一實二名的「道的缺口」，詳文請參閱詹康，〈韓非的道、天命、聖人論及其缺口〉（收錄在《漢學研究》第 22 卷第 2 期，2004 年），頁 179～180。

與法律規範的不一致根本上竟起於同名異實不能一名對應於一實的混亂。

第三節　辯說規範

一、以法禁辯

韓非不但反對「門子好辯」(〈亡徵〉)，更反對任何「無用之辯」和「窕言」。如〈八經〉：「有道之主，聽言、督其用，課其功，功課而賞罰生焉，故無用之辯不留朝。」以及〈難二〉所載「李兌治中山，苦陘令上計而入多」之例。李兌曰：「語言辨，聽之說，不度於義，謂之窕言。無山林澤谷之利而入多者，謂之窕貨。君子不聽窕言，不受窕貨，子姑免矣。」此謂語言的產生一定要「度於義」，即謂遵循某些合宜的規範，而語言不得有充滿虛假不實的空論(「窕言」)，而此合宜的規範應指「言必有實」。所以韓非反對任何「無用之辯」和「窕言」，一者強調「用」，另則強調「實」，於是構成其實用論的辯說規範原則。〔註23〕而法正是最明確可以作為取代「無用之辯」和「窕言」的利器，〈亡徵〉曰：「辭辯而不法，心智而無術，主多能而不以法度從事者，可亡也。」又〈問辯〉曰：

> 或問曰：「辯安生乎？」對曰：「生於上之不明也。」問者曰：「上之不明因生辯也何哉？」對曰：「明主之國，令者，言最貴者也，法者，事最適者也。言無二貴，法不兩適，故言行而不軌於法令者必禁。若其無法令而可以接詐應變生利揣事者，上必采其言而責其實，言當則有大利，不當則有重罪，是以愚者畏罪而不敢言，智者無以訟，此所以無辯之故也。」

原因在於韓非希望「是境內之民，其言談者必軌於法」(〈五蠹〉)，想要以法令具備的強制力來取代無用之辯，而辯說的產生是「生於上之不明也」，因為君王不能明於法令為治世的唯一最有效的規範工具，反而浪費氣力在無用的口舌之辯上。相對地，辯說的存在允許一般人恣意闡述己見產生許多與己見不合的批

〔註23〕韓非十分重視辯說立論的實質內容而反對空談，亦可參見〈外儲說左上〉楚王認為墨子「其言多而不辯」的事例。田鳩回應楚王的看法而說：「今世之談也，皆道辯說文辭之言，人主覽其文而忘有用。墨子之說，傳先王之道，論聖人之言以宣告人，若辯其辭，則恐人懷其文忘其直(質)，以文害用也。此與楚人鬻珠，秦伯嫁女同類，故其言多不辯。」

評，這無疑造成「其學者則稱先王之道，以籍仁義，盛容服而飾辯說，以疑當世之法而貳人主之心」（〈五蠹〉），人主也會惑於這些好稱先王之道的學者所主張的「恍惚之言，恬淡之學，天下之惑術也」（〈忠孝〉），而「喜淫而不周於法，好辯說而不求其用，濫於文麗而不顧其功者，可亡也」（〈亡徵〉）。顯然韓非以爲「恬淡，無用之教也；恍惚，無法之言」（〈忠孝〉），如此一來，法令至高無上的地位必然動搖，導致「儒以文亂法，俠以武犯禁，而人主兼禮之，此所以亂也」（〈五蠹〉）。因此之故，韓非必然要以法禁辯，也似乎隱含了君主專制的政體必須統一思想而不允許過多不一致的意見存在。故〈顯學〉提到：「自愚誣之學、雜反之辭爭，而人主俱聽之，故海內之士，言無定術，行無常議。」再者，韓非反對一切的無用之辯與無的放矢的空論，可能的原因除了辯說衝擊法律的明確性、權威性，在功用的角度來看，辯說實在違反「夫言行者，以功用爲之的彀者也」（〈問辯〉）、「其談言者務爲辯而不周於用……行身者競於爲高而不合於功」（〈五蠹〉）的功用原則，如：「今學者之言也，不務本作而好末事，知道虛聖以說民，此勸飯之說。」（〈八說〉）或：「故明主舉實事，去無用；不道仁義者故，不聽學者之言。」（〈顯學〉）再者，韓非已經意識到這些好言談、辯說之人「其言古者，爲設詐稱，借於外力，以成其私而遺社稷之利」（〈五蠹〉），他們通常都有其政治上的特定用意，罔顧國家的利益。爲圖國家的長治久安，這樣的學者爲「邦之蠹也」，應及早放入撲殺之列。

韓非的辯說規範也以實用論爲出發，造成以法禁辯的結果，我們不得不說這是直接導致中國古代邏輯思想一直隱而不彰的主因，以及純粹形式科學研究的大浩劫。〈問辯〉批評公孫龍的堅白論與惠施、墨家、鄧析的無厚論，而說：「堅白無厚之詞章，而憲令之法息。故曰：上不明，則辯生焉。」其主要的立論基礎還是在於「今聽言觀行，不以功用爲之的彀，言雖至察，行雖至堅，則妄發之說也。」（〈問辯〉）公孫龍的堅白論的主要論點即：「視不得其所堅，而得其所白者，無堅也。拊不得其所白，而得其所堅；得其堅也，無白也。」（《公孫龍子·堅白論》）此謂觸覺與視覺並不能同時皆有，因爲只能依賴於不同的官能，所以堅、白可以相離。而無厚之說可能指惠施的「歷物之意」如：「無厚，不可積也，其大千里。」（《莊子·天下》）或可能爲晚期墨家之說：「次，無厚而后可。」（《墨辯·經說下 69》）更可能指鄧析所說：「天於人，無厚也。君於民，無厚也。父於子，無厚也。兄於弟，無厚也。」（《鄧析子·無厚》）惠施與墨家的無厚之說，涉及自然科學的空間與幾何形

體的抽象概念論述，這種辯說的內容就韓非看來根本無實用的價值。而鄧析講述「天於人」、「君於民」、「父於子」這些政治與倫理的無厚關係，則「主要在於駁斥當時社會等級制的倫理概念，換句話說，是反對"名分"、"名守"的舊形名觀念的。」〔註24〕如此說法，便衝擊韓非的形名術的名實論了。鄧析的無厚之說的出現動搖了韓非「法者，事最適者也」要求名與實之間最合適的對應關係，於是「憲令之法息」。總之，韓非「認為鄧析所持的論爭，搞亂了『憲令』、『禮法』的『名實』關係，所以有意誇大『兩可』、『無厚』的詭辯意義，而無視其樸素辯證概念的科學思想。」〔註25〕此外，〈外儲說左上〉直接攻擊公孫龍「白馬非馬」的邏輯理論。例如：「兒說，宋人，善辯者也。持白馬非馬也服齊稷下之辯者，乘白馬而過關，則顧白馬之賦。故籍之虛辭則能勝一國，考實按形不能謾於一人。」「白馬非馬」的主要論點為：「馬者，所以命形也；白者，所以命色也。命色者非名形也。故曰：白馬非馬。」（《公孫龍子·白馬論》）如此論點說明「命形」與「命色」之本質與屬性概念可以彼此區分而意涵相異。但韓非則回到實用的對應論觀點，運用「事實勝於雄辯」之原則，認為「考實按形」的結果白馬與馬都是同一「物實」對象並無不同，根本忽略其抽象概念上的意涵可以清楚區分，這是一種說明存在的實在論觀點。

　　墨家在反省辯說活動的本質方面，〈經上74〉說：「辯，爭彼也。辯勝，當也。」辯論的目的藉由雙方爭論某一命題的詰難過程來澄清語意、探求真理，辯說勝者之一方，必有其恰當的理由。而論辯的本質就在於尋求這種合乎理性與令人信服的理由。因此，墨家的辯「雖然離不開語言，必須表現為語言，但辯的真正作用是在表達和論證一種思想（自然包括肯定和否定、證明與反駁）。」〔註26〕另外，〈外儲說左上〉提到一則故事：「鄭人有相與爭年者，一人曰：『吾與堯同年。』其一人曰：『我與黃帝之兄同年。』訟此而不決，以後息者為勝耳。」此為「不爭彼」之實例，根本上分不出勝負可言，故不構成辯說的完整形式。〈外儲說左上〉也認定「而長說者，皆如鄭人爭年也」，判定此例為「不以功用為的」的無用之辯。但韓非徹底要求功用的實用論真理觀為其一切理論的最高指導原

〔註24〕引文可見汪奠基，《中國邏輯思想史》（臺北：明文書局股份有限公司，1993年），頁65。

〔註25〕引文可見汪奠基，《中國邏輯思想史料分析》（臺北：仰哲出版社），頁28。

〔註26〕引文請見同註7，頁255。

則，無疑地否定一切無用的辯說形式，卻也間接地杜絕辯說的過程中因肯定和否定、證明與反駁所獲得的知識成果。如上「鄭人爭年」的例子，在辯說的邏輯規範思想上不見得毫無理論上的意義可言，我們反而可以透過這樣韓非眼中無用之辯的例子，得知「不爭彼」的無謂之辯不合乎辯說的完整形式之規範。而且實用論的有用概念必須訴諸對應論找尋外在的實效性，但純粹抽象的知識概念，在現實世界中不見得實際存在相應於這種抽象知識的外在事功可供檢驗。因而以功用作爲辯說立論的標準，終究存有上述實用論標準過於主觀的困難，而且有些純粹知識的命題根本無關於功用概念的滿足，因而這類純知識的探討同樣爲韓非所排除，諸如〈問辯〉批評「堅白無厚之詞」與〈外儲說左上〉批判「白馬非馬」這類型的知識探討便被排除在外。所以法家以其實用論的眞理觀反對墨家、名家這些韓非眼中的「無用之辯」，顯然忽略了墨家、名家對於一些純粹思維領域的探索，而找不到所對應的外界對象，因而除了反對辯士所持的詭辯之術外，尚忽略了辯說的過程中還存在著其他可供哲學思辨、討論純粹知識之可能性。在辯說規範方面，人爲理性的動物，一切的辯說勢必涉及思維的活動，而思維的活動本身則無可逃避勢必要恪守邏輯上的思維規律，正如墨家所言：「彼，不（否）可。不兩可也。」（〈經上 73〉）墨家辯說「爭彼」的過程，還是必須遵守思維上的矛盾律原則，否則不構成一個完整的論辯形式。韓非同樣也必須對於思維本質的問題表態，他也承認辯說的過程必須遵循思維不變的矛盾律規範。在矛盾律方面的論述，雖然韓非終究以達成其「賢勢之不相容」的政治論述爲目的，但卻也難免觸及筆者所謂的純知識命題的研究。

二、進說原則

韓非雖然反對一般意義下的談辯行爲，即反對墨家所謂的「辯乎言談」（《墨子·尚賢》），雖然他主張「以法禁辯」反對一般意義下的無用之辯，但卻無可避免，君王依照黃老「君無爲臣有爲」的治術原則，還是需要利用臣吏的智能以爲所用，故法術之士便成爲韓非陳法術、息邪說的唯一允許進行辯說活動的特定人士。所以作爲一個智能兼備的法術之士，儘管滿懷孤憤且時時陷入「不僇於吏誅，必死於私劍」（〈孤憤〉）的生命危險中，還是必須對於君王提出諫言與獻策，勇於負責展現辯才與表達自己的思想。但是進言擔負的責任極其重大，顯然韓非對於人臣進言的要求非常嚴苛，言與不言都需負責任，不像歷代的御使大夫君王授以言論免責權使其暢所欲言。韓非規定「臣不得兩諫，必任其一

語；不得擅行，必合其參」（〈八經〉），言其「言默則皆有責」：

> 其進言少，其退費多，雖有功其進言不信，不信者有罪，事有功者
> 必賞，則群臣莫敢飾言以惛主。主道者，使人臣前言不復於後，後
> 言不復於前，事雖有功，必伏其罪，謂之任下。……主道者，使人
> 臣必有言之責，又有不言之責。言無端末、辯無所驗者，此言之責
> 也。以不言避責、持重位者，此不言之責也。人主使人臣言者必知
> 其端以責其實，不言者必問其取舍以爲之責，則人臣莫敢妄言矣，
> 又不敢默然矣，言默則皆有責也。（〈南面〉）

「有用之辯」方可成爲進說的內容，此爲言之責；持重位者，必須善盡其高
位的職責而敢於進言，不得爲了逃避責任而不進言，此爲不言之責。因此嚴
苛的規定之故，言與不言都背負重大的法律責任，從責任的角度而言，人臣
自然背負極大的心理壓力。

　　進說的困難另可從〈難言〉篇「此臣非之所以難言而重患也」的顧慮來
看，韓非歸納出進言辯說時儘管合於諸多辯說規範的原則，但仍然有可能造
成君王的十二種誤解而遭致殺身之禍。這十二種誤解分別是「華而不實」、「掘
而不倫」、「虛而無用」、「劌而不辯」、「譖而不讓」、「夸而無用」、「見以爲陋」、
「貪生而諛上」、「見以爲誕」、「見以爲史」、「見以爲鄙」、「見以爲誦」。相應
於這十二種君王可能產生的誤解，韓非提出一般常識上的辯說規範原則：一、
言順比滑澤，洋洋纚纚然。二、敦祗恭厚，鯁固愼完。三、多言繁稱，連類
比物。四、總微說約，徑省而不飾。五、激急親近，探知人情。六、閎大廣
博，妙遠不測。七、家計小談，以具數言。八、言而近世，辭不悖逆。九、
言而遠俗，詭躁人間。十、捷敏辯給，繁於文采。十一、殊釋文學，以質信
言。十二、時稱詩書，道法往古。其中「言順比滑澤」應是最重要也最不容
易做到的原則，〈說難〉揭露「凡說之難」在於「知所說之心，可以吾說當之」，
而且「非吾知之，有以說之之難也；又非吾辯之，能明吾意之難也；又非吾
敢橫失，而能盡之難也。」可見，進說最大的困難根本不在於進說者本身的
知識不夠，也不在於辯才必須無礙，更不在於是否敢於進言，根本的困難在
於如何運用進言的技巧使其可以完全契合君上的各種好、惡之心，故曰：「非
知之難也，處知則難也。」（〈說難〉）除此之外，〈說難〉也具體舉了彌子瑕
與龍之逆鱗兩例來說明進說時必須格外迎合君王之愛、憎心理。例如：「彌子
之行未變於初也，而以前之所以見賢，而後獲罪者，愛憎之變也。」又曰：「人

主亦有逆鱗，說者能無嬰人主之逆鱗，則幾矣。」所謂君上「可以吾說當之」的心理需求，〈說難〉指出臣下必須完全掌握、洞見君王的個性完全滿足其「厚利」或「名高」這兩種心理需求。但就算能夠做到「言順比滑澤」，完全順從君王的意向，卻還是只能得到「華而不實」的負面評價。

「連類比物」則可拆解爲「連類」與「比物」兩種說明所持論點的方式，相當於《墨子・小取》的「侔」與「辟」，如釋曰：「辟也者，舉也物而以明之也。侔也者，比辭而俱行也。」「連類」是說列舉同類的事例說明所欲主張之命題，故可理解爲墨家「比辭而俱行」；而「比物」可能指舉一物來說明一物，即譬喻的解釋方法，故爲墨家「舉也物而以明之」。「連類比物」是一種臣下形成進言主張所使用的說明方式，目的在於幫助君上透過各種類例與物譬強化其理解臣下所欲陳言之指要。而「辯類」、「察類」之首要在於「別同異」，〔註27〕〈姦劫弒臣〉說：

> 凡人之大體，取舍同者則相是也，取舍異者則相非也。今人臣之所譽者，人主之所是也，此之謂同取。人臣之所毀者，人主之所非也，此之謂同舍。夫取舍合而相與逆者，未嘗聞也，此人臣之所以取信幸之道也。

韓非認爲毀、譽和是、非的事類概念之形成，來自於人臣與人主選取價值觀的同（同取）與異（同舍）。換言之，人臣與人主的價值選擇相同則爲「是」，相異則爲「非」。所以姦臣可以利用與君王「取舍同者則相是」的道理，進而採取相同於君王所作出毀、譽的評價一致的態度，正所謂「凡姦臣皆欲順人主之心以取親幸之勢者也」（〈姦劫弒臣〉）。而韓非本身有其不同於世俗之見的價值觀，所以其類概念皆爲以其自身政治、倫理、法律方面的價值觀作爲分類的標準。例如：「夫上稱賢明，下稱暴亂，不可以取類，若是者禁。」（〈飾邪〉）由於韓非變古而不法古，故反對時下儒、墨文學之士「誦詠多誦先古之書，以亂當世之治」（〈姦劫弒臣〉），因而我們或許會對於「時稱詩書，道法

〔註27〕周鍾靈先生認爲：「他（韓非子）的『同』和『異』的範疇差不多只是指相類和不相類的意思，因此是比較籠統的。他的『同』和『異』的範疇也是從歷史事件和社會現象裏觀察出來的。他只是結合具體事實來說明他們的相同或相異，他沒有能夠像哲學家、邏輯學家墨子那樣抽象地來討論『同』和『異』這一對在思維領域中具有根本性質的範疇。」引文可見周鍾靈，《韓非子的邏輯》，收錄在嚴靈峰編輯《無求備齋韓非子集成（三九）》（臺北：成文出版社，1980年），頁422。

往古」的原則產生質疑。關於這一點，本文認爲〈南面〉「常古之可與不可」決定了「變與不變」的判斷結果，所以「變與不變，聖人不聽，正治而已」。在此解釋背景下，「時稱詩書，道法往古」應是基於「常古之可」的前提下作爲進言的原則，因此，並不違反《韓非子》全書的理論一致性。綜合〈難言〉與〈說難〉所述的各種可能遭遇身陷危難的情況，我們可以清楚斷定臣下進言得以取得君上的信任並全身而退而不身危者絕無可能。韓非提醒我們千萬不要對於君王有過多的期望，期望他能完全接受進言，因爲「故度量雖正，未必聽也；義理雖全，未必用也」（〈難言〉）。韓非更進一步分析，就算運氣好遇上聖君，如伊尹遇到湯，「以至智說至聖，未必至而見受」（〈難言〉）。最後韓非歸結出進言之最高指導原則也不在於專注在「知所說之心，可以吾說當之」極盡逢迎之能事，而是在於「昵近習親」（〈難言〉）、「所信愛之親，習故之澤也」（〈孤憤〉），或「曠日離久，而周澤既渥，深計而不疑，引爭而不罪」（〈說難〉），意即必須與君王建立長期、深厚的關係，如此一來，「則明割利害以致其功，直指是非以飾其身，以此相持，此說之成也。」（〈說難〉）由此以上的論述可見，不論在技術上遵循何種辯說的原則，其效果還比不上與君王親近，並建立深厚的信任關係來的重要。

第四節　矛楯之說

韓非立論辯說的基本邏輯原則爲思想規律中的矛盾律之遵守與運用。《韓非子》各篇章呈現一些可能與矛盾概念相關的語彙如下：

> 夫冰炭不同器而久，寒暑不兼時而至，雜反之學不兩立而治，今兼聽雜學繆行同異之辭，安得無亂乎？聽行如此，其於治人又必然矣。（〈顯學〉）

> 故法之所非，君之所取；吏之所誅，上之所養也。法趣上下四相反也，而無所定，雖有十黃帝不能治也。……夫君之直臣，父之暴子也。……夫父之孝子，君之背臣也。……古者蒼頡之作書也，自環者謂之私，背私謂之公，公私之相背也，乃蒼頡固以知之矣。……故不相容之事，不兩立也。（〈五蠹〉）

> 且法術之士，與當途之臣，不相容也。……而勢不兩立。（〈人主〉）

> 是智法之士與當塗之人，不可兩存之仇也。（〈孤憤〉）

韓非對於矛盾思維的啓發顯然來自於「冰炭不同器而久，寒暑不兼時而至」的自然觀察，以及「雜反之學不兩立而治」、「夫君之直臣，父之暴子也」、「且法術之士，與當途之臣，不相容也」所示的政治、社會觀察而來。但所謂「不同器」、「不兼時」、「不兩立」、「不相容」、「不可兩存」、「相反」、「相背」可分析其主要的意涵為彼此對立的事物不可同時存在，這點似乎符合矛盾律基本的規定，即謂同一時間與同一方面不能皆眞（兩立、兩存）也不能皆假的規定。但以上的這些類似於矛盾律意涵的語彙，大部分涉及兩種相對立事物的存在規律，但是卻不是指命題上的矛盾關係。在〈難一〉與〈難勢〉中則觸及了邏輯上的矛盾命題之論述。〈難一〉曰：

> 今耕漁不爭，陶器不窳，舜又何德而化？舜之救敗也，則是堯有失也；賢舜則去堯之明察，聖堯則去舜之德化；不可兩得也。楚人有鬻楯與矛者，譽之曰：「吾楯之堅，莫能陷也。」又譽其矛曰：「吾矛之利，於物無不陷也。」或曰：「以子之矛陷子之楯何如？」其人弗能應也。夫不可陷之楯與無不陷之矛，不可同世而立。今堯、舜之不可兩譽，矛楯之說也。

上述「不可兩得」、「不可兩譽」似乎是批判鄧析的「兩可」之說，〔註28〕《呂氏春秋·離謂》批評鄧析曰：「以非爲是，以是爲非，是非無度，而可與不可日變。」韓非對於鄧析是非兩可不定之說實在不能認同，故提出「矛楯之說」明言「不可兩得」、「不可兩譽」的邏輯思想律與鄧析分庭抗衡。關於此處隱含的矛盾律思想，與亞里士多德所說的矛盾律形式並不相同。亞氏認爲：「同一種東西不可能在同一方面既依存於又不依存於同一事物，……很明顯同一個人不可能主張同一事物同時存在又不存在。」〔註29〕亞氏上述的主張可以轉換成語句的表達式爲「S 是 P 與 S 不是 P」，兩者不可同時皆爲眞。這裡涉及的矛盾律思想是「具有同一主詞而有矛盾謂詞的兩個判斷。韓非子的『矛

〔註28〕 「兩可」之說的典故來自於《呂氏春秋·離謂》：「洧水甚大，鄭之富人有溺者。人得其死者。富人請贖之，其人求金甚多，以告鄧析。鄧析曰：『安之。人必莫之賣矣。』得死者患之，以告鄧析。鄧析又答之曰：『安之。此必無所更買矣。』夫傷忠臣者，有似於此也。夫無功不得民，則以其無功不得民傷之；有功得民，則又以其有功得民傷之。人主之無度者，無以知此，豈不悲哉？」汪奠基先生也認爲：「"兩可論"在古代名辯思想方法中，確有其積極的一面，它與二難的矛盾推論有不可分割的關係。戰國中葉，辯察之士，往往擴大利用兩可論，於是發展成了唯心論的詭辯工具。」引文可見同註24，頁67。

〔註29〕 引文請參見同註16，頁90。

盾之說』是指不同主詞對矛盾謂詞說的，應用的範圍是具有不同主詞而有矛盾謂詞的兩個判斷。」〔註 30〕或以為「韓非的"矛盾之說"內含了一個完整的邏輯歸謬法論證過程」。〔註 31〕以歸謬法的論證方式來闡釋韓非的矛楯之說，似乎將《韓非子》在中國古代邏輯史上的地位提升許多，但我們必須澄清，《韓非子》涉及的邏輯思想並非現代所謂的符號邏輯，在戰國末期我們也未曾發現存在符號邏輯的發展痕跡。但「夫不可陷之楯與無不陷之矛，不可同世而立」著實揭櫫了「矛盾律是指在同一思維過程中，兩個互相對立的判斷不能同時都真」，〔註32〕但是否內含了一個完整的邏輯歸謬法論證過程？此點有待商榷。因為所謂的歸謬法必須先假設與結論完全相反的語句作為前提，然後以此前提作為推衍的依據，最後在推衍的過程中導出矛盾，表示這個推衍的過程有問題，進而推翻與結論相反的前提，於是得出論證的有效性。〔註 33〕而〈難一〉所舉的例子並未明示上述的邏輯推衍過程，只以「以子之矛陷子之楯何如？」這樣簡單的設問作為論證的結果，不過由此設問我們十分清楚地掌握到回應設問的結果必然會產生矛盾律中「兩個互相對立的判斷不能同時都真」的意義，如此，韓非已然掌握到邏輯上的矛盾律意涵，但由單純的這句設問，則無從得知其使用與結論相反的前提為何，只能由此設問導出蘊含的矛盾命題，間接否定商人矛盾的推銷陳述。

　　再者，我們再參考韓非所舉的另一個類似的例子。如〈難勢〉曰：

　　客曰：「人有鬻矛與楯者，譽其楯之堅，物莫能陷也。」俄而又譽其矛曰：「吾矛之利，物無不陷也。」人應之曰：「以子之矛陷子之楯何如？」其人弗能應也。以為不可陷之楯，與無不陷之矛，為名不可兩立也。夫賢之為勢不可禁，而勢之為道也無不禁，以不可禁之

〔註30〕引文可見同註 27，頁 412。「吾楯之堅，莫能陷也」與「吾矛之利，於物無不陷也」這兩個判斷即周鍾靈先生所說的「具有不同主詞而有矛盾謂詞的兩個判斷」。

〔註31〕引文見同註 2，頁 333。

〔註32〕引文見劉大椿等著，《科學邏輯與科學方法論名釋》（南昌：江西教育出版社，1997 年），頁 14。

〔註33〕關於「歸謬法」的說明為：「這種先假設結論的否定句，然後導出矛盾句，最後再依據 R.A.A.規則導出結論的證明方法，叫做『間接證法』或『歸謬法』。」引文可參見林正弘，《邏輯》（臺北：三民書局股份有限公司，1991 年），頁141。所謂的「R.A.A.規則」即指因為假設結論的否定句在推論的過程中會導出矛盾句，進而可證明結論的否定句有誤，必須否定此結論的否定句，故可得到最原初所欲證明的結論。

勢，〔註34〕此矛楯之說也；夫賢勢之不相容亦明矣。

由上述兩例可知，韓非提出矛楯之說並非只爲純粹的邏輯形式而立論，而是試圖以矛楯之說來證明「今堯、舜之不可兩譽」與「夫賢勢之不相容亦明矣」。我們或許可以認爲：「韓非的矛盾律實是基於清算氏族制的原理，主張古代社會成爲國民階級的同一社會，而不容氏族貴族仍作爲『當塗之人』混跡其間。」〔註35〕筆者認爲「今堯、舜之不可兩譽」是因爲「賢舜，則去堯之明察；聖堯，則去舜之德化，不可兩得也」（〈難一〉），韓非已經認定「堯之明察」與「舜之德化」這兩者都不能「去」，所以既不能「賢舜」，也不能「聖堯」，即可導出「今堯、舜之不可兩譽」的結論。而「賢勢之不相容」的理由在於「賢之爲勢不可禁」所表示的賢不具強制力作用，而「勢之爲道也無不禁」則表示勢所具的強制力作用，如此強制力作用的有與無產生不可兩立的情形，導致了「賢勢之不相容」。我們再參考〈難勢〉篇首的主張：「堯爲匹夫不能治三人，而桀爲天子能亂天下，吾以此知勢位之足恃，而賢智之不足慕也。……由此觀之，賢智未足以服眾，而勢位足以詘賢者也。」再者〈功名〉曰：「桀爲天子，能制天下，非賢也，勢重也；堯爲匹夫，不能正三家，非不肖也，位卑也。」我們由以上幾段可清楚得知「賢勢之不相容」只是韓非認爲比較賢與勢這兩主種治國的方法應該有優先性，而且因爲勢具備強制力爲最有效的治國原則，所以說「勢位之足恃，而賢智之不足慕也」，因而勢在政治哲學的選取上應具有優先性。再從歷史上來看，桀之所以能號令天下行使君王絕對至高的主權而賢能的堯卻不能，最大的差別是在於君王有無勢位的差別，而不在於是否賢能。綜合觀之，韓非的政治哲學主張以實用主義爲選擇的基礎，即以強制力的實效性來闡述「抱法處勢」顯然勝過客日的「必待賢乃治」（〈難勢〉）。或可說：「認爲堯舜結合了權力與道德，……這個論題在西方政治哲學中當然是以另外一種形式提起的，其最簡單的形式便是在法律權威與人們借以斷定法律不正義的道德規範之間的衝突。」〔註36〕另外，賢與勢這

〔註34〕文本「以不可禁之勢」依據陳奇猷的理解應當作「以不可禁之賢，處無不禁之勢」。引文請參閱陳奇猷校注，《韓非子新校注》（上海：上海古籍出版社，2000 年），頁 948。

〔註35〕引文可見侯外廬、趙紀彬、杜國庠著，《中國思想通史》（北京：人民出版社，1995 年），頁 634。

〔註36〕葛瑞漢著、張海晏譯，《論道者：中國古代哲學論辯》（北京：中國社會科學出版社，2003 年），頁 323。

兩種政治主張韓非顯然以「矛與楯」之例來類比賢與勢之不可兩立，但可以批評的一點，賢與勢也許是「兩個互相對立的判斷」，但難道不能「同時都眞」？「其實，韓非子的『矛盾』也不是不可兩存的『眞矛盾』（邏輯上的『A』、『O』不可兩存之矛盾），只是相反。韓非子勇於以矛攻盾，卻不知兩者亦可和平共存。」〔註37〕換言之，韓非的矛楯之說並非四角對當中的「一眞一假、一假一眞」的矛盾關係，而是「同假不同眞」的大反對關係。此外，我們顯然可以設想一種強調「抱法處勢」但君王本身卻也同時極具「賢能」的領導者狀態之存在，例如集賢與勢於一身的君王──漢武帝，即是一位典型的範例。因而就邏輯上的矛盾律定義而言，韓非主張的「賢勢之不相容」顯然不完全符合嚴格的矛盾律定義，因爲不是必有一眞一假的矛盾關係，而可同時皆眞，我們可以據此而認定其矛盾律應用在「賢勢之不相容」的例子實在並不恰當。「不可同世而立」與「今堯、舜之不可兩譽」卻成功的觸及矛盾律的基本意涵，但可惜的一點，在矛盾律這方面，韓非並未有意識地反省、區分「事物存在的規律」與「邏輯思維的規律」兩者的差別。一般而言，韓非是中國歷史上提出矛盾之說的第一人，至今仍與西方的亞里士多德矛盾律齊名，相信《韓非子》的矛盾之說在先秦邏輯史必定有其指標性的意義。

〔註37〕 引文可見李增，《先秦法家哲學思想──先秦法家法理、政治、哲學》（臺北：國立編譯館，2001年），頁251。周云之也認爲：「韓非的"矛盾之説"只斷定了在"不可陷之盾"與"無不陷之矛"之間是必有一假的反對關係，而並非必有一假和必有一眞的矛盾關係。」可參閱同註7，頁389。

第七章　結　論

　　本論文研究《韓非子》的規範思想，其中規範概念的具體範圍包含倫理、法律與邏輯規範三部分。這三種規範思想的論述，以法律規範的部分最廣受學界關注，但筆者不再專注於一般特徵概念，如公開性、公平性、易行性或法的政治社會功能，而是就其他幾個較少在哲學界引人注目的法理學概念進行後設性的反省。關於《韓非子》文本對於法律定義的相關論述，很遺憾地似乎未能明確觸及法的本質之探索，而其類似於法律定義的概念，則是從法的本質延伸而出的家族性概念。在道德與法律的區分方面，顯然法律規範的強制性意義所代表的必然性，可以明確與道德規範的適然性作出區分。卻也因此強制性的意義充斥在《韓非子》文本的法律規範中，使得《韓非子》的法理學屬性容易令人專注在法實證主義的思考，卻忽略了太史公所言韓非喜形名法術之學，且其學歸本於黃老的自然之道。自然法與法實證主義在西方的法理學界，自古以來，楚河漢界、壁壘分明。而黃老自然之道所包含的公平、正義、客觀的規矩或衡石，這些概念的存在證明了與法實證主義相對的自然法思想也具有理論上的重要性，甚至自然法應為法實證主義的基礎。即謂《韓非子》結合了自然法與法實證主義兩種極其對立的主張，而這樣壁壘分明的區分根本皆可融攝在道術合一的觀點之下。在法律後果的賞與罰方面，我們可以得知雖然《韓非子》也主張「信賞必罰」、「厚賞重刑」，但因為公利的考量，進而主張「少賞重刑」，最後為求立竿見影之效甚至主張「只罰不賞」，所以錢穆先生才評斷韓非「僅知有君主，而不知有民眾」。〔註1〕另外，

〔註1〕　引文可見錢穆，《中國思想史》（臺北：蘭臺出版社，2001年），頁62。

關於威懾論的刑罰之討論，法家所謂的嚴刑峻法只是一種工具性意義的手段設置，目的是達到徹底「以刑去刑」而非「以刑致刑」，欲將犯罪根本性的杜絕。「後人皆批評韓非嚴刑峻法，刻薄寡恩，爲一殘酷之人。其實，此種批評欠公允。韓非雖主嚴刑重罰，但其目的乃在於無刑。」〔註2〕韓非不希望人民觸法，這才是眞正的愛民，故曰：「故法者，王之本也；刑者，愛之自也。」（〈心度〉）雖是如此，但仍不禁使人質疑「功不當其事，事不當其言則誅」（〈主道〉）這樣賞、罰的標準是否過當、過苛，其設置刑罰的正當性何在？以今天關於刑罰的研究觀之，韓非似乎嚴重忽略了賞的激勵效果，在客觀上的確比嚴刑峻法有效果。而且事實的研究也證明死刑的存在並不能遏止重大犯罪的產生，所以威懾論的看法實在有失周延。我們可以直接論斷《韓非子》已清楚了解成就君王之功業，端賴民眾之群力，但其背後的動機考量，不見得只是成就君王一己之私利。充其量，只能說存有「民本」思想，而絕無「民主」思想。因爲「竊以爲立法術，設度數，所以利民萌、便眾庶之道也」（〈問田〉）所指的「利民萌」就是利民的「民本」，而非「民主」。但如此基於民本的思想，其理論的動機或可謂並非只是成就君王一己之私利而已，我們或許可以藉助《尸子‧綽子》提出的「私萬方」、「私萬國」的訴諸天下、國家之整體的公心，來進一步解釋其實君王的一己之私利就是代表天下之公利，君王並非全然無私而是爲私於這種國家整體之公心，正所謂「國君一體」，將君王之私利與天下之公利合而爲一體了。此外，韓非重法並以其爲政治最佳的利器，其實可視爲對其他各家思想的反動，他分析社會的亂源在於「毀譽、賞罰之所加者相與悖繆也」（〈五蠹〉），時下道德評價與法律規範落差過大，所以才需要借助法律規範的教育作用統一民眾與韓非所堅持的法治概念的衝突，於此猶能顯見對德治或人治的厭惡。所以韓非勵行法治的背景，起於當時各種價值觀的衝突，雖然他最後不敢苟同於德治的價值，但另一方面卻也肯定、緬懷明主如堯、舜的德治，例如：「堯無膠漆之約於當世而道行，舜無置錐之地於後世而德結。能立道於往古，而垂德於萬世者之謂明主。」（〈安危〉）

　　而倫理規範的部分直接與《韓非子》提到的各種「術」有密切的關係，術表現爲《韓非子》的各種確實可行的政治操作原則，其中不乏各種幫助君王索國富強的政治理想在內，《韓非子》書中在這方面的論述其實最爲豐富。學界目前大多受到韓非認定倫理在政治操作時的「不足用」評價影響甚深，

〔註2〕引文可見焦祖涵，《中國法理學》（臺北：釋道安，1967年），頁233。

於是忽略《韓非子》的倫理思想，甚至否定其倫理或倫理學思想的存在。韓非承認道德、仁義在社會規範上的「有效性」，但不承認其於政治規範上的「實效性」，即「有術之君，不隨適然之善，而行必然之道」（〈顯學〉）的主張。換言之，道德、仁義僅具人群交往的社會規範意義，而其功效只具偶然性；而法的規範具有強制力、必然性，因而適用於國家存亡之際的政治運作層面。但君王態度上並不全然反對道德德目，如他也希望臣下對上要「盡忠」、「講信」、「厲廉恥，招仁義」，只不過韓非所謂的「忠」、「德」、「仁義」這些道德德目的內涵已經產生變化而重新賦予不同於儒家所認知的意涵。這種否定「仁義的實效性」觀點，屬於一種以滿足功用為價值標準的倫理觀。另外研究者以為《韓非子》力陳「治亂之道」，所以其學以政治思想或政治哲學為主軸，其它的倫理或法理思想只屬餘論，進而予以孤立。本文試圖修正這樣的觀點，力主《韓非子》不但有豐富的倫理與倫理學思想，而且各種規範性意義的術，如聽言術、用人術、形名術、禁姦術，構成其以道為規範基礎的思想不致於落入「恍惚之言、恬淡之學，天下之惑術也」（〈忠孝〉）。關於道德的起源問題，近半個世紀以來，已有學者陸續澄清韓非的人性論主張並不是性惡論，因為我們遍尋不著韓非在人性的看法上給予任何具有道德屬性的評價。事實上，韓非只是指出人性有好利的傾向，而並未直言其「性惡」，對於韓非人性論觀點的混淆，其癥結之處在於混淆了事實與價值的區分。而其規範之學的根本預設在於功用的實用論思想，故功用概念的預設遍及倫理、法律、與邏輯三大規範。其中功用的具體表現在力與利兩方面，常識中過於向力的結果可能會使君王因暴力的理論要求導致暴君的出現，關於這個疑慮，其實韓非已經設下反對暴力的規範。另外，《韓非子》豐富的君德論思想，我們可以藉由聖人與明主所具備的德性與德行來作為其君德規範的原則。從本文的分析可知，《韓非子》理想的君王並非〈難勢〉所指出的中者之君不必待賢，純粹只要「以法治國」即可輕鬆治國。相反地，一個聖明的國君還必須修養自身的德性，學習一些治國的知識與技術，並且遵循許多本文所述的倫理原則。

　　而邏輯規範方面，形名的關係為名與實對應的一致性關係，韓非透過這種對於名實之間的符應關係之檢驗來判斷陳言的真假，而這種名實之間的符應關係之檢驗必須訴諸實用論的功用滿足概念為標準。我們可以肯定以參驗必知之術來檢證真理，的確可以收真偽立見之效。這樣的真理觀將人們既有的認識觀念對應於外在的客觀事實，的確合乎理性的客觀判斷，比較容易使

人信服。但一般而言，過於要求經驗事實的效用之結果，卻反而喪失知識的客觀性依據。因爲所謂經驗的效用概念只是一種心理上主觀的滿意概念，其是否有用的標準流於主觀。不過韓非的實用論眞理觀並非可以廣泛的使用在各種的知識層面，而僅能應用在聽言之道、用人之術方面。因其狹隘的應用範圍，所以其有用概念的滿足來自於君王聽言時，與臣下就其陳言的內容所作的共同約定，所以這樣的有用概念還是有其客觀性的基礎，即來自於君臣雙方的交互主觀後的客觀約定。所以，其名實之間的符應關係是否得以驗證是來自於君臣雙方心中已經達成的約定。關於知識的眞之追求，不應只是偏重在人爲事功方面的實際政治功效，而應擴及諸如純粹抽象的科學知識、形式邏輯知識。但這種只能在概念中作一些思想實驗的知識命題，在外在的世界根本不存在具體可供驗證的事實可言，因而這樣純粹在思維中方可操作的知識，在《韓非子》只著重在政治行爲方面的知識體系氛圍下被排除在外了。再者，韓非「以法禁辯」，禁止一切所謂的無用之辯，而韓非雖然以法禁辯、反辯說，但在對君王提出進言時，卻不得不使用一些辯說應遵守的操作準則，依循這些操作準則而進言竟不保證君王能夠採用與信服，相反地，可能遭致殺身之禍，由此可知進言立論的困難。其辯說規範的意義同樣也遭遇與上述純粹知識被排除在其論述的範圍之外的困難。先秦辯學的發展，至少在名家與墨家的辯說規範方面，涉及論辯的本質以及一些純粹邏輯概念的探討。但是在韓非要求以實用爲檢驗辯說、進言的唯一標準時，這樣關於辯學方面的純知識探討卻也只能被犧牲且存而不論了！

按照陳啓天先生所認定的法家學說的說法：「法家學說，就是『形、名之學』，就是『法、術之學』，就是『帝王之學』，因其講形名，所以叫做形名之學；因其講法術，所以叫做法術之學；因其所講形名法術，爲成帝成王之道，所以又叫做帝王之學。用現在的話說，法家學說就是一種純粹的政治學說。」〔註3〕依照筆者本文的解釋對照來看，帝王之學便是其政治哲學，其政治哲學的內容直指「規範」兩字的思想意義而言，而政治哲學便包含法術之學的倫理規範與法律規範，形名之學則爲邏輯規範，以現今的學術分類來說其政治哲學包含倫理學、法理學與邏輯學三者。所以，筆者深信在這樣的界定與詮釋之下，我們可以藉由「規範」的概念來貫通《韓非子》的主要核心學說，

〔註3〕 引文可見陳啓天，《增訂韓非子校釋》（臺北：臺灣商務印書館，1969年），頁941。

進而提高《韓非子》思想的理論深度，此爲筆者撰寫本文之最終的目的。但筆者嘗試以西方的哲學概念來檢視或比附《韓非子》的哲學思想，希望不會造成如〈外儲說左上〉的「郢書燕說」〔註4〕那樣的理解與詮釋的錯誤才是。末了，筆者以爲在《韓非子》成書約莫不到一百年之後的《淮南子・要略》正好可作爲《韓非子》著書立說的最佳寫照！故引用《淮南子・要略》之著書旨趣作爲總結：

> 夫作爲書論者，所以紀綱道德，經緯人事，上考之天，下揆之地，中通諸理，雖未能抽引玄妙之中才，繁然足以觀終始矣。總要舉凡，而語不剖判純樸，靡散大宗，懼爲人之惛惛然弗能知也；故多爲之辭，博爲之說，又恐人之離本就末也。故言道而不言事，則無以與世浮沉；言事而不言道，則無以與化遊息。

筆者竊以爲韓非論道不離理事的行文特色，恰好符合「故多爲之辭，博爲之說，又恐人之離本就末也」。他深怕後人認爲其學「玄妙難識」，故援引很多典故、事例來說明其道術不相離的道理。雖然韓非已經預見其「是明法術而逆主上者，不僇於吏誅，必死於私劍矣」（〈孤憤〉）必死無疑的命運，只是韓非不想成爲道家羽化成仙的「眞人」，而是眞實面對紛然、嚴峻的政治現狀，勇於選擇「與化遊息」，面對世俗而不逃避危難，但終究走上身陷囹圄、難以自拔一途。

〔註4〕　「郢書燕說」的典故取自〈外儲說左上〉，曰：「郢人有遺燕相國書者，夜書，火不明，因謂持燭者曰：『舉燭。』云而過書舉燭，舉燭，非書意也，燕相受書而說之，曰：『舉燭者，尚明也，尚明也者，舉賢而任之。』燕相白王，王大說，國以治，治則治矣，非書意也。今世舉學者多似此類。」

參考資料

一、古典文獻與註釋

1. 水渭松《新譯尸子讀本》，臺北：三民書局，1997 年。
2. 王先慎《韓非子集解》，北京：中華書局，2003 年。
3. 朱守亮《韓非子釋評》，臺北：五南，1992 年。
4. 朱師轍《商君書解詁定本》，臺北：世界書局，1990 年。
5. 何休《春秋公羊傳解詁》，臺北：新興書局，1992 年。
6. 屈萬里《尚書今註今譯》，臺北：臺灣商務，1969 年。
7. 段玉裁《說文解字注》，臺北：黎明，1991 年。
8. 孫詒讓《墨子閒詁》，臺北：華正書局，1995 年。
9. 徐復觀《公孫龍子講疏》，臺北：臺灣學生，1966 年。
10. 高明《帛書老子校注》，北京：中華書局，1996 年。
11. 梁啓雄《荀子柬釋》，臺北：臺灣商務，1993 年。
12. 郭慶藩《莊子集釋》，臺北：木鐸，1988 年。
13. 陳奇猷《韓非子新校注》，上海：上海古籍出版社，2000 年。
14. 陳奇猷《呂氏春秋校釋》，臺北：華正書局，1988 年。
15. 陳啓天《增訂韓非子校釋》，臺北：臺灣商務印書館，1969 年。
16. 陳鼓應《黃帝四經今註今譯》，臺北：臺灣商務，1995 年。
17. 楊伯峻《孟子譯注》，臺北：源流，1982 年。
18. 劉文典《淮南鴻烈集解》，北京：中華書局，1997 年。
19. 蔣錫昌《老子校詁》，臺北：東昇出版事業，1980 年。
20. 戴望《管子校正》，臺北：世界書局，1990 年。

21. 譚戒甫《墨辯發微》，北京：中華書局，1996 年。

22. 蘇輿《春秋繁露義證》，北京：中華書局，1996 年。

二、研究專著

（一）中國學術專著

1. 丁原明《黃老學論綱》，濟南：山東大學出版社，1997 年。

2. 三蒲藤《中國倫理學史》張宗元、林科棠譯，臺北：臺灣商務，1964 年。

3. 中國邏輯史研究會資料編選組《中國邏輯史資料選·現代卷（上）》，蘭州：甘肅人民出版社，1991 年。

4. 中國邏輯史研究會資料編選組《中國邏輯史資料選·現代卷（下）》，蘭州：甘肅人民出版社，1991 年。

5. 王世琯《韓非子研究》，上海：上海商務印書館，1928 年。

6. 王邦雄《韓非子的哲學》，臺北：東大圖書股份有限公司，1993 年。

7. 王德友《道旨論》，濟南：齊魯書社，1987 年。

8. 王曉波《儒法思想論集》，臺北：時報文化出版事業有限公司，1983 年。

9. 王曉波《先秦法家思想史論》，臺北：聯經出版事業公司，1991 年。

10. 王曉波《道與法：法家思想和黃老哲學解析》，臺北：國立臺灣大學出版中心，2007 年。

11. 王靜芝《韓非思想體系》，臺北：輔仁大學文學院，1977 年。

12. 皮錫瑞《經學通論》第四篇，臺北：臺灣商務印書館，1989 年。

13. 伍非百《中國古名家言》，北京：中國社會科學出版社，1983 年。

14. 朱伯崑《先秦倫理學概論》，北京：北京大學出版社，1984 年。

15. 朱貽庭《中國傳統倫理思想史》，上海：華東師範大學，2003 年。

16. 何勤華《中國法學史》，北京：法律出版社，2000 年。

17. 呂思勉《經子解題》，臺北：臺灣商務印書館，1996 年。

18. 呂思勉《先秦學術概論》，昆明：雲南人民，2005 年。

19. 李文標《韓非思想體系》，臺北：幼獅文化，1977 年。

20. 李增《先秦法家哲學思想──先秦法家法理、政治、哲學》，臺北：國立編譯館，2001 年。

21. 汪奠基《中國邏輯思想史》，臺北：明文書局股份有限公司，1993 年。

22. 汪奠基《中國邏輯思想史料分析》，臺北：仰哲出版社。

23. 谷方《韓非與中國文化》，貴陽：貴州人民出版社，1996 年。

24. 周云之《名辯學論》，瀋陽：遼寧教育出版社，1995 年。

25. 周富美《墨子、韓非子論集》，臺北：國家，2008 年 1 月。

26. 周鍾靈《韓非子的邏輯》，收錄在嚴靈峰編輯《無求備齋韓非子集成（三九）》，臺北：成文出版社，1980 年。

27. 林義正《春秋公羊傳倫理思維與特質》，臺北：國立臺灣大學出版中心，2003 年。

28. 林銘鈞、曾祥云《名辯學新探》，廣州：中山大學出版社，2000 年。

29. 武樹臣《中國傳統法律文化》，北京：北京大學出版社，1994 年。

30. 侯外盧、趙紀彬、杜國庠《中國思想通史》，北京：人民出版社，1995 年。

31. 姚蒸民《韓非子通論》，臺北：東大圖書股份有限公司，1999 年。

32. 封思毅《韓非子思想散論》臺北：臺灣商務，1975 年。

33. 施覺懷《韓非評傳》，南京：南京大學出版社，2001 年。

34. 胡適《中國哲學史大綱》，北京：團結出版社，2005 年。

35. 范忠信《中國法律傳統的基本精神》，濟南：山東人民出版社，2001 年。

36. 容肇祖《韓非子考證》，上海：上海商務印書館，1936 年。

37. 徐漢昌《韓非的法學與文學》，臺北：文史哲，1984 年。

38. 耿雲卿《先秦法律思想與自然法》，臺北：臺灣商務印書館，2003 年。

39. 荊知仁《韓非政治思想》，臺北：嘉新水泥文教基金會，1967 年。

40. 郝大維、安樂哲《孔子哲學思維》蔣弋爲、李志林譯，南京：江蘇人民出版社，1996 年。

41. 郝大維、安樂哲《漢哲學思維的文化探源》施忠連譯，南京：江蘇人民出版社，1999 年。

42. 高柏園《韓非哲學研究》，臺北：文津，2001 年。

43. 崔清田主編《名學與辯學》，太原：山西教育出版社，1997 年。

44. 張岱年《中國倫理思想研究》，臺北：貫雅文化，1991 年。

45. 張岱年《中國哲學大綱》，臺北：藍燈文化事業股份有限公司，1992 年。

46. 張素貞《國家的秩序：韓非子》，臺北：時報文化，1982 年。

47. 張素貞《韓非子思想體系》，臺北：黎明，1985 年。

48. 張素貞《韓非子難篇研究》，臺北：臺灣學生書局，1987 年。

49. 張純、王曉波《韓非思想的歷史研究》，臺北：聯經，1983 年。

50. 張覺《《韓非子》選評》，上海：上海古籍出版社，2004 年。

51. 曹謙《韓非法治論》，上海：中華書局，1948 年。

52. 梁啟雄《韓子淺解》，北京：中華書局，1960 年。

53. 梁漱溟《中國文化要義》，上海：上海人民出版社，2003 年。

54. 郭沫若《中國古代社會研究（下）》，石家莊：河北教育出版社，2000 年。

55. 陳少峰《中國倫理學史》，北京：北京大學出版社，1997 年。

56. 陳奇猷、張覺《韓非子導讀》，成都：巴蜀書社，1990 年。

57. 陳啓天《中國法家概論》，臺北：臺灣中華書局，1970 年。

58. 陳鼓應主編《道家文化研究》第十四輯，北京：生活·讀書·新知三聯書局，1998 年。

59. 陳蕙娟《韓非子哲學新探》，臺北：文史哲，2004 年。

60. 陳麗桂《戰國時期的黃老思想》，臺北：聯經，1991 年。

61. 勞思光《新編中國哲學史（一）》，臺北：三民書局股份有限公司，2005 年。

62. 焦祖涵《中國法理學》，臺北：釋道安，1967 年。

63. 馮友蘭《中國哲學史新編》第一冊，臺北：藍燈文化事業股份有限公司，1991 年。

64. 馮友蘭《中國哲學史新編》第二冊，臺北：藍燈文化事業股份有限公司，1991 年。

65. 黃秀琴《韓非學術思想》，臺北：華僑出版社，1962 年。

66. 黃信彰《專制君王的德行論——《韓非子》君德思想研究》，臺北：秀威資訊科技，2006 年。

67. 葛瑞漢《論道者：中國古代哲學論辯》張海晏譯，北京：中國社會科學出版社，2003 年。

68. 廖其發《先秦兩漢人性論與教育思想研究》，重慶：重慶出版社，1999 年。

69. 熊十力《韓非子評論》，臺北：學生，1978 年。

70. 趙海金《韓非子研究》，臺北：正中，1966 年。

71. 蔣重躍《韓非的政治思想》，北京：北京師範大學出版社，2000 年。

72. 蔡元培《中國倫理學史》，北京：團結出版社，2006 年。

73. 蔡英文《韓非的法治思想及其歷史意義》，臺北：文史哲，1986 年。

74. 鄭良樹《韓非子知見目錄》，香港：商務印書館，1993 年。

75. 學術論著編纂委員會主編《國父全集》第一冊，臺北：中華民國各界紀念國父百年誕辰籌備委員會出版，1974 年。

76. 錢穆《中國思想通俗講話》，臺北：東大圖書，1990 年。

77. 錢穆《政學私言》，臺北：臺灣商務印書館，1996 年。

78. 錢穆《中國思想史》，臺北：蘭臺出版社，2001 年。

79. 戴東雄《從法實證主義之觀點論中國法家思想》，臺北：三文印書館有限公司，1989 年。

80. 謝雲飛《韓非子析論》，臺北：東大圖書公司，1980 年。

81. 韓東育《日本近世新法家研究》，北京：中華書局，2003 年。

82. 韓德民《荀子與儒家的社會理想》，濟南：齊魯書社，2001 年。

83. 瞿同祖《中國法律與中國社會》，北京：中華書局，1981 年。

84. 嚴靈峰編輯《無求備齋韓非子集成（一）》，臺北：成文出版社，1980 年。

85. 嚴靈峰編輯《無求備齋韓非子集成（三九)》，臺北：成文出版社，1980 年。

（二）西方學術專著

1. 大窪德行、藤川吉美、内田種臣主編《電腦時代的理性》李樹琦譯，北京：中國社會科學院，1998 年。

2. 戈爾丁（Martin P. Golding）《法律哲學》廖天美、結構編輯群編譯，臺北：結構群文化事業有限公司，1991 年。

3. 王淑芹、安雲鳳《現代倫理學》，北京：首都師範大學出版社，1998 年。

4. 休謨（David Hume）《人性論》關文運譯，北京：商務出版，1980 年。

5. 西季威克（Henry Sidgnick）《倫理學方法》廖申白譯，北京：中國社會出版社，1997 年。

6. 何懷宏《倫理學是什麼》，臺北：揚智文化，2002 年。

7. 呂世倫主編《西方法律思想史論》，北京：商務印書館，2006 年。

8. 李志才《方法論全書（Ⅲ)》，南京：南京大學出版社，1995 年。

9. 李步雲主編《法理學》，北京：經濟科學出版社，2001 年。

10. 沈宗靈《法理學》，臺北：五南，2007 年。

11. 拉德布魯赫（Gustav Radbruch）《法學導論》王怡蘋、林宏濤譯，臺北：商周出版，2000 年。

12. 林火旺《倫理學》，臺北：國立空中大學，1997 年。

13. 林正弘《邏輯》，臺北：三民書局股份有限公司，1991 年。

14. 波斯納（Richard A. Posner）《法理學問題》蘇力譯，臺北：元照，2002 年。

15. 哈特（H. L. A. Hart）《法律的概念》許家馨、李冠宜譯，臺北：商周出版，2000 年。

16. 威廉・詹姆士（William James）《實用主義：一些舊思想方法的新名稱》陳羽綸、孫瑞禾譯，北京：商務印書館，1997 年。

17. 柏拉圖《柏拉圖全集》卷三，臺北：左岸文化，2003 年。

18. 柏拉圖《國家篇》王曉朝譯，臺北：左岸文化，2007 年。

19. 美濃部達吉《法之本質》林紀東譯，臺北：臺灣商務，1992 年。

20. 胡賽爾（Edmund Husserl）《邏輯研究·第一卷》倪梁康譯，上海：上海譯文出版社，1999 年。

21. 苗力田主編《亞里士多德全集VII》，北京：中國人民大學出版社，1997 年。

22. 徐友漁等《語言與哲學》，北京：三聯書局，1996 年。

23. 柴熙《認識論》，臺北：臺灣商務印書館，1969 年。

24. 高國希《道德哲學》，上海：復旦大學出版社，2005 年。

25. 梯利（Frank Thilly）《西方哲學史》葛力譯，北京：商務印書館，2000 年。

26. 梯利（Frank Thilly）《倫理學導論》何意譯，桂林：廣西師範大學出版社，2001 年。

27. 莫里茨·石里克（Moritz Schlick）《倫理學問題》孫美堂譯，北京：華夏出版社，2000 年。

28. 麥克勞德（Ian Mcleod）《法理論的基礎》楊智傑譯，臺北：韋伯文化國際，2005 年。

29. 博登海默（Edgar Bodenheimer）《法理學：法律哲學與法律方法》鄧正來譯，北京：中國政法大學出版社，1998 年。

30. 舒國瀅主編《法理學導論》，北京：北京大學出版社，2006 年 6 月。

31. 黑格爾《哲學史講演錄（一）》賀麟、王太慶譯，臺北：谷風出版社，1987 年。

32. 楊日然《法理學》，臺北：三民，2005 年。

33. 楊國榮《理性與價值》，上海：三聯書店，1998 年。

34. 鄔焜、李建群主編《價值哲學問題研究》，北京：中國社會科學出版社，2002 年。

35. 劉大椿等著《科學邏輯與科學方法論名釋》，南昌：江西教育出版社，1997 年。

36. 劉星《法律是什麼》，北京：中國政法大學出版社，1998 年。

37. 鄭永流主編《法哲學與法社會論叢》，北京：中國政法大學出版社，1998 年。

38. 謝幼偉《倫理學大綱》，臺北：正中，1959 年。

39. 羅素《倫理學與政治學中的人類社會》肖巍譯，石家莊：河北教育出版社，2003 年。

40. 羅國杰《倫理學》，北京：人民出版社，1998 年。

三、期刊論文

1. 王成、張旭東〈韓非"忠"思想研究〉，《山東大學學報》第 4 期，2005 年。

2. 王倩〈對荀韓爲性惡論者的質疑〉,《孔子研究》第 3 期,2004 年。

3. 江貽隆、陸建華〈韓非之禮學〉,《江漢論壇》,2006 年 1 月。

4. 林文雄〈探討自然法的意義〉,《月旦法學》第六十四期,元照出版,2000 年。

5. 林文雄〈韓非法律思想在現代法學理論上的意義——以其哲學基礎爲重心〉,《法制史研究:中國法制史學會會刊》,2005 年 6 月。

6. 林義正〈先秦法家人性論研究〉,《臺大哲學論評》第十二期,1989 年。

7. 林義正〈商君書的明主論之研究〉,《臺大哲學論評》第四期,1981 年。

8. 高柏園〈論勞思光先生對韓非哲學之詮釋〉,《淡江人文社會學刊》第四期,1999 年。

9. 張永〈人性理論的倫理學意義〉,《中州學刊》第四期,1996 年。

10. 張申〈再論韓非的倫理思想不是非道德主義〉,《中國哲學史研究》第二期,1989 年。

11. 張岱年〈中國哲學中的價值學說〉,《哲學研究》中國哲學史研究專輯,1990 年增刊。

12. 曾春海〈「管子」四篇與「韓非子」的道法論及對比研究〉,《輔仁學誌》人文藝術之部,2004 年 7 月。

13. 楊日然〈韓非法思想的特色及其歷史意義〉,《法理學論文集》,臺北:月旦出版社股份有限公司,1997 年。

14. 詹康〈韓非的道、天命、聖人論及其缺口〉,《漢學研究》第 22 卷第 2 期,2004 年。

15. 劉清波〈法律價值原理之探索〉,《東吳法律學報》第四卷第一期,1982 年。

16. 謝維營、劉曉雪〈語義分析何以成爲哲學方法〉,《山西師大學報》社會科學版第 32 卷第 6 期,2005 年。

17. 羅世烈〈韓非的倫理思想〉,《中華文化論壇》,2000 年 2 月。

四、博碩士論文

1. 王照坤《先秦法家「道法」思想的哲學研究》,臺灣大學哲學研究所碩士論文,1998 年。

2. 姜騰兵《韓非法治思想的道德審視》,西南師範大學政法學院碩士論文,2005 年。

3. 孫邦盛《荀韓禮法思想及其人性論之研究》,中國文化大學哲學研究所博士論文,1995 年。

4. 高佳琪《論韓非「法」思想之哲學基礎及其意義》,輔仁大學哲學研究所博

士論文，2002 年。

5. 莊茂《從法學方法論看韓非的法律思想》，臺灣大學法律研究所碩士論文，1969 年。

6. 陳時提《從分析法學的觀點論韓非的法律思想》，臺灣大學法律研究所碩士論文，1979 年。

7. 黃建誠《先秦法家思想之國家觀研究》，東海大學政研所碩士論文，1998 年。

8. 魏季倫《韓非子法律思想之研究》，臺灣大學法律研究所碩士論文，1965 年。

9. 鎌倉國年《從功利主義之觀點看韓非法治思想》，臺灣大學法律研究所碩士論文，1973 年。

五、外文書目

1. Ames, Roger T., *The Art of Rulership : a study of ancient Chinese political thought*, New York: State University of New York, 1994.

2. Angeles, P. A., *Dictionary of Philosophy*. New York: Harper Collins Publishers, 1981.

3. Ayer, A. J., *Language, Truth and Logic,* New York: Penguin Books, 1983.

4. Feldman, Fred, *Introductory Ethics*, Amherst: university of Massachusetts.

5. Georg Henrik von Wright, *Norm and Action*, London: Routledge and Kegan Paul Ltd, 1963.

6. Graham, A.C., *Disputers of the Tao: philosophical argument in ancient China*. La Salle, Illinois: Open Court Publishing Company, 1989.

7. Karl. R. Popper, *Objective Knowledge: an evolutionary approach*, New York : Oxford University Press, 1979.

8. Singer, Peter, *A companion to Ethics*, Massachusetts: Harvard University press, 1985.

9. Wittgenstein, Ludwig, *Tractatus logico-philosophicus*, ed. D.F.Pears and B.F.McGuinness, London: Routledge and Kegan Paul, 1961.

10. 大久保利謙編《明治啓蒙思想集》，東京：筑摩書房，1967。

11. 茂澤方尚《『韓非子』の思想史的研究》，東京都：近代文藝社，1996。